Leipziger Schriften zum Umwelt- und Planungsrecht

Herausgegeben von
Prof. Dr. Christoph Degenhart
Prof. Dr. Kurt Faßbender
Prof. Dr. Wolfgang Köck
Prof. Dr. Martin Oldiges

Band 29

Prof. Dr. Kurt Faßbender/Prof. Dr. Wolfgang Köck (Hrsg.)

Aktuelle Entwicklungen im Naturschutzrecht

Dokumentation des 19. Leipziger Umweltrechtlichen Symposions des Instituts für Umwelt- und Planungsrecht der Universität Leipzig und des Helmholtz-Zentrums für Umweltforschung – UFZ am 10. und 11. April 2014

 Nomos

Die Deutsche Nationalbibliothek verzeichnet diese Publikation in der Deutschen Nationalbibliografie; detaillierte bibliografische Daten sind im Internet über http://dnb.d-nb.de abrufbar.

ISBN 978-3-8487-2345-4 (Print)
ISBN 978-3-8452-6449-3 (ePDF)

1. Auflage 2015

Zum Geleit

Am 10. und 11. April 2014 veranstalteten das Institut für Umwelt- und Planungsrecht der Universität Leipzig und das Department Umwelt- und Planungsrecht des Helmholtz-Zentrums für Umweltforschung – UFZ das 19. Leipziger Umweltrechtliche Symposion, das in diesem Jahr dem Thema „Aktuelle Entwicklungen im Naturschutzrecht" gewidmet war und das Ziel verfolgte, die vielfältigen Herausforderungen des Naturschutzrechts ausgehend von der Gesetzgebung, über die Anwendungsinstrumente – insbesondere deren Praktikabilität – bis hin zum Rechtsschutz zu beleuchten.

Dieser Tagungsband dokumentiert nun in der gewohnten Form die im Rahmen des Symposions gehaltenen Vorträge der Referenten. Diese Vorträge sowie eine Vielzahl anregender Diskussionsbeiträge haben wesentlich zum Gelingen der Tagung beigetragen, die zur Freude der Veranstalter auf reges Interesse gestoßen ist.

Besonderer Dank gilt an dieser Stelle noch einmal allen an der Durchführung und Förderung des Symposions Beteiligten, insbesondere der Leipziger Vereinigung für Umwelt- und Planungsrecht, dem Sächsischen Staatsministerium für Umwelt und Landwirtschaft, der Stadt Leipzig und der Sächsischen Landesstiftung Natur und Umwelt (LaNU), sowie Frau Tanja Krause, Frau Ass. jur. Anne-Christin Gläß und Herrn Richard Wilhelm für die Organisation der Veranstaltung und das sorgfältige Erstellen eines druckfertigen Manuskripts. Dank gebührt wie immer auch dem Nomos-Verlag für die zuverlässige verlegerische Betreuung.

Leipzig, im Dezember 2014
Für das Institutsdirektorium
Die Herausgeber

Inhalt

Abkürzungsverzeichnis

AEUV	Vertrag über die Arbeitsweise der Europäischen Union
AK	Aarhus Konvention
AWZ	Ausschließliche Wirtschaftszone
BAB	Bundesautobahn
BAST	Bundesanstalt für Straßenwesen
BauGB	Baugesetzbuch
BauR	Baurecht (Zeitschrift)
BauROG 1998	Gesetz zur Änderung des Baugesetzbuchs und zur Neuregelung des Rechts der Raumordnung
BayNatSchG	Bayerisches Naturschutzgesetz
BayVBl.	Bayerische Verwaltungsblätter (Zeitschrift)
BfN	Bundesamt für Naturschutz
BGB	Bürgerliches Gesetzbuch
BImSchG	Bundes-Immissionsschutzgesetz
BKompV-E	Entwurf einer Bundeskompensationsverordnung
BMU	(ehem.) Bundesministerium für Umwelt, Naturschutz und Reaktorsicherheit
BMVBS	(ehem.) Bundesministerium für Verkehr, Bau und Stadtentwicklung
BNatSchG	Bundesnaturschutzgesetz
BremNatG	Bremisches Gesetz über Naturschutz und Landschaftspflege
BR-Drs.	Bundesrats-Drucksache
BR-PlPr	Bundesrats-Plenarprotokoll
BRS	Informationsdienst Öffentliches Baurecht
BT-Drs.	Bundestags-Drucksache
BUND	Bund für Umwelt und Naturschutz Deutschland e. V.
BVerfGE	Entscheidungssammlung des Bundesverfassungsgerichts
BVerwGE	Entscheidungssammlung des Bundesverwaltungsgerichts
CBD	Convention on Biological Diversity
CEF	continuous ecological functionality
DÖV	Die öffentliche Verwaltung (Zeitschrift)
DVBl.	Deutsches Verwaltungsblatt (Zeitschrift)
EnWG	Energiewirtschaftsgesetz
EuGRZ	Europäische Grundrechte-Zeitschrift
EuR	Europarecht (Zeitschrift)
EurUP	Zeitschrift für Europäisches Umwelt- und Planungsrecht
EuZW	Europäische Zeitschrift für Wirtschaftsrecht
F+E-Vorhaben	Forschungs- und Entwicklungsvorhaben
FFH-RL	Fauna-Flora-Habitatrichtlinie
FGSV	Forschungsgesellschaft für Straßen- und Verkehrswesen
FStrG	Bundesfernstraßengesetz
GG	Grundgesetz
IAS	Invasive Alien Species
IBA	Important Bird Areas in the European Community
I+E	Zeitschrift für Immissionsschutzrecht und Emissionshandel
IED-Richtlinie	Industrieimmissionsrichtlinie
IPPC	Internationales Pflanzenschutzabkommen
IR	InfrastrukturRecht (Zeitschrift)
JuS	Juristische Schulung (Zeitschrift)
LAI	Länderarbeitsgemeinschaft Immissionsschutz
LANA	Länderarbeitsgemeinschaft Naturschutz
LKRZ	Zeitschrift für Landes- und Kommunalrecht Hessen, Rheinland-Pfalz, Saarland
LKV	Landes- und Kommunalverwaltung (Zeitschrift)

LRT-Fläche	Lebensraumtyp-Fläche
NABEG	Netzausbaubeschleunigungsgesetz Übertragungsnetz
NABU	Naturschutzbund Deutschland e. V.
NAGBNatSchG	Niedersächsisches Ausführungsgesetz zum Bundesnaturschutzgesetz
NdsVBl	Niedersächsische Verwaltungsblätter
NJW	Neue Juristische Wochenschrift (Zeitschrift)
NordÖR	Zeitschrift für Öffentliches Recht in Norddeutschland
NuL	Naturschutz und Landschaftsplanung (Zeitschrift)
NuR	Natur und Recht (Zeitschrift)
NVwZ	Neue Zeitschrift für Verwaltungsrecht
NVwZ-RR	Neue Zeitschrift für Verwaltungsrecht-Rechtsprechungs-Report
NWVBl	Nordrhein-Westfälische Verwaltungsblätter (Zeitschrift)
ROG	Raumordnungsgesetz
RuR	Raumforschung und Raumordnung (Zeitschrift)
SächsNatSchG	Sächsisches Naturschutzgesetz
SächsLPlG	Gesetz zur Raumordnung und Landesplanung des Freistaates Sachsen
SächsVBl	Sächsische Verwaltungsblätter (Zeitschrift)
SPS	Agreement on the Application of Sanitary and Phytosanitary Measures
SRU	Sachverständigenrat für Umweltfragen
SUP	Strategische Umweltprüfung
UFZ	Helmholtz-Zentrum für Umweltforschung
UPR	Umwelt- und Planungsrecht (Zeitschrift)
UVP	Umweltverträglichkeitsprüfung
UVPG	Gesetz über die Umweltverträglichkeitsprüfung
UWRG	Umwelt-Rechtsbehelfsgesetz
VBlBW	Verwaltungsblätter für Baden-Württemberg (Zeitschrift)
Verw	Die Verwaltung (Zeitschrift)
VerwArch	Verwaltungsarchiv (Zeitschrift)
VR	Verwaltungsrundschau (Zeitschrift)
VwVfG	Verwaltungsverfahrensgesetz
WKA	Windkraftanlage
WTO	Welthandelsorganisation
ZaöRV	Zeitschrift für ausländisches öffentliches Recht und Völkerrecht
ZEuS	Zeitschrift für europarechtliche Studien
ZfBR	Zeitschrift für deutsches und internationales Bau- und Vergaberecht
ZfW	Zeitschrift für Wasserrecht
ZG	Zeitschrift für Gesetzgebung
ZNER	Zeitschrift für Neues Energierecht
ZUR	Zeitschrift für Umweltrecht

Univ.-Prof. Dr. Wolfgang Köck, Helmholtz-Zentrum für Umweltforschung – UFZ/
Universität Leipzig

Begrüßung und Einführung in den Tagungsgegenstand

Sehr geehrter Herr Bürgermeister Rosenthal,

meine sehr verehrten Damen und Herren,

im Namen des Instituts für Umwelt- und Planungsrecht und dessen geschäftsführenden Direktor Kollege Fassbender, dem Helmholtz-Zentrum für Umweltforschung – UFZ sowie aller mitbeteiligten Institutionen an der Durchführung dieser Veranstaltung, begrüße ich Sie herzlich zum mittlerweile 19. Leipziger Umweltrechtssymposion und freue mich sehr darüber, dass unser Angebot auf eine so große Teilnahmeresonanz gestoßen ist.

Wie gewohnt, wird die Tagung im Zusammenwirken mit der Leipziger Vereinigung für Umwelt- und Planungsrecht sowie mit Unterstützung des Sächsischen Ministeriums für Umwelt und Landwirtschaft, der Sächsischen Landesstiftung Natur und Umwelt, und nicht zuletzt der Stadt Leipzig durchgeführt, der wir die Gelegenheit verdanken, in diesem schönen Saal zu tagen. Allen genannten Institutionen sei herzlich für Ihre Unterstützung gedankt.

Zum dritten Mal in der Geschichte des Leipziger Umweltrechts-Symposions befassen wir uns mit dem Naturschutzrecht. Nach 2002, als wir die Perspektiven des Naturschutzes auf der Grundlage der damaligen Novellierung des Bundesnaturschutzgesetzes in den Blick nahmen und der Sondertagung 2006, die den Folgen der EuGH-Entscheidung, die die defizitäre Umsetzung des europäischen Artenschutzrechts feststellte, gewidmet war, wollen wir uns heute und morgen um aktuelle Entwicklungen im Naturschutzrecht kümmern.

Die Bandbreite der Themen, die wir für diese Tagung ausgewählt haben, ist groß. Sie reicht von der Gesetzgebung bzw. geplanten Gesetzgebung, über die Rechtsprechungsentwicklung, bis hin zu Rechtsanwendungsproblemen, Instrumenten und Rechtsschutzfragen.

Das wissenschaftliche Programm beginnt heute Vormittag mit dem Vortrag von Dr. Katharina Kern zur Abweichungskompetenz der Länder und die Praxis der Ländergesetzgebung, nachdem die meisten Bundesländer ihre großen Novellen nach der Föderalismusreform bewältigt haben.

Im Anschluss daran wird uns Ministerialrat Dr. Stefan Lutkes vom Bundesumweltministerium über den Stand des Vorhabens einer Bundeskompensationsverordnung informieren.

Nach der Mittagspause sind für den Nachmittag drei Vorträge vorgesehen.

Zunächst steht die Entwicklung des FFH-Rechts im Spiegel der Rechtsprechung des BVerwG auf dem Programm. Für dieses Thema konnten wir Dr. Renate Philipp, Richterin am BVerwG, gewinnen, die über langjährige Tätigkeit im 4. Senat des Gerichts die Rechtsprechungsentwicklung aus erster Hand kennt.

Das Naturschutzrecht ist wie jedes Recht auf Anwendung und Praktikabilität angewiesen. Deshalb war es uns wichtig, einmal zu schauen, welche Probleme sich bei der Abarbeitung des naturschutzrechtlichen Prüfprogramms in der Praxis, insbesondere der Praxis komplexer Fachplanungen, stellen. Auch hier geht es wiederum – aber nicht ausschließlich um das europäische FFH-Recht, um die Erfordernisse des Gebiets- und Artenschutzes. Für diesen als „Fallstudie" ausgeflaggten Vortrag haben wir mit Dr. Stefan Balla vom Planungsbüro Bosch & Partner einen ausgewiesenen Praktiker gewinnen können.

Rechtsschutz im Naturschutzrecht ist ein altes Thema, das aber durch die Aarhus Konvention, durch ihre Umsetzung in Unionsrecht und die Rechtsprechung des EuGH eine aufregende Dynamik erfahren hat. Wir freuen uns, mit Prof. Dr. Dr. Berkemann, langjähriger Richter am BVerwG, einen ausgewiesenen Experten gewonnen zu haben. Er wird uns über die neuen Entwicklungen des Rechtsschutzes im Naturschutzrecht informieren.

Am morgigen Vormittag stehen drei weitere Vorträge auf dem Programm. Beginnen wollen wir dann mit dem Instrument der Landschaftsplanung, der Leistungsfähigkeit dieses Instruments und der Perspektiven. Angesichts vielfältiger Umweltfachplanungen, die zwingend europarechtlich vorgeschrieben sind, muss sich der Wert der Landschaftsplanung stets erweisen. Wer könnte besser über die Landschaftsplanung sprechen, als Matthias Herbert vom BfN, der die Außenstelle Leipzig des Bundesamtes leitet und dort insbesondere auch für die Landschaftsplanung zuständig ist. Wir freuen uns sehr, dass wir ihn für diesen Vortrag gewinnen konnten.

Die örtliche Landschaftsplanung als Grünordnungsplanung spielt auch eine Rolle in der kommunalen Bauleitplanung, wie überhaupt der Naturschutz – insbesondere auch über die europarechtlichen Vorgaben – eine bedeutende Komponente der kommunalen Bauleitplanung bildet. Mit Herrn Kollegen Mitschang von der TU Berlin haben wir auch für dieses Thema einen hervorragenden Kenner für einen Vortrag gewinnen können.

Der Schlussvortrag am morgigen Tag ist einem im wahrsten Sinne des Wortes „exotischen" Thema gewidmet: dem Umgang mit invasiven gebietsfremden Arten. Anlass dafür, dieses Thema ins Programm zu nehmen, ist der Vorschlag der EU-Kommission für eine EU-Verordnung über die Prävention und die Kontrolle der Einbringung und Verbreitung invasiver gebietsfremder Arten. Der dafür vorgesehene Referent, Dr. Michael Gruschwitz, der Vertreter der Bundesländer bei der EU in Brüssel, hat wegen einer Erkrankung seinen Vortrag leider kurzfristig absagen müssen. Es ist naturgemäß nicht möglich, diese Absage 1:1 zu kompensieren, weil Herr Gruschwitz sicherlich aus erster Hand über den Entstehungsprozess des Vorschlages und seiner Realisierungschancen berichten könnte, aber damit das Thema nicht ganz entfällt, bin ich kurzerhand eingesprungen, um Ihnen einen Überblick über die Entwicklung dieses Rechtsgebiets auf internationaler und auch auf nationaler Ebene zu geben. Dabei werde ich auch auf die vorgeschlagene Verordnung eingehen, kann aber nicht alle Elemente in der gebotenen Tiefe beleuchten.

Damit soll es der einführenden Worte genug sein. Ich wünsche uns allen eine ertragreiche Tagung, spannende Diskussionen und anregende Gespräche in den Pausen und am heutigen Abend in „Barthels Hof".

Bevor wir in das Tagungsprogramm einsteigen, freuen wir uns, dass der Umweltbeigeordnete dieser Stadt, Herr Bürgermeister Rosenthal, zu uns ein Grußwort sprechen wird. Der Naturschutz bzw. der Artenschutz in Leipzig ist ja gerade in dieser Woche ein großes Thema der lokalen Presse gewesen, die sich um den Eisvogel im Leipziger Auwald sorgt, aber auch um den Bootsverkehr auf Leipziger Gewässern.

Ich bin sicher, dass aber auch über den Eisvogel hinaus der Naturschutz ein großes kommunales Thema ist. Herr Bürgermeister, wir freuen uns auf ihr Grußwort.

Dr. Katharina Kern, wissenschaftliche Referentin am Helmholtz-Zentrum für Umweltforschung Leipzig, Department Umwelt- und Planungsrecht

Die Abweichungsgesetzgebung der Länder und deren Auswirkungen in der Praxis

I. Einleitung

Die mit der Föderalismusreform I 2006 eingeführte, vielseitig kritisierte Abweichungsgesetzgebung[1] ist heute gelebte verfassungsrechtliche Realität. Dem zum 1.3.2010 in Kraft getretenen BNatSchG[2] stehen bislang 12 naturschutzrechtliche Ländergesetze mit unterschiedlichem Gebrauch der Abweichungskompetenzen zur Seite. Im folgenden Beitrag werden die Voraussetzungen und Grenzen der Abweichungsgesetzgebung kurz rekapituliert (II.) bevor – bezogen auf den Naturschutzsektor – ein Überblick über die Inanspruchnahme der Abweichungsgesetzgebung durch die Länder einschließlich der treibenden Ländermotive gegeben wird (III.). Im vierten Teil werden einige praktische Beispiele dieser Inanspruchnahme näher beleuchtet (IV.), um schließlich im fünften Teil eine abschließende Bewertung der aktuellen Rechtslage vorzunehmen zu können (V.).

II. Voraussetzungen und Grenzen der Abweichungsgesetzgebung

Ziel der Föderalismusreform von 2006 und der damit einhergehenden Verfassungsänderung war u.a. der Abbau der bestehenden Kompetenzverflechtungen und gesetzgeberischen Blockademöglichkeiten zwischen Bund und Ländern[3], indem die Gesetzgebungskompetenzen zwischen Bund und Ländern neu geordnet werden sollten. Zudem sollte der Boden bereitet werden für ein Umweltgesetzbuch mit bundeseinheitlichen Regelungen des Umweltrechts.[4] Zu diesem Zweck wurde die ehemalige Rahmengesetzgebungskompetenz des Art. 75 GG a.F. abgeschafft und die meisten rahmenrechtlichen Sachmaterien – wie auch die Sachmaterie Naturschutz und Landschaftspflege, heute in Art. 72, 74 Abs.1 Nr. 29 GG verankert – erstmals in die konkurrierende Gesetzgebungskompetenz überführt. Infolgedessen erhielt der Bundesgesetzgeber erstmals die Kompetenz auf dem Gebiet von Naturschutz und Landschaftspflege umfassende Vollregelungen mit unmittelbarer Geltungskraft in den Bundesländern zu erlassen. Die mit der konkurrierenden Gesetzgebung grundsätzlich verbundene Sperrwirkung des Art. 72 Abs.1 GG gesteht den Ländern im Grundsatz nur noch dann ein eigenes Recht zur Gesetzgebung zu, solange und soweit der Bund seine Regelungskompetenz nicht abschließend und erschöpfend in Anspruch genommen hat. Gesetzgeberische Regelungsspielräume der Länder ergeben sich im Rahmen von Art. 72 Abs.1 GG immer nur dann, wenn das Bundesgesetz Öffnungs- und Unberührtheitsklauseln zugunsten der Länder oder konkrete Regelungsaufträge an die Länder enthält.[5] Gleichzeitig schränkte die Föderalismusreform die Anwendung der alten Erforderlichkeitsklausel des Art. 72 Abs.2 GG a.F. erheblich ein, wodurch der Bundesgesetzgeber insgesamt einen erheblichen Kompetenzzuwachs erfuhr.

---

1   Gesetz zur Änderung des Grundgesetzes vom 28.8.2006, (BGBl. I S.2034).

2   Bundesnaturschutzgesetz vom 29. Juli 2009 (BGBl. I S. 2542), das zuletzt durch Artikel 4 Absatz 100 des Gesetzes vom 7. August 2013 (BGBl. I S. 3154) geändert worden ist.

3   *Rengeling*, Föderalismusreform und Gesetzgebungskompetenzen, DVBl 2006, 1537 ff; *Schulze-Fielitz*, Umweltschutz im Föderalismus, NVwZ 2007, 249, (250).

4   Entwurf eines Gesetzes zur Änderung des Grundgesetzes , BT-Drs. 16/813, S.21; *Sangenstedt*, Der Referentenentwurf für ein UGB, in: Köck (Hrsg.), Auf dem Weg zu einem Umweltgesetzbuch nach der Föderalismusreform, S. 25 ff.

5   *Jarass/Pieroth*, GG-Kommentar, Art. 72 Rdn. 2 ff; *Fischer-Hüftle*, Zur Gesetzgebungskompetenz auf dem Gebiet „Naturschutz und Landschaftspflege" nach der Föderalismusreform, NuR 2007, 78, (79).

Als Ausgleich und Folge des politischen Aushandlungsprozesses wurden den Ländern im Gegenzug neuartige Abweichungsrechte zugestanden und die sog. Abweichungskompetenz – auch für die Sachmaterie Naturschutz und Landschaftspflege – in Art. 72 Abs.3 GG begründet. Hiernach können die Länder – in Durchbrechung des Grundsatzes der Sperrwirkung – vom Bundesrecht abweichende, eigene Länderregelungen aufstellen und somit wiederum das Bundesrecht zugunsten landesrechtlicher Regelungen zumindest teilweise außer Kraft setzen.[6] Die Befugnis zum Erlass von abweichenden landesrechtlichen Regelungen wird eingegrenzt durch die in Art. 72 Abs.3 Nr.2 GG aufgeführten abweichungsfesten Kernbereiche.[7] Für den Sektor Naturschutz und Landschaftspflege sind die allgemeinen Grundsätze des Naturschutzes, das Artenschutzrecht sowie der Meeresnaturschutz der länderrechtlichen Abweichung entzogen. Daneben ergeben sich aus verfassungs-, völker- und europarechtlichen Vorgaben Grenzen für länderrechtliche Abweichungen. So haben die Bundesländer infolge des föderalen Missbrauchsverbots, folgend aus dem Grundsatz des bundesfreundlichen Verhaltens (Art. 20 Abs.1 GG), insbesondere alles zu unterlassen, was die Bundespflicht zur Umsetzung europäischen Gemeinschaftsrechts erschwert oder unmöglich macht.

Eindringlich wurde die Abweichungskompetenz vom Schrifttum kritisiert und u.a. als „Beförderung des föderalen Flickenteppichs"[8], „schlechte oder experimentelle Gesetzgebung"[9] oder als „problemträchtiges Institut"[10] gebrandmarkt. Die Befürchtungen und negativen Zuschreibung überschlugen sich förmlich und seien an dieser Stelle nur schlaglichtartig benannt: „Ping-Pong-Gesetzgebung", „Umweltdumping", „Zuspitzung statt Entzerrung der Politikverflechtungen", „Begründung eines vorauseilenden Gehorsams des Bundes", „Rechtsunübersichtlichkeiten und Rechtsunsicherheit".[11]

Dennoch ist die Abweichungsgesetzgebung heute verfassungsrechtliche Realität. Nachdem das Projekt eines bundeseinheitlichen Umweltgesetzbuches im Jahre 2009 endgültig gescheitert ist, hat der Bundesgesetzgeber von seiner neuen Gesetzgebungsbefugnis Gebrauch gemacht und ein neues BNatSchG geschaffen, dass zum 1.3.2010 in Kraft trat. Damit sperren die Regelungen des neuen BNatSchG zwar grundsätzlich die entsprechenden Regelungen des zuvor geltenden Landesnaturschutzrechts, allerdings stehen den Ländern heute zwei Optionen für anschließendes, gesetzgeberisches Gestalten zu. Zum einen können sie über Art. 72 Abs.1 GG ergänzende oder konkretisierende Regelungen zum neuen BNatSchG erlassen, solange und soweit das BNatSchG insoweit nicht abschließend ist. Zum anderen können sie nun über Art. 72 Abs.3 GG eigenes, vom Bundesrecht abweichendes und Bundesrecht außer Kraft setzendes Landesrecht schaffen. Von beiden Möglichkeiten haben die Bundesländer, wenn auch

---

6   Bezüglich des Verhältnisses von Bundes- zu Landesrecht im Rahmen der Abweichungsgesetzgebung begründet Art. 72 Abs.3 GG einen Anwendungsvorrang, d.h. das jeweils spätere Gesetz geht in der Anwendung vor.

7   Hierzu: *Degenhart*, Die Neuordnung der Gesetzgebungskompetenzen durch die Föderalismusreform, NVwZ 2006, 1209,(1212); *Schulze- Fielitz*, Umweltschutz im Föderalismus, NVwZ 2007, 249, (256); *Köck/Wolf*, Grenzen der Abweichungsgesetzgebung im Naturschutz - Sind Eingriffsregelung und Landschaftsplanung allgemeine Grundsätze des Naturschutzes, NVwZ 2008, 353 ff.

8   *Reiff*, Geltung und Anwendungsbereich des naturschutzrechtlichen Vorkaufsrecht nach § 66 BNatSchG, NuR 2011, 90, (94).

9   *Stock*, Konkurrierende Gesetzgebung, postmodern: Aufweichung durch „Abweichung", ZG 2006, 226, (247); *Fischer-Hüftle*, Zur Gesetzgebungskompetenz auf dem Gebiet „Naturschutz und Landschaftspflege" nach der Föderalismusreform, NuR 2007, 78, (85).

10   *Wolf*, Das neue Sächsische Naturschutzrecht, SächsVBl 2010, 160, (161).

11   Z.B. *Fischer-Hüftle*, Zur Gesetzgebungskompetenz auf dem Gebiet „Naturschutz und Landschaftspflege" nach der Föderalismusreform, NuR 2007, 78, (79); *Koch/Krohn*, Umwelt in schlechter Verfassung? Der Umweltschutz nach der Föderalismusreform, NuR 2006, 673,(679 f.); *Papier*, Aktuelle Fragen der bundesstaatlichen Ordnung, NVwZ 2007, 2145, (2147 f.); So *Grimm*, Stellungnahme vor der Föderalismusreform, in: Deutscher Bundestag (Hrsg.), Dokumentation der Kommission von Bundestag und Bundesrat zur Modernisierung der bundesstaatlichen Ordnung, Zur Sache 17/2005, S. 105; *Degenhardt*, Die Neuordnung der Gesetzgebungskompetenzen durch die Föderalismusreform, NVwZ 2006, 1209, (1212 f.).

in unterschiedlichen Dimensionen, Gebrauch gemacht, worauf im dritten und vierten Teil dieses Beitrages vertiefter eingegangen wird.

Begleitet wird die Debatte um die Abweichungsgesetzgebung durch eine Reihe von offenen verfassungsrechtlichen Grundsatzfragestellungen, die im vorliegenden Beitrag nur angerissen werden können und mit denen die Länder divergent umgehen. Wiederkehrende Diskussionen beschäftigen sich mit der Frage, was überhaupt unter einer Abweichung zu verstehen ist und ob beispielsweise die Konkretisierung einer Bundesrechtsnorm durch ein landesrechtliches Regelbeispiel oder eine schutzverstärkende landesrechtliche Regelung ebenfalls als Abweichung einzuordnen sind.[12] Der zweite Problempunkt betrifft die teilweise praktizierte wortgleiche oder inhaltsgleiche Übernahme von bundesrechtlichen Regelungen in das Landesrecht (z.B. BayNatSchG), um die Lesbarkeit und das Rechtsanwendungsverständnis zu erhöhen. Eine solche Vorgehensweise begegnet jedoch nach überwiegender Ansicht erheblichen verfassungsrechtlichen Bedenken, da solche gleichen Regelungen schon dem allgemeinen Sprachgebrauch nach nicht als abweichende Regelungen qualifiziert werden können und zudem für reine Wiederholungen des Bundesrechts gerade keine Kompetenz der Länder besteht.[13] Umstritten ist auch, ob und in welchem Rahmen eine reine Negativgesetzgebung, d.h. die bloße Erklärung der Nichtanwendung bestimmter bundesrechtlicher Normen, zulässig ist. Der überwiegende Teil des Schrifttums[14] fordert – abgeleitet aus dem Wortlaut von Art. 72 Abs.3 S.1 GG, der von abweichenden Regelungen durch Gesetz spricht, dass jedenfalls eine anderweitige Sachregelung erfolgen muss. Danach sei eine reine Negativgesetzgebung im Sinne einer reinen Abschaffungsgesetzgebung unzulässig.[15] Zulässig soll eine Negativgesetzgebung hingegen dann sein, wenn sie deregulierend wirkt oder der Verwirklichung einer bestimmten, landesrechtlichen Konzeption dient, beispielsweise indem durch Nichtanwendung einer bundesrechtlichen Verbotsnorm landesrechtlich eine gegenpolige Rechtslage mit einer anderen, positiven Rechtsfolge erzeugt wird.[16] Ein weiterer Problempunkt kreist um die Kennzeichnungspflicht für abweichende landesrechtliche Regelungen. Obgleich weder ein Zitiergebot noch eine Notifizierungspflicht in Art. 72 Abs.3 GG verankert sind, hält die herrschende Literaturmeinung eine Kennzeichnung der landesrechtlichen Abweichung für erforderlich, abgeleitet aus dem Wortlaut von Art. 72 Abs.3 GG - „hiervon abweichende" oder/und dem rechtsstaatlichen Gebot der Normenklarheit.[17] Einzelheiten bezüglich der erforderlichen Art und Weise der landesrechtlichen Kennzeichnung (genaue Bezeichnung der Norm, von der abgewichen wird im landesrechtlichen Normtext; salvatorische Klauseln, die pauschal alle mit dem Bundesrecht nicht vereinbaren Regelungen als Abweichung bezeichnen; Ausführungen in der amtlichen Gesetzesbegründung) sowie bezüglich der Rechtsfolgen einer fehlenden oder fehlerhaften Kennzeichnung (kein Anwendungsvorrang der Landesnorm zugunsten der An-

---

12 Hierzu *Fischer-Hüftle*, Zur Gesetzgebungskompetenz auf dem Gebiet „Naturschutz und Landschaftspflege" nach der Föderalismusreform, NuR 2007, 78, (80).

13 U.a. *Franzius*, Die Abweichungsgesetzgebung, NVwZ 2008, 492, (494); *Degenhart*, Verfassungsrechtliche Rahmenbedingungen der Abweichungsgesetzgebung, DVBl. 2010, 422, (424); *Rengeling*, Föderalismusreform und Gesetzgebungskompetenzen , DVBl. 2006, 1537, (1542). Ausführliche Diskussion bei *Stackelberg*, Die Abweichungsgesetzgebung der Länder im Naturschutzrecht, 2012, S. 44 ff.

14 Z.B. *Degenhart*, Verfassungsrechtliche Rahmenbedingungen der Abweichungsgesetzgebung, DVBl. 2010, 422, (425); *Hendrischke*, „Allgemeine Grundsätze" als abweichungsfester Kern der Naturschutzgesetzgebung, NuR 2007, 454f.

15 *Franzius*, Die Abweichungsgesetzgebung, NVwZ 2008, 492, (494); *Fischer-Hüftle*, Zur Gesetzgebungskompetenz auf dem Gebiet „Naturschutz und Landschaftspflege" nach der Föderalismusreform. NuR 2007, 78, (80 f.).

16 *Köck/Wolf*, Grenzen der Abweichungsgesetzgebung im Naturschutz - Sind Eingriffsregelung und Landschaftsplanung allgemeine Grundsätze des Naturschutzes, NVwZ 2008, 353, (356). Insgesamt siehe *Stackelberg*, Die Abweichungsgesetzgebung der Länder im Naturschutzrecht, 2012, S. 48 ff.

17 *Degenhart*, Die Neuordnung der Gesetzgebungskompetenzen durch die Föderalismusreform, NVwZ 2006, 1209, (1213); *Fischer-Hüftle*, Zur Gesetzgebungskompetenz auf dem Gebiet „Naturschutz und Landschaftspflege" nach der Föderalismusreform, NuR 2007, 78, (89); *Jarass/Pieroth*, GG-Kommentar, Art. 72 Rn. 30.

wendung von Art. 31 GG[18]; formelle Verfassungswidrigkeit der Norm[19]) sind jedoch umstritten. Diskutiert wurde ferner, ob sich die Abweichungsgesetzgebung auch auf Rechtsverord-
nungen erstreckt, denn ausweislich des Wortlauts in Art. 72 Abs.3 S.1 GG müssen landesrechtliche Abweichungen durch und in Form eines formellen Landesgesetz erfolgen. Insoweit
geht die herrschende Meinung im Schrifttum davon aus, dass Abweichungen über landesrechtliche Verordnungen nur dann zulässig sind, sofern die Abweichungsbefugnis im Vorfeld
in einem klar definierten Rahmen auf den Verordnungsgeber übertragen wurde, so dass aus
der landesrechtlichen Verordnungsermächtigung selbst – entsprechend Art. 80 Abs.1 GG –
Inhalt, Zweck und Ausmaß der landesrechtlichen Abweichung von der bundesrechtlichen
Regelung eindeutig hervor geht.[20]

III.   Inanspruchnahme der Abweichungsgesetzgebung durch die Länder

Insgesamt haben bislang 12 Bundesländer – teilweise in mehreren Novellierungen – wie z.B.
in Sachsen – zur Anpassung an die veränderte Rechtslage eigene, naturschutzrechtliche Landesregelungen erlassen. Zeitgleich zum Inkrafttreten des BNatSchG lagen die naturschutzrechtliche Ländergesetze in Mecklenburg-Vorpommern, Niedersachsen und Schleswig-
Holstein vor; die übrigen Länder folgten zeitnah oder mit größeren Abständen (Bremen,
Hamburg, Nordrhein-Westfalen, Hessen, Sachsen, Sachsen-Anhalt, Bayern, Berlin, Brandenburg). Die Länder haben dabei in ganz unterschiedlichem Maße von ihrer Abweichungskompetenz Gebrauch gemacht. Während Bremen beispielsweise keine vom Bundesrecht abweichenden Regelungen enthält, haben andere Bundesländer wie z.B. Bayern, Sachsen und Niedersachsen ihre Abweichungskompetenz intensiv genutzt. Der weitere Untersuchungsrahmen
erstreckt sich beispielhaft auf die Analyse der Landesnaturschutzgesetze von Bayern, Sachsen
und Niedersachsen, weil diese Bundesländer zu den Ländern gehören, die relativ abwei-
chungsfreundlich agierten und zudem sehr verschiedenartig mit der Umsetzung ihrer Abweichungsbefugnis in Form und Inhalt umgegangen sind.

1.   Motive und Ziele der Landesnaturschutzgesetzgeber

Aus den – in die Gesetzesbegründungen niedergegossenen – Zielerklärungen der Länder lässt
sich eine erste Abschätzung bezüglich Intention und Umgang der Landesgesetzgeber mit den
naturschutzrechtlichen Abweichungskompetenzen ableiten. Die Gesetzesbegründungen der
neuen Naturschutzgesetze der Länder lesen sich hinsichtlich der gesetzgeberischen Gründe
und Ziele alle sehr ähnlich. Im Wesentlichen fußen sie auf zwei Leitvorstellungen[21]: Erstens
sollte eine – größtenteils zeitnahe – Anpassung des bisherigen Landesrechts an das neue
BNatSchG einschließlich einer Rechtsbereinigung der weiterhin geltenden Landesregelungen
erfolgen. Zweitens zielen die Ländergesetze auf eine Beibehaltung der „bewährten landesrechtlichen Standards" durch umfassende Nutzung der verfassungsrechtlichen Spielräume
über ergänzende (Art. 72 Abs.1 GG) oder abweichende (Art. 72 Abs.3 GG) Regelungen.
Hauptmotiv ist die – jedenfalls teilweise – Wiederinkraftsetzung der alten landesrechtlichen
Regelungen und landesspezifischen Instrumente, wodurch die seit langem bestehende Hetero-

---

18 So *Degenhart*, Verfassungsrechtliche Rahmenbedingungen der Abweichungsgesetzgebung, DVBl. 2010,
    422, (427).
19 *Franzius*, Die Abweichungsgesetzgebung, NVwZ 2008, 492, (495).
20 Siehe *Stackelberg*, Die Abweichungsgesetzgebung der Länder im Naturschutzrecht, 2012, S. 34 ff m. w.
    Nachw.
21 Siehe im Einzelnen: Bayerischer Landtag, Begründung zum Gesetzesentwurf des BayNatSchG v. 6.10.2010,
    Drs. 16/5872, S. 1, 22; Niedersächsischer Landtag, Gesetzesentwurf zur Neuordnung des Naturschutzrechts
    v. 23.11.2009, Drs. 16/1902, S.42; Sächsischer Landtag, Gesetzesentwurf der Staatsregierung zur Bereini-
    gung des Rechts des Naturschutzes und der Landschaftspflege", Drs. 5/10657, Vorblatt S.1f und Sächsischer
    Landtag, Gesetzesentwurf der Staatsregierung, Gesetz zur Anpassung des Landesumweltrechts an das neue
    Bundesrecht aufgrund der Föderalismusreform, Drs. 5/1357, S. 17.

genität der landesrechtlichen Naturschutzregelungen aufrechterhalten bleibt. Die Entwicklung und Umsetzung neuer landesrechtlicher Konzeptionen mittels vom Bundesrecht abweichender Regelungen oder ein föderaler Wettbewerb zwischen den Ländern zu(un)gunsten eines verbesserten Naturschutzes ist aus den Zielvorstellungen nicht zu erkennen.

2. Kennzeichnung

Die Landesgesetzgeber bemühen sich um Kennzeichnung der abweichenden Normen, allerdings unterschiedlich in Art und Umfang. Zum Teil erfolgt eine Hochzonung der Kennzeichnung auf die Paragraphenüberschriften der Landesnorm mittels Klammerzusätzen (z.B. „Art. 8 Abs. 3 abweichend von § 15 Abs. 7 BNatSchG") und ohne Wiederaufnahme der Abweichung im Normtext selbst (BayNatSchG). Andere Gesetzgeber – wie z.B. Niedersachsen – arbeiten mit deklaratorischen Klauseln, die einleitend präzisieren, dass das Landesnaturschutzgesetz die Vorschriften des BNatSchG entweder ergänzt oder von ihnen abweicht (z.B. § 1 Abs.1 NAGBNatSchG). Daneben wird in der abweichenden niedersächsischen Landesnorm selbst die korrespondierende Vorschrift des BNatSchG, von der abgewichen werden soll, benannt. Der Sächsische Gesetzgeber erfüllt seine Kennzeichnungspflichten ebenfalls über Benennung der BNatSchG-Norm, von der abgewichen werden soll, im landesrechtlichen Normtext („abweichend von § 15 Abs. 6 Satz 2"), ohne dabei jedoch überschriftenannexierte Klammerzusätzen oder deklaratorische Klauseln zu verwenden.

Zusätzliche Erläuterungen finden sich in allen Gesetzesbegründungen.

Zählt man die explizit im Gesetz ausgewiesenen Abweichungen zusammen, dann wartet Bayern mit 22, Niedersachsen mit 11 und Sachsen mit 13 explizit benannten Abweichungen auf. Hinzu kommen jedoch noch die versteckten, nicht richtig gekennzeichneten Abweichungen sowie die Tatbestände, bei denen der Landesgesetzgeber fälschlicherweise von seiner Konkretisierungsbefugnis nach Art. 72 Abs.1 GG ausgegangen ist, obwohl materiell-rechtlich eine Abweichung nach Art. 72 Abs.3 GG vorliegt.

Tabelle 1: Kennzeichnung

	Bayern	Nieder-sachsen	Sachsen
Klammerzusatz unter Paragraphenüberschrift **keine Wiederaufnahme im Normtext** („Art.8 Abs.3 abweichend von §15 Abs.7 BNatSchG")	X	-	-
Benennung der BNatSchG-Norm, von der abgewichen werden soll, im Normtext („abweichend von § 15 Abs. 6 Satz 2")	-	X	X
deklaratorische Klausel („In diesem Gesetz werden Regelung getroffen, die das BNatSchG ergänzen oder von diesem […] abweichen.")	-	X	-
Gesetzesbegründungen	X	X	X
Explizite Abweichungen (eigene Zählung)	22	11	13

IV. Praxisbeispiele der Abweichungsgesetzgebung

Schwerpunkte der länderrechtlichen Abweichungen sind länderübergreifend in folgenden Bereichen zu finden:

- Vertraglicher Naturschutz (§ 3 Abs.3 BNatSchG)

- Festlegung von Anforderungen an die gute fachliche Praxis im Rahmen der Landwirtschaftsklausel (§ 5 BNatSchG)

- Landschaftsplanung und Durchführung der Landschaftspflege (§ 10 BNatSchG)

- Anforderungen an die Eingriffsregelung (§ 14 ff BNatSchG)

- Schutzgebietsausweisungen (§§ 22 ff BNatSchG)

- Mitwirkungsrechte und Rechtsbehelfe anerkannter Vereinigungen (§§ 63 ff BNatSchG)

- Vorkaufsrechte (§ 66 BNatSchG)

- Befreiungen (§ 67 BNatSchG).

Nachfolgend werden die landesrechtlichen Regelungen zum Vertragsnaturschutz, der Eingriffsregelung und dem Vorkaufsrecht näher vorgestellt.

1. Vertragsnaturschutz, § 3 Abs. 3 BNatSchG

Der Bundesgesetzgeber hat den Vertragsnaturschutz weder als allgemeinen, abweichungsfesten Grundsatz konzipiert, noch einen generellen Vorrang des Vertragsnaturschutzes gegenüber anderen Instrumenten begründet.[22] § 3 Abs.3 BNatSchG enthält lediglich eine vorrangige Prüfpflicht, ob Maßnahmen des Naturschutzes auch durch vertragliche Regelungen erreicht werden können.

Während Niedersachsen keine eigenen Regeln zum Vertragsnaturschutz enthält, warten Bayern mit Art. 5 Abs.1 S.2, 3 BayNatSchG und Sachsen mit § 3 SächsNatSchG mit eigenen Regeln auf. Dabei ist die bayrische Regelung als ergänzende und nicht als abweichende Regelung konzipiert, die besagt, wie die Umsetzung von landschaftspflegerischen und landschaftsgestalterischen Maßnahmen geschehen soll: nämlich in Form von kooperativer Zusammenarbeit und durch Inanspruchnahme von Vertragsnaturschutzprogramme der obersten Naturschutzbehörde. Der Bayerische Gesetzgeber geht davon aus, dass es sich hierbei nicht um eine Abweichung von § 3 Abs.3 BNatSchG handelt, sondern um eine auf Art. 72 Abs.1 GG gestützte Ergänzung des insoweit keine Regelungen enthaltenden Bundesrechts, wie die Ziele von Naturschutz und Landschaftspflege verwirklicht werden können.[23]

Demgegenüber ist § 3 SächsNatSchG eine eindeutig abweichende und auch so (in der Norm selbst wie auch in der Gesetzesbegründung) gekennzeichnete Vorschrift, die dazu dient, altes Länderrecht fortleben zu lassen. § 3 SächsNatSchG enthält zum einen eine Prüfpflicht, ob der Schutzzweck in gleicher Weise durch vertragliche Vereinbarungen oder der Teilnahme an einem öffentlichen Programm zur Bewirtschaftung erreicht werden kann. Zum anderen statuiert § 3 S.2 SächsNatSchG einen Vorrang von vertraglichen Vereinbarungen und Bewirtschaftungsprogrammen – unter dem Vorbehalt der zu Verfügung stehenden Haushaltsmittel –, wenn diese Instrumente bei angemessenem Aufwand dem Schutzzweck in gleicher Weise dienen und nicht zu einer Verzögerung der Maßnahmen führen. Eine materiell-rechtliche Abweichung liegt damit insoweit vor, als dass sich der Prüfauftrag nicht nur auf vertragliche Vereinbarungen, sondern – weiter als die bundesrechtliche Regelung – auch auf die Teilnahme an einem öffentlichen Bewirtschaftungsprogramm erstreckt und zudem ein – wenn auch voraussetzungsvoller – Vorrang für den Vertragsnaturschutz und die Teilnahme an einem Bewirtschaftungsprogramm begründet wird.

---

22 *Stackelberg*, Die Abweichungsgesetzgebung der Länder im Naturschutzrecht, 2012, S. 176f.
23 Bayerischer Landtag, Begründung zum Gesetzesentwurf des BayNatSchG v. 6.10.2010, Drs. 16/5872, S.23.
    Ausführlich: Stackelberg, Die Abweichungsgesetzgebung der Länder im Naturschutzrecht, 2012, S. 179f.

Tabelle 2: Vertragsnaturschutz

	Bayern	Nieder-sachsen	Sachsen
Betonung der Möglichkeit kooperativer Zusammenarbeit (Vertragsnaturschutz- & Landschaftspflegeprogramme, Verträge, Förderprogramme) Art.5 I 2,3 BayNatSchG	X Art. 72 I GG	-	-
Erweiterung des Prüfauftrages um Teilnahme an Bewirtschaftungsprogramm & Vorrang für **Vertragsnaturschutz und Bewirtschaftungsprogramm** §3 SächsNatSchG	-	-	X Art. 72 III GG

2. Eingriffsregelung

In § 13 BNatSchG wird das Grundgerüst der Eingriffsregelung mit seiner Rechtsfolgenkaskade (also dem Vorrang der Vermeidung von erheblichen Beeinträchtigungen von Natur und Landschaft sowie dem Vorrang der Realkompensation vor Ersatzgeldzahlungen) als abweichungsfester, allgemeiner Grundsatz i.S.v. Art. 72 Abs.3 S.1 Nr.2 GG festgeschrieben. Die Abweichungsfestigkeit erstreckt sich jedoch nicht auf die Gesamtheit der bundesrechtlichen, in §§ 14 ff BNatSchG näher beschriebenen Eingriffsregelung, sondern kann nur solche landesrechtlichen Regelungen verhindern, die geeignet sind, den Eingriffstatbestand auszuhöhlen.[24] Bemerkenswert sind insoweit die vielfältigen Landesregelungen, mit denen von §§ 14 BNatSchG ff abgewichen bzw. in Erfüllung der eröffneten Regelungsspielräume konkretisierend gestaltet werden soll. Der Fokus liegt dabei hauptsächlich auf der „Konkretisierung" des Eingriffstatbestandes durch Positiv- und Negativlisten, der Bestimmung des Suchraums für Ersatzmaßnahmen, der Bemessung des Ersatzgeldes und dem Umgang mit der bundesrechtlichen Verordnungsermächtigung in § 15 Abs. 7 S.1 BNatSchG.

a) Positiv- und Negativlisten

So haben als Hilfestellung für den Vollzug und zur „Konkretisierung" der bundesrechtlichen Eingriffsdefinition einige Länder bereits dem alten Recht bekannte, ehemals auf § 18 Abs.4 BNatSchG a.F. gestützte Positiv- und Negativlisten in ihre Ländergesetze wiederaufgenommen. Diese umfassen eine Darstellung derjenigen Tatbestände, die regelmäßig als Eingriff oder Nichteingriff zu werten sind.

Eine nicht abschließende Positivliste von Maßnahmen, die einen Eingriff darstellen können, ist beispielsweise in § 9 Abs.1 SächsNatSchG zu finden. Diese Vorschrift zählt zur Festlegung eines gewissen Orientierungsniveaus Tatbestände auf, die insbesondere als Eingriff im

---

24 *Degenhart*, Verfassungsrechtliche Rahmenbedingungen der Abweichungsgesetzgebung, DVBl. 2010, 422, (425),(429 f.); *Franzius*, Die Zukunft der naturschutzrechtlichen Eingriffsregelung, ZUR 2010, 346, (351).

Sinne von § 14 Abs.1 BNatSchG gelten sollen.[25] Der Sächsische Gesetzgeber geht dabei – ausweislich der Gesetzesbegründung[26] und mangels Kennzeichnung als abweichende Regelung – von einer reinen Konkretisierungsregelung nach Art 72 Abs.1 GG aus.

Ob Art. 72 Abs.1 GG allerdings die richtige Kompetenzgrundlage für solche Listenregelungen ist, ist fraglich. Dies würde voraussetzen, dass der Bund bezüglich der Definition eines Eingriffs keine abschließende Regelung erlassen hat. Die h. Literaturmeinung sieht jedoch gerade in der Eingriffsdefinition des § 14 BNatSchG eine abschließende und erschöpfende Bundesregelung mit einem absichtsvollen Verzicht auf weitere Detailregelungen und stützt sich dabei u.a. auf die Gesetzesbegründung.[27] Zudem wurde eine dem § 18 Abs.4 BNatSchG a.F. entsprechende Öffnungsklausel nicht in den neuen § 14 BNatSchG aufgenommen. Listenregelungen können demnach nicht auf die Konkretisierungskompetenz des Art. 72 Abs.1 GG, sondern nur auf die Abweichungskompetenz des Art. 72 Abs.3 gestützt werden.[28]

Folgt man dieser Ansicht, dann handelt es sich bei der sächsischen Regelung des § 9 Abs.1 SächsNatSchG um eine Form der versteckten Abweichung, die verfassungsrechtlich problematisch ist.

Negativlisten enthalten überdies die Bundesländer Bayern und Sachsen. Die sächsische Negativliste stellt in § 9 Abs.2 SächsNatSchG Regelvermutungen für bestimmte Unterhaltungsmaßnahmen z.B. an Deichen, Talsperren und Hochwasserschutzanlagen auf, die keinen Eingriff darstellen sollen.[29] Im Gegensatz zur Positivliste des § 9 Abs.1 SächsNatSchG, ist die Negativliste des § 9 Abs.2 SächsNatSchG mit der Formulierung „über § 14 Abs. 2 und 3 BNatSchG hinaus" bereits im Gesetz als Abweichung gekennzeichnet. Zudem wird die Abweichungsintension des Sächsischen Gesetzgebers explizit in der Gesetzbegründung benannt[30], so dass sich insoweit keine verfassungsrechtlichen Probleme ergeben.

Die bayerische Regelung privilegiert in §§ 6 Abs.4, 5 BayNatSchG die den Anforderungen der guten bayrischen fachlichen Praxis entsprechende land-, forst- und fischereiwirtschaftliche Bodennutzung (vgl. § 3 Abs.2 BayNatSchG) und ist ebenfalls ausdrücklich als abweichende Regelung gekennzeichnet. Problematisch ist jedoch, dass § 6 Abs.4 S.1 und Abs.5 BayNatSchG zum Teil inhalts- und wortgleich zu § 14 Abs.2 und 3 BNatSchG ist, obgleich die Abweichungskompetenz des Art. 72 Abs.3 GG nach h. A. gerade keine Kompetenz für dem Bundesrecht inhaltsgleiche Regelungen begründet.

Einen dritten Weg wählt Niedersachsen mit seiner negativen, ebenfalls als Abweichung gekennzeichneten, Legaldefinition des Eingriffbegriffs auf Landesebene in § 5 NAGBNatSchG. Danach werden solchen Tatbeständen, die nicht von einer Behörde durchgeführt werden und die keiner behördlichen Anzeige oder Zulassung bedürfen – abgesehen von der subsidiären

---

25 Inhaltliche Kritik richtete sich vor allem gegen § 9 Abs.1 Nr.7 SächsNatSchG, der indiziert, dass ein Umbruch von Dauergrünland erst auf einer Grundstücksfläche von mehr al 5000 m2 als Eingriffstatbestand zu werten sei, da regelmäßig auch Flächen unterhalb 5000 m2 einen Eingriff darstellen. Vgl. hierzu Bundesverband Beruflicher Naturschutz e. V., Stellungnahme zum Entwurf des Gesetzes zur Bereinigung des Rechts des Naturschutzes und der Landschaftspflege vom 5.9.2012, S.12.

26 Sächsischer Landtag, Gesetzesentwurf der Staatsregierung zur Bereinigung des Rechts des Naturschutzes und der Landschaftspflege", Drs. 5/10657, Teil 1, S.5f

27 *Lütkes*, in: Lütkes/Ewer, BNatSchG, Kommentar, 2011, Einl. Rn. 35; *Michler/Möller*, Änderungen der Eingriffsregelung durch das BNatSchG, NuR 2011, 81; *Berghoff/Steg*, Das neue Bundesnaturschutzgesetz und seine Auswirkungen auf die Naturschutzgesetze der Länder, NuR 2010, 17, (23); *Koch/Krohn*, Das Naturschutzrecht im Umweltgesetzbuch – Den Auftrag der Föderalismusreform erfüllen, in: Umweltbundesamt (Hrsg.), Forum Umweltgesetzbuch, 2008, S.15.

28 Ausführlich *Stackelberg*, Die Abweichungsgesetzgebung der Länder im Naturschutzrecht, S.197 ff.

29 Zur inhaltlichen Kritik siehe Bundesverband Beruflicher Naturschutz e. V., Stellungnahme zum Entwurf des Gesetzes zur Bereinigung des Rechts des Naturschutzes und der Landschaftspflege vom 5.9.2012, S. 14.

30 Sächsischer Landtag, Gesetzesentwurf der Staatsregierung zur Bereinigung des Rechts des Naturschutzes und der Landschaftspflege", Drs. 5/10657, Teil 1, S.6.

Eingriffsregelung des § 17 Abs.3 BNatSchG – die Eingriffsqualität abgesprochen. Mit dieser Definition soll sichergestellt werden, dass Bagatelleingriffe vom Genehmigungserfordernis und von der Eingriffsregelung per se freigestellt werden.[31] Verfassungsrechtlich ist eine solche negative Legaldefinition jedoch problematisch und zwar insoweit, als dass durch diese per se Freistellung bestimmter Tatbestände – ohne den Einbau einer widerleglichen Vermutung – der allgemeine Grundsatz des § 13 BNatSchG und das darin zugrundeliegende Verursacherprinzip verletzt sein könnte.[32]

Tabelle 3: Positiv/Negativlisten

	Bayern	Niedersachsen	Sachsen
Positivlisten §9 I SächsNatSchG	-	-	X Art. 72 I GG
Negativlisten Regelvermutung für Unterhaltungsmaßnahmen an Deichen, Talsperren, HWanlagen etc.: kein Eingriff (§9 II SächsNatSchG) **Privilegierung der land/ forst/ fischwirtschaftlichen Bodennutzung im Einklang mit der bayerischen gfP** (Art.6 IV,V BayNatSchG)	X Art. 72 III GG	-	X Art. 72 III GG
Negative Legaldefinition Maßnahmen, die nicht von Behörde durchgeführt werden & keiner Zulassung/Anzeige nach anderen Rechtsvorschriften als der des §17 Abs. 3 BNatSchG bedürfen, sind kein Eingriff (§5 NAGBNatSchG)	-	X Art.72 III GG	-

---

31 Niedersächsischer Landtag, Schriftlicher Bericht zum Entwurf eines Gesetzes zur Neuordnung des Naturschutzrechts, Drs. 16/2216, S.4.

32 *Cancik*, Das neue Naturschutzrecht Niedersachsens – ein Testfall für die Abweichungsgesetzgebung, Nds-VBl 2011, 177 - 182; *Stackelberg*, Die Abweichungsgesetzgebung der Länder im Naturschutzrecht, S.207.

b) Suchraum für Ersatzmaßnahmen

Bundesgesetzlich wird mit § 15 Abs.2 S.3 BNatSchG ein Suchraum für Ersatzmaßnahmen von unvermeidbaren Eingriffen in Natur und Landschaft eingeführt. Dieser wird zur Vermeidung einer räumlichen Entkopplung zwischen Eingriff und Ersatzvornahme auf den betroffenen, allerdings nicht näher definierten, Naturraum begrenzt. Diesbezüglich enthalten einige Bundesländer abweichende Vorschriften. Beispielsweise nimmt Sachsen in § 10 Abs.1 SächsNatSchG (ausreichend gekennzeichnet als abweichende Vorschrift) eine Erweiterung des Suchraums für Ersatzvornahmen bei Großvorhaben vor, indem auch die Flußgebietseinheiten und Planungsregionen i.S.v. § 9 Abs.1 SächsLPlG miteinbezogen werden können. Diese Vorschrift entspricht dem alten § 9 Abs.3 S.1 SächsNatSchG und ist aus materiellrechtlicher Sicht mangels Verstoß gegen die in § 13 BNatSchG formulierten Grundsätze nicht zu beanstanden, denn § 13 BNatSchG begründet weder eine strikte Bindung an eine konkrete Naturraumgliederung noch führt die sächsische Regelung zu einer absoluten räumlichen Entkopplung von Eingriff und Kompensationsmaßnahme.[33]

Tabelle 4: Suchraum für Ersatzmaßnahmen

	Bayern	Nieder- sachsen	Sachsen
Abweichung durch Erweiterung des Suchraums Erstreckung bei Großvorhaben auch auf die Flussgebietseinheiten und Planungsregionen (§10 I SächsNatSchG)	-	-	X Art. 72 III GG

c) Ersatzgeld

Landesrechtliche Abweichungen betreffen zudem häufig den in § 15 Abs.6 BNatSchG niedergelegten, auf einem zweistufigen Prüfraster fußenden Bemessungsmaßstab zur Berechnung des Ersatzgeldes (z.B. § 10 Abs.4 SächsNatSchG, § 6 Abs.1 S.1 NAGBNatSchG). Nach den in § 15 Abs.6 S.2 und 3 BNatSchG beschriebenen Kriterien bemisst sich die Ersatzzahlung bundesrechtlich nach den durchschnittlichen Kosten der nicht durchführbaren Ausgleichs- und Ersatzvornahme, einschließlich der erforderlichen durchschnittlichen Kosten für deren Planung und Unterhaltung sowie der Flächenbereitstellung unter Einbeziehung der Personal- und sonstigen Verwaltungskosten (Stufe 1). Erst wenn diese Kosten nicht feststellbar sind, richtet sich die Ersatzzahlung nach Dauer und Schwere des Eingriffs, unter Berücksichtigung der dem Verursacher daraus erwachsenden Vorteile (Stufe 2).

Diesem Bemessungsmaßstab sind einige Bundesländer mit abweichenden Regelungen entgegengetreten. In Sachsen soll z.B. die Bemessung des Ersatzgeldes per se – entsprechend der alten Rechtslage – nach Dauer und Schwere des Eingriffs erfolgen und zwar unter Berücksichtigung der wirtschaftlichen Zumutbarkeit (§ 10 Abs. 4 SächsNatSchG). Das Abstellen auf

---

33 *Wolf*, Das neue Sächsische Naturschutzrecht , SächsVBl. 2010, 160, (162); *Stackelberg*, Die Abweichungsgesetzgebung der Länder im Naturschutzrecht, S. 213.

die wirtschaftliche Zumutbarkeit ist dabei nicht unkritisch, weil es dem Wesen der Eingriffs-kompensation widerspricht.[34]

Niedersachsen folgt zwar der zweistufigen Prüfungskaskade des § 15 Abs. VI S.2, 3 BNatSchG insoweit, als dass sich die Ersatzzahlung zunächst nach den fiktiven Kosten der Ausgleichs- und Ersatzmaßnahme bemessen soll. Sind diese jedoch nicht ermittelbar, so rich-tet sich das Ersatzgeld nur nach Dauer und Schwere des Eingriffs – ohne auf die Vorteile des Eingriffsverursachers abzustellen. Gleichzeitig wird eine Deckelung der Höhe des Ersatzgel-des eingeführt, das eine Höchstgrenze von 7 % der Planungs- und Ausführungskosten inklusi-ve der Grundstücksbeschaffungskosten nicht überschreiten darf (§ 6 Abs.1 S.1 NAGB-NatSchG). Vor dem Hintergrund des in § 13 BNatSchG zum Ausdruck kommenden Verursa-cherprinzips sind solche landesrechtlichen Regelungen kritisch zu bewerten, da sie auf eine Entkopplung des Kompensationsumfangs vom Schadensumfang (alleiniges Abstellen auf Investitionskosten, Deckelung bei einer bestimmten Investitionssumme) angelegt sind.[35]

Tabelle 5: Ersatzgeld

	Bayern	Nieder-sachsen	Sachsen
Bemessung allein nach Dauer & Schwere des Ein-griffs unter Berücksichtigung der wirtschaftlichen Zumutbarkeit (§10 IV SächsNatSchG)	-	-	X Art. 72 III GG
zweistufige Prüfungskaskade: 2.Stufe ohne Berück-sichtigung der Vorteile für Verursacher plus Decke-lung der Höhe des Ersatzgeldes (§6 I 1 NAGBNatSchG: Deckelung auf 7% d. Investi-tionskosten)	-	X Art. 72 III GG	-

d) Vorkaufsrecht

Der Bundesgesetzgeber statuiert in § 66 BNatSchG erstmals ein bundeseinheitliches natur-schutzrechtliches Vorkaufsrecht der Länder für bestimmte Grundstücke zum Zwecke von Naturschutz und Landschaftspflege. Gleichzeitig erklärt er über eine Unberührtheitsklausel „abweichende" (zu verstehen als bestehende, eigene) Vorschriften der Länder für weiterhin anwendbar (§ 66 Abs.5 BNatSchG). Diese rechtliche Ausgestaltung des § 66 BNatSchG er-öffnet den Bundesländern i.V.m. Art. 72 Abs.1 GG und Art. 72 Abs.3 GG vielfältige Gestal-

---

34 *Lütkes/Ewer*, BNatSchG, Kommentar, 2011, § 15 Rdn.29; Bundesverband Beruflicher Naturschutz e. V., Stellungnahme zum Entwurf des Gesetzes zur Bereinigung des Rechts des Naturschutzes und der Land-schaftspflege vom 5.9.2012, S.18.

35 *Cancik*, Das neue Naturschutzrecht Niedersachsens – ein Testfall für die Abweichungsgesetzgebung, Nds-VBl 2011, 177 ff; *Franzius*, Die Zukunft der naturschutzrechtlichen Eingriffsregelung, ZUR 2010, 346, (352); *Stackelberg*, Die Abweichungsgesetzgebung der Länder im Naturschutzrecht, S.217.

tungsmöglichkeiten zum Umgang mit dem naturschutzrechtlichen Vorkaufsrecht, die sie auch umfassend und different genutzt haben.

So hat der bayrische Gesetzgeber mit Art. 39 BayNatSchG seine eigene, dem alten Recht entlehnte Vollregelung zum Vorkaufsrecht über die Unberührtheitsklausel des § 66 Abs.5 BNatSchG i.V.m. Art. 70, 72 Abs.1 GG wieder in Kraft gesetzt, mit der Folge, dass die bundesrechtliche Regelung des § 66 BNatSchG in Bayern nicht gilt.

Ebenfalls gestützt auf die Kompetenzgrundlage der Art. 70,72 Abs.1 GG i.V.m. § 66 BNatSchG enthält die niedersächsische Regelung zum Vorkaufsrecht in § 40 NAGBNatSchG Teilergänzungen zum Bundesrecht, die sich inhaltlich dem alten, niedersächsischen Recht entlehnen und somit zum Nebeneinander von bundes- und landesrechtlicher Regelung führen.

Demgegenüber schafft Sachsen das Vorkaufsrecht unter Inanspruchnahme seiner Abweichungskompetenz generell ab, indem in § 38 SächsNatSchG im Sinne einer Negativgesetzgebung angeordnet wird, dass § 66 BNatSchG keine Anwendung findet. Obwohl sich Sachsen insoweit der umstrittenen Negativgesetzgebung bedient, bestehen unter Zugrundelegung der h.A. in diesem Fall keine Bedenken gegen deren Zulässigkeit, da sich der Verzicht auf das naturschutzrechtliche Vorkaufsrecht nicht in einer reinen Abschaffung und Aushöhlung des Bundesrechts erschöpft, sondern gerade Ausdruck einer eigenständigen, landesrechtlichen Regelungskonzeption und Gestaltungsabsicht ist.

Tabelle 6: Vorkaufsrecht

	Bayern	Nieder-sachsen	Sachsen
Wiederinkraftsetzung der Vorkaufsrecht-Vollregelung Art.39 BayNatSchG: § 66 BNatSchG gilt nicht in Bayern	**X** Art. 72 I GG §66 V BNatSchG	-	-
Teilergänzungen zum Bundesrecht §40 NAGBNatSchG: Nebeneinander von Bundes-und Landesrecht	-	**X** 72 I GG	-
Abschaffung des Vorkaufsrecht §38 SächsNatSchG: § 66 BNatSchG gilt nicht in Sachsen (Negativgesetzgebung)	-	-	**X** 72 III GG

V.   Bewertung

Acht Jahre nach der verfassungsrechtlichen Neuordnung der Gesetzgebungskompetenzen für den Bereich Naturschutz und Landschaftspflege einschließlich der Verankerung des neuen Kompetenztypus der Abweichungsgesetzgebung und vier Jahre nach Inkrafttreten des neuen, mit bundeseinheitlichen Vollregelungen ausgestatteten BNatSchG lässt sich feststellen, dass die verfassungsrechtlichen Neujustitierungen in der Gesetzgebungspraxis angekommen sind. 12 Bundesländer haben seitdem neue Landesnaturschutzgesetze verabschiedet mit Rechtsvorschriften, die das BNatSchG konkretisieren, ergänzen und/oder von ihm abweichen. Dabei fungiert insbesondere die Abweichungskompetenz nicht allein als theoretisches Konstrukt oder politisches Drohmittel im gesetzgeberischen Aushandlungsprozess, sondern hat sich als gelebtes Instrument zur Gestaltung des landesrechtlichen Naturschutzes etabliert. Auch die defensive Ausgestaltung des BNatSchG konnte die Landesgesetzgeber – entgegen der ursprünglichen Hoffnungen und Erwartungen – nicht vom Erlass abweichender Regelungen abhalten. Obwohl das BNatSchG durch die Übernahme vieler landesrechtlicher Altvorgaben und die Schaffung von Regelungsspielräumen über zahlreiche Öffnungs- und Unberührtheitsklauseln viele Zugeständnisse an die Länder enthält, gibt es heute eine Vielzahl von abweichenden landesrechtlichen Vorschriften.

Bezogen auf die Inanspruchnahme der Abweichungsgesetzgebung unterscheiden sich die Ländergesetze zum Teil erheblich. Vereint sind die Bundesländer zwar in den gesetzgeberischen Motiven, die den novellierten Landesnaturschutzgesetzes zu Grunde liegen. Sowohl eine zeitnahe Anpassung des bisherigen Landesrechts an das neue BNatSchG als auch die Beibehaltung tradierter, landesspezifischer Instrumente und Konzepte steht länderübergreifend auf der gesetzgeberischen Agenda und sollte durch Inanspruchnahme der verfassungsrechtlich gewährten Spielräume über Konkretisierungs- und Abweichungsregelungen gewährleistet werden. Bezüglich der tatsächlichen Umsetzung der Abweichungskompetenz scheinen jedoch vielfältige Differenzen in Form, Umfang und Inhalt auf, die teilweise verfassungsrechtliche Grauzonen tangieren. Diese Differenzen gründen jedoch nicht auf einer wettbewerbsföderalistischen Weiterentwicklung des landesrechtlichen Naturschutzes im Sinne eines „Mehr an Naturschutz". Vielmehr sollen die abweichenden Regelungen in erster Linie die Übernahme „bewährter landesrechtlicher Standards" und damit eine Rückkehr zum alten status quo sichern. Damit manifestiert die Abweichungsgesetzgebung die bestehende föderale Rechtszersplitterung und begründet durch das Nebeneinander von partiellem Bundesrecht und spezifischem, heterogenem Landesrecht neue Verflechtungen und Unübersichtlichkeiten. Letztere werden verstärkt durch zahlreiche Öffnungs- und Unberührtheitsklauseln, selbst in eigentlich abweichungsfesten Bereichen wie z.B. dem Artenschutzrecht (vgl. §§ 39 Abs.2 S.2, Abs. 5 S.2f, 43 Abs.4 BNatSchG). Von einer vereinfachten oder vereinheitlichten Rechtslage im Naturschutzrecht, worauf sowohl die Föderalismusreform als auch das neue BNatSchG abzielten, kann mithin nicht gesprochen werden.

Dr. Stefan Lütkes, Referatsleiter Recht des Naturschutzes und der Landschaftspflege, Bundesministerium für Umwelt, Naturschutz, Bau und Reaktorsicherheit

Das Vorhaben einer Bundeskompensationsverordnung (BKompV)
- Aktueller Stand –

I.   Ausgangslage

Die naturschutzrechtliche Eingriffsregelung ist das zentrale Instrument des Naturschutzrechts für den flächendeckenden Schutz von Natur und Landschaft. Flächenbeanspruchende Eingriffe in Natur und Landschaft sowie erhebliche Beeinträchtigungen des Landschaftsbilds sollen so kompensiert werden, dass der status quo von Natur und Landschaft trotz Eingriffs erhalten bleibt. Wesentliche Schlüsselbegriffe der naturschutzrechtlichen Eingriffsregelung, sowohl des Tatbestandes wie auch der Rechtsfolgenkaskade – Vermeidung, Ausgleich und Ersatz, Ersatzzahlung –, sind bereits auf bundesgesetzlicher Ebene bestimmt. Sie bedürfen jedoch für den Vollzug der weiteren Ausfüllung und Konkretisierung. Die praktische Anwendung der Eingriffsregelung sieht sich nämlich einem nahezu unübersehbaren Bestand an gesetzlichen und untergesetzlichen Normen, Verwaltungsvorschriften, Erlassen und Leitfäden auf Landes- und auch kommunaler Ebene ausgesetzt. Aus Sicht des Naturschutzes und der Landschaftspflege kann diese Ausgangslage nicht befriedigen. Auch leidet die Akzeptanz der einzelnen Maßnahmen, ihrer jeweiligen Umsetzung und am Ende die des Instrumentes Eingriffsregelung selbst unter der uneinheitlichen Handhabung. Daher ist es ein Gebot der Transparenz, hier eine Vereinheitlichung herbeizuführen.

Auch die Festsetzung des Ersatzgeldes kommt in 16 Bundesländern zu sehr unterschiedlichen Ergebnissen, obgleich sie auf der gleichen Rechtsgrundlage beruht.

Eine 200 Meter hohe Referenz-Windkraftanlage (Herstellungskosten 2 Mio. €) führt bei vergleichbarer Qualität des Landschaftsbildes unabhängig von ihrem Standort in Deutschland zu vergleichbaren Beeinträchtigungen. Dafür sollte auch eine vergleichbare Ersatzzahlung verlangt werden, dem der bisher bestehende regionale „Flickenteppich" widerspricht. Die Spanne der möglichen Ersatzzahlungsbeträge bei Windkraftanlagen bis 200 m Höhe reicht von 20.000 bis 240.000 Euro (vgl. Bundesrats-Drucksache 332/13, S. 95ff.), wobei die Mehrzahl der Länder Beträge von unter 100.000 Euro vorgeben. Hier ist eine Vereinheitlichung gefragt, die aber auch Raum für die Berücksichtigung regionaler Besonderheiten belässt.

II.   Zielsetzung der BKompV

Mit der Bundeskompensationsverordnung wird der Schutz von Natur und Landschaft jetzt in der ganzen inhaltlichen Breite gestärkt. Dies gilt für die geoökologischen Schutzgüter Boden, Wasser und Luft/ Klima aus naturschutzbezogener Perspektive, die ganze Vielfalt an Arten und Lebensräumen – also über Natura 2000 hinausgehend - und die sowohl fachlich als auch für die öffentliche Wahrnehmung so wichtigen Natur- und Kulturlandschaften. Die in der Verordnung vorgenommene Konkretisierungsleistung wird die Naturschutzbelange im Konflikt mit anderen Belangen deutlich aufwerten und dabei gleichzeitig die Nachvollziehbarkeit und Akzeptanz aufgrund der stringenten Ableitungen und Begründungen erhöhen. Ziel ist es, sowohl auf der Ebene der Realkompensation durch die einheitliche Bewertung der Biotoptypen als auch bei der Bemessung des Ersatzgelds eine bundesweit vergleichbare Festsetzung von Kompensationsmaßnahmen sicher zu stellen.

III. Verfahrensstand

Die Ermächtigungsgrundlage für die BKompV (§ 15 Abs. 7 S. 1 BNatSchG) ist in die seit dem 1. März 2010 geltende Neufassung des Bundesnaturschutzgesetzes integriert worden. Am 5.11.2012 hat dann das Bundesumweltministerium den Entwurf einer „Verordnung über die Kompensation von Eingriffen in Natur und Landschaft" zur Anhörung an die Länder und Verbände weitergeleitet. Anlass für die Erarbeitung der BKompV war die Energiewende aus dem Jahr 2011. Bundesminister Altmaier hatte im Rahmen seines 10-Punkte-Programms „Mit neuer Energie" die Vorlage eines entsprechenden Entwurfes angekündigt.

• Die Energiewende stellt gerade auch den Naturschutz vor besondere Herausforderungen. Der weitere Ausbau der Erneuerbaren Energien und der Energienetze ist ohne die Inanspruchnahme von Grundflächen und die mit ihnen verbundenen Eingriffe in Natur und Landschaft nicht zu bewerkstelligen.

• Die Errichtung von Windkraftanlagen und von Energiefreileitungen kann sich dabei nicht nur nachteilig auf Tiere und das Landschaftsbild auswirken. Der weitere Ausbau wird auch den Druck auf land- und forstwirtschaftlich genutzte Flächen erhöhen, und zwar sowohl für das Vorhaben selbst wie auch für die erforderliche Kompensation.

Eine Funktion der BKompV ist es daher, rechtliche belastbare Rahmenbedingungen für eine Vereinbarkeit von Naturschutz und energiewenderelevanten Projekten wie Windkraftanlagen und Energiefreileitungen zu schaffen. In diesem Sinne hat das Bundeskabinett am 24.04.2013 den Regierungsentwurf der BKompV beschlossen. Der Entwurf der BKompV verfolgt den Anspruch, über die Energiewendeprojekte hinaus, die gesamte Palette der eingriffsrelevanten Vorhaben abzudecken. Die Verabschiedung der BKompV bedarf des Einvernehmens mit dem „Bundesministerium für Ernährung und Landwirtschaft" und dem „Bundesministerium für Verkehr und digitale Infrastruktur" sowie der Zustimmung des Bundesrates (vgl. zum letzteren Art. 80 Abs. 2 GG). Diese war im Sommer 2013 – kurz vor den Wahlen zum Deutschen Bundestag - nicht zu bekommen. Die BKompV wurde daher von der Tagesordnung der entscheidenden Bundesratssitzung abgesetzt.

Auch in der neuen Legislaturperiode bleibt die Verabschiedung BKompV nach der Koalitionsvereinbarung für die 18. Legislaturperiode ein zentrales politisches Ziel. Um dieses zu erreichen, wurde zusammen mit den Ländern die Durchführung eines Planspiels beschlossen. Dazu wurde eine Übereinkunft mit der „Naturschutzseite" der Länder anlässlich der Frühjahrstagung 2014 der LANA (Bund/Länderarbeitsgemeinschaft Naturschutz, Landschaftspflege und Erholung) getroffen. Dort wurde ein Verfahren zur Abstimmung zunächst der Konfiguration des Planspiels und der darauf folgenden Ausarbeitung der Fallbeispiele getroffen.

Ausgewählt für eine Bearbeitung im Rahmen des Planspiels wurde der Bau einer Bundesfernstraße in einer Mittelgebirgslandschaft. Dabei kommen unterschiedliche Biotoptypen – insbesondere Wald- und Ackerflächen - zur Anwendung, so dass die Praktikabilität der BKompV über die verschiedenen Verfahrensschritte, Zustands- und Beeinträchtigungsbewertung, biotopwertbezogene und funktionsspezifische Kompensation getestet werden kann.

Dieser komplexe Anwendungsfall wird zweifach variiert: einmal wird die Variante eines Radwegebaus als Standardfall mitgeprüft. Und auf der anderen Seite wird eine ballungsgebietstypische Konstellation von betroffenen Biotoptypen in das Planspiel integriert. Dies dient dazu, ein realitätsnahes Bild der Anwendung der Eingriffsregelung in einem dicht besiedelten Land wie der Bundesrepublik zu gewinnen.

IV. Inhaltliche Eckpunkte der BKompV

Der Verordnungsentwurf enthält in fünf Abschnitten und insgesamt sechs Anlagen zunächst Regelungen zum Anwendungsbereich sowie zu den allgemeinen Anforderungen an die Kompensation (Abschnitt 1, s.u. II. 1.), anschließend Regelungen zur Ermittlung des Kompensationsbedarfs (Abschnitt 2, s.u. II. 2.) sowie zum Ausgleich und Ersatz von Beeinträchtigungen insbesondere unter Berücksichtigung agrarstruktureller Belange (Abschnitt 3, s.u. II. 3.) und neben Schlussvorschriften in Abschnitt 5 schließlich Vorgaben zu Voraussetzungen und Höhe der Ersatzzahlung (Abschnitt 4, s.u. II. 4.).

1. Allgemeine Vorschriften

Im 1. Abschnitt finden sich im Wesentlichen deklaratorische Regelungen und Optimierungsgebote (vgl. Begründung zu § 2) für die Anwendung der Eingriffsregelung.

Die Verordnung soll sachlich für alle Eingriffe in Natur und Landschaft Anwendung finden, die im Außenbereich erfolgen, nicht dagegen auf Vorhaben im Geltungsbereich von Bebauungsplänen und innerhalb der im Zusammenhang bebauten Ortsteile. Damit folgt die BKompV der Trennlinie zwischen naturschutzrechtlicher und städtebaurechtlicher Eingriffsregelung. Sie soll dabei auch im Bereich des Küstenmeeres und der deutschen ausschließlichen Wirtschaftszone (AWZ) Anwendung finden (§ 1 Abs. 2). Diesbezüglich ist aber zu beachten, dass auf die Errichtung und den Betrieb von Windkraftanlagen (WKA) in der deutschen AWZ, die bis zum 1.1.2017 genehmigt worden sind, die Vorgaben der Eingriffsregelung nach § 56 Abs. 3 BNatSchG keine Anwendung finden, während die Errichtung von Konverterstationen und Stromübertragungskabeln bereits der Anwendung der Eingriffsregelung unterliegen.

Die allgemeinen Anforderungen an die Kompensation nach § 2 BKompV-E[1] betonen zunächst bereits durch Vorgaben des BNatSchG geregelte Berücksichtigungspflichten in Bezug auf die Inhalte der Landschaftsplanung (§ 2 Abs. 2 i.V.m. § 9 Abs. 2 BNatSchG) sowie den Vorrang von Vermeidungsmaßnahmen. Außerdem muss im Rahmen der Prüfung zumutbarer Alternativen (§ 15 Abs. 1 S. 2 BNatSchG) auch berücksichtigt werden, inwieweit diese dazu beitragen, die Inanspruchnahme von Flächen durch den Eingriff sowie durch die Kompensationsmaßnahmen zu verringern (§ 2 Abs. 3). Dem gleichen Ziel dienen die Soll-Vorgaben, Kompensationsmaßnahmen multifunktional auszugestalten, indem Ausgleichs- und Ersatzmaßnahmen jeweils auf die Kompensation mehrerer beeinträchtigter Funktionen gerichtet sein sollen. Zugleich wird die Kompatibilität der Kompensationsmaßnahmen zu weiteren Anforderungen des Naturschutzes (u.a. des Gebiets- und Artenschutzes) angesprochen (Abs. 4). Unter dem Gesichtspunkt der Reduzierung der Flächeninanspruchnahme soll zur Deckung des Kompensationsbedarfs insbesondere auf bevorratete Kompensationsmaßnahmen nach § 16 BNatSchG zurückgegriffen werden (§ 2 Abs. 5).

2. Ermittlung des Kompensationsbedarfs, §§ 3-6

a) Allgemeines

Die Verordnung sieht erstmals bundeseinheitliche Vorgaben für die <u>Erfassung, Ermittlung und Bewertung</u> des vorhandenen Zustands von Natur und Landschaft und der bei Durchführung des Eingriffs zu erwartenden Beeinträchtigungen der Leistungs- und Funktionsfähigkeit des Naturhaushalts und des Landschaftsbildes vor (§ 3 Abs.1). Für die einzelnen Schutzgüter – Tiere und Pflanzen, Boden, Wasser, Luft und Klima, Landschaftsbild – werden jeweils Er-

---

1   Nicht näher bezeichnete §§ sind solche des BKompV-E.

fassungskriterien und ein Bewertungsrahmen vorgegeben (Anlage 1). Hinsichtlich des zentralen Schutzgutes Biotope ist eine Liste mit mehreren Hundert Biotoptypen, denen jeweils ein Biotoptypenwert im Rahmen einer 24 Punkte-Skala zugeordnet ist, Bestandteil der Verordnung (Anlage 2). Dabei wurde die Bewertung des Biotoptyps anhand der drei Zielbereiche gemäß § 1 Bundesnaturschutzgesetz Diversitätssicherung, Leistungs- und Funktionsfähigkeit der Naturgüter und Erleben und Wahrnehmen von Natur und Landschaft auf der Typusebene vorgenommen. Zur Bildung des Biotoptypenwerts wurden die drei Einzelwerte, die für die Biotoptypen hinsichtlich der drei Zielbereiche vergeben wurden, zu Grunde gelegt. Der Biotoptypenwert spiegelt den Zustand des Biotoptyps wieder, der die charakteristischen Merkmale des Typs erfüllt und weder besondere wertgebende Merkmale noch relevante Defizite in der Ausprägung vorliegen.

Die Biotopbewertung auf Typusebene wird durch eine Bewertung auf der Objektebene ergänzt. Danach erfolgt als Ergebnis der Biotopkartierung und der konkreten Ausprägung in der Landschaft ein weiter Bewertungsschritt auf der Objektebene. Hierbei ist eine ergänzende Bewertung nach spezifischen Kriterien vorzunehmen. Dabei kann eine Auf- und Abwertung des Biotoptypenwertes um bis zu 3 Wertpunkte erfolgen.

Für die Bewertung jedes Schutzguts stehen nach der in Anlage 3 enthaltenen Matrix jeweils sechs Wertstufen beginnend bei sehr gering über gering, mittel, hoch, sehr hoch bis zu hervorragend zur Verfügung. Zur Feststellung der Schwere der zu erwartenden Beeinträchtigungen werden dann in Form der Matrix die Wertstufen für die Bedeutung des jeweiligen Schutzguts in Beziehung zu den Stufen der Intensität der Beeinträchtigungen gesetzt (Anlage 3).

Die Erfassung und Bewertung der von einem Eingriff betroffenen Biotope wird dabei in das Zentrum der Bestimmung des Kompensationsumfangs gestellt (Grundbewertung). Weitere Schutzgüter – Tiere, Pflanzen, Boden, Wasser, Luft und Klima – sollen auf der Grundlage einer überschlägigen Prüfung dagegen nur erfasst und bewertet werden, wenn erhebliche Beeinträchtigungen *besonderer Schwere* zu erwarten sind (Zusatzbewertung). Hintergrund dieser Unterscheidung bildet die fachlich begründete Annahme, dass erhebliche Beeinträchtigungen der Naturgüter durch eine Aufwertung der Biotope

im Sinne des Biotopwertverfahrens mit kompensiert werden können, während bei besonders schweren Beeinträchtigungen der Naturgüter sowie bei erheblichen Beeinträchtigungen des Landschaftsbildes eine konkrete funktionsspezifische Betrachtung erforderlich ist (vgl. Begründung zu § 3). Diese Herangehensweise unter Einführung der besonderen Berücksichtigung der funktionsspezifischen Kompensation wird mit der BKompV systematisiert und auf eine einheitliche normative Grundlage gestellt.

b) Im Einzelnen

§§ 4 und 5 dienen der Ermittlung des biotopwertbezogenen und funktionsspezifischen Kompensationsbedarfs.

aa) Biotopwertbezogener Kompensationsbedarf

Der biotopwertbezogene Kompensationsbedarf entspricht nach § 6 Abs. 1 S. 3 der Summe der nach § 6 Abs. 1 S. 2 Nr. 1 (Flächeninanspruchnahme) und 2 (mittelbare Beeinträchtigungen) ermittelten Produkte. Während für eine Flächeninanspruchnahme für jedes betroffene Biotop eine Bilanzierung der Biotopwerte vor und nach Durchführung des Eingriffs in Form einer Differenzrechnung vorzunehmen ist (Nummer 1), ist für mittelbare Beeinträchtigungen der jeweilige nach § 4 Absatz 4 Satz 2 zugeordnete Beeinträchtigungsfaktor, zwischen 0,1 und 1, welcher die Stärke, Dauer und Reichweite der Auswirkungen eines Vorhabens auf Biotope bewertet (Bewertungskriterien: Grad der mechanischen, chemischen oder akustischen Einwirkung sowie räumlicher und zeitlicher Umfang der Einwirkung), heranzuziehen (Nummer 2). Die betreffenden Werte sind jeweils mit der voraussichtlich beeinträchtigten Fläche in Quadratmetern zu multiplizieren. Um den Biotopwert des vorhandenen Zustands bei einer Flächeninanspruchnahme zu ermitteln, ist das jeweils betroffene Biotop nach § 4 Abs. 1 S. 1 in Verbindung mit der auf Grundlage der Roten Liste der gefährdeten Biotoptypen gebildeten Anlage 2 Spalte 2 zunächst in einem ersten Schritt einem Biotoptyp zuzuordnen und in einem zweiten Schritt auf Objektebene anhand der Kriterien „Flächengröße", „abiotische Ausstattung" und „biotische Ausstattung" sowie der Lage zu anderen Biotoptypen und auf der Grundlage der in Anlage 2 Spalte 3 angegebenen Biotoptypenwerte zu bewerten. Zur Bestimmung des Biotopwertes im Einzelfall kann der Biotoptypenwert der Anlage 2 Spalte 3 um bis zu drei Wertpunkte erhöht werden, wenn das Biotop überdurchschnittlich gut ausgeprägt ist, oder um bis zu drei Wertpunkte verringert werden, wenn das Biotop unterdurchschnittlich gut ausgeprägt ist (§ 4 Abs. 1 S. 2). Für die Bestimmung des Biotopwertes des nach dem Eingriff zu erwartenden Zustands nach § 6 Abs. 1 Satz 2 Nummer 1 gilt § 4 Absatz 1 Satz 1 und 2 entsprechend (§ 6 Abs. 1 S. 4).

Der biotopwertbezogene Kompensationsbedarf ist aber nur dann zu ermitteln, wenn „mindestens eine erhebliche Beeinträchtigung" zu erwarten ist, (vgl. § 6 Abs. 1 S. 1). Zur Beurteilung der Schwere dieser zu erwartenden Beeinträchtigung werden dann in Form einer Matrix die sechs Wertstufen des § 4 Abs. 2 für die Bedeutung des jeweiligen Schutzguts in Relation zu den Stufen der Intensität der Beeinträchtigungen gesetzt (Anlage 3).

Anlage 3

Bedeutung der Funktionen des jeweiligen Schutzgutes nach Wertstufen	Stärke, Dauer und Reichweite der vorhabenbezogenen Wirkungen		
	I\ngering	II\nmittel	III\nhoch
1 sehr gering	--	--	--
2 gering	--	--	eB
3 mittel	--	eB	eB
4 hoch	eB	eB	eBS
5 sehr hoch	eB	eBS	eBS
6 hervorragend	eBS	eBS	eBS

--: keine erhebliche Beeinträchtigung zu erwarten

eB: erhebliche Beeinträchtigung zu erwarten

eBS: erhebliche Beeinträchtigung besonderer Schwere zu erwarten.

(1) Formel: „biotopwertbezogener Kompensationsbedarf für Flächeninanspruchnahme" in m^2 = (Biotopwert vor „subtrahiert" mit dem Biotopwert nach Eingriff) „multipliziert" mit (voraussichtlicher Flächeninanspruchnahme in m^2)

(2) Formel: biotopwertbezogener Kompensationsbedarf für mittelbare Beeinträchtigungen" in m^2 = (Biotopwert der voraussichtlich beeinträchtigten Fläche in m^2) „multipliziert" mit (Beeinträchtigungsfaktor zwischen 0,1-1)

(3) Formel: „biotopwertbezogener Gesamtkompensationsbedarf" in m^2: Summe aus (1) und (2)

bb) Funktionsspezifischer Kompensationsbedarf

§ 6 Abs. 2 sieht vor, dass der funktionsspezifische Kompensationsbedarf, der bei den Schutzgütern Biotope, Tiere oder Pflanzen, Boden, Wasser, Klima oder Luft im Falle einer erheblichen Beeinträchtigung besonderer Schwere (Nummer 1) und beim Schutzgut Landschaftsbild im Falle einer mindestens erheblichen Beeinträchtigung (Nummer 2) entsteht, verbalargumentativ zu ermitteln ist.

Im Rahmen der nur im Einzelfall durchzuführenden Zusatzbewertung erfolgt gem. § 5 Abs. 1 die Erfassung der in der Anlage 1 Spalte 1 und 2 genannten weiteren Schutzgüter und Funktionen nach Abs. 1 S. 1 anhand der Kriterien der Anlage 1 Spalte 3. Die Bedeutung der erfassten Funktionen ist dann nach Satz 2 innerhalb des in Anlage 1 Spalte 4 genannten Rahmens anhand der Wertstufen „sehr gering", „gering", „mittel", „hoch", „sehr hoch" und „hervorragend" zu bewerten.

Anlage 1 (Bsp.: Schutzgut „Tiere")

Schutzgüter	Funktionen	Erfassungskriterien	Bewertungsrahmen
Tiere	Vielfalt von Tieren einschließlich der innerartlichen Vielfalt	Erfassung von Tierarten und deren Lebensräumen, für die das Kriterium der Gefährdung gemäß der Roten Listen des Bundes sowie der Länder zutrifft sowie Lebensräume der landesweit bedeutenden Vorkommen nicht gefährdeter Tierarten (= relevante Tierarten) Sofern einzelne Arten nicht bereits im Rahmen der Anforderungen der FFH-Richtlinie (Anhang II, IV) oder der Vogelschutz-Richtlinie zu erfassen sind oder aus der Erfassung von Indikatorarten und der Vegetationsstruktur nicht bereits sichere Rückschlüsse auf das Vorkommen relevanter Tierarten möglich sind, ist eine Erfassung nur geboten, wenn hinreichend gesicherte Hinweise auf ein Vorkommen vorliegen (z.B. aus aktuellen Landschaftsplänen oder Schutzgebietsgutachten, Stellungnahmen von Fachbehörden oder Gebietskennern).	**hervorragend (6)**: Lebensräume der Vorkommen einer vom Aussterben bedrohten Tierart oder mehrerer stark gefährdeter Tierarten jeweils auf Bundesebene **sehr hoch (5)**: Lebensräume der Vorkommen einer stark gefährdeten Tierart oder mehrerer gefährdeter Tierarten jeweils auf Bundesebene **hoch (4)**: Lebensräume der Vorkommen einer gefährdeten Tierart oder mehrerer Tierarten der Vorwarnliste jeweils auf Bundesebene oder mehrerer mindestens gefährdeter Tierarten auf Landesebene sowie Lebensräume der landesweit bedeutenden Vorkommen nicht gefährdeter Tierarten **mittel (3)**: Lebensräume der Vorkommen mehrerer Tierarten mit spezifischen Lebensraumansprüchen oder für relevante Tierarten geeignete Lebensräume oder Flächen für Funktions- und Austauschbeziehungen für in der Umgebung vorhandene relevante Tierarten **gering (2)**: Lebensräume der Vorkommen einer Tierart mit spezifischen Lebensraumansprüchen **sehr gering (1)**: Lebensräume der Vorkommen relevanter Tierarten kommen nicht vor

Zur Ermittlung der erforderlichen Beeinträchtigungsintensität ist dann nach § 5 Abs. 2 zu <u>bewerten</u>, ob eine von § 6 Abs. 2 geforderte Beeinträchtigungsintensität vorliegt. Zur Bewertung der zu erwartenden unvermeidbaren Beeinträchtigungen sind die von dem Vorhaben ausgehenden Wirkungen für die erfassten und bewerteten Funktionen zu ermitteln und im Hinblick auf ihre Stärke, Dauer und Reichweite

anhand der Stufen „gering", „mittel" und „hoch" zu bewerten. Anschließend ist anhand der Anlage 3 (s.o.) festzustellen, ob die einzelnen zu erwartenden Beeinträchtigungen für die jeweils betroffene Funktion als nicht erheblich, erheblich oder erheblich mit besonderer Schwere einzustufen sind.

3. Ausgleich und Ersatz von Beeinträchtigungen, §§ 7-11

a) Allgemeines

Die Verordnung konkretisiert ebenfalls erstmals bundeseinheitlich die Anforderungen an Ausgleichs- und Ersatzmaßnahmen sowohl in inhaltlicher als auch in räumlicher Hinsicht im Hinblick auf die einzelnen Schutzgüter. Bei erheblichen Beeinträchtigungen von Biotopen erfolgen Ausgleich und Ersatz auf der Grundlage eines <u>Biotopwertverfahrens</u> durch eine biotopbezogene Aufwertung im betroffenen Naturraum. Bei mindestens erheblichen Beeinträchtigungen des Landschaftsbildes sowie erheblichen Beeinträchtigungen besonderer Schwere sonstiger Schutzgüter sind der Ausgleich und der Ersatz grundsätzlich <u>konkret funktionsspezifisch</u> im betroffenen Funktions- bzw. Naturraum durchzuführen. Die Lage der Naturräume ergibt sich dabei aus einer in Bezug genommenen Karte (Anlage 4; 73 naturräumliche Einheiten nach Ssymank), die inhaltlichen Anforderungen im Einzelnen aus einer entsprechenden Übersicht (Anlage 5).

Der „Berücksichtigung agrarstruktureller Belange" widmet sich § 9, in dem einerseits verschiedene Begrifflichkeiten aus § 15 Abs. 3 BNatSchG definiert und andererseits die subsidiäre Inanspruchnahme der für die landwirtschaftliche Nutzung besonders geeigneten Böden für Maßnahmen der Realkompensation betont wird (Abs. 2 S. 3).

§ 10 regelt gemeinsam mit den Abschnitten A bis C der detaillierten Anlage 6 die Festsetzung von Bewirtschaftungs- und Pflegemaßnahmen, die der dauerhaften Aufwertung des Naturhaushalts oder des Landschaftsbildes dienen (Abs. 1), Maßnahmen zur Entsiegelung, die durchgeführt werden sollen, um eingriffsbedingte Neuversiegelungen zu kompensieren (Abs. 2), sowie Maßnahmen zur Wiedervernetzung von Lebensräumen, um bestehende Beeinträchtigungen der ökologischen Austauschbeziehungen sowie des räumlichen Zusammenhangs von Lebensräumen zu verringern (Abs. 3). Die in Anlage 6 enumerativ festgelegten Maßnahmentypen (Spalte 1) werden dabei definiert und erstmals verbindlich mit konkreten Anforderungen unterlegt (Spalte 2), bei deren Einhaltung die Eignung als Ausgleichs- oder Ersatzmaßnahme besteht (Spalte 3).

Bezüglich der Unterhaltung und rechtlichen Sicherung von Ausgleichs- und Ersatzmaßnahmen regelt § 11 Abs. 1 zunächst, dass die Unterhaltung die zur Entwicklung und Erhaltung erforderliche Pflege umfasst. In Absatz 2 wird zudem festgelegt, dass Realkompensationsmaßnahmen jedenfalls dinglich zu sichern sind. Als Sicherungsmittel kommen dabei neben einer beschränkten persönlichen Dienstbarkeit (§§ 1090ff. BGB) bei Unterlassungs- und Duldungspflichten und einer Reallast (§§ 1105ff. BGB) u.a. auch eine öffentlich-rechtliche Baulast (z.B. § 83 BauO NRW) in Betracht. Vertragliche Sicherungsmaßnahmen wären danach zukünftig unabhängig von der Dauer der Kompensationsmaßnahme im Einzelfall ausgeschlossen, wenn die zuständige Behörde nicht mit befreiender Wirkung die vertragliche Übertragung an eine bestimmte Einrichtung gestattet (Abs. 3 S. 1). Dabei bedürfen Maßnahmen auf dem Grundstück des Vorhabenträgers in der Regel und auf solchen der öffentlichen Hand keiner dinglichen Sicherung (Abs. 2 S. 1 und 2).

b) Im Speziellen

Entsprechend der Differenzierung in § 4 Abs. 3 S. 2 unterscheiden die §§ 7 und 8 der Verordnung nach Anforderungen an die Realkompensation zwischen <u>erheblichen Beeinträchtigungen</u> und <u>erheblichen Beeinträchtigungen besonderer Schwere</u>.

aa) Erhebliche Beeinträchtigungen von Biotopen sind nach § 7 Abs. 1 S. 1 ausgeglichen oder ersetzt, wenn im betroffenen Naturraum innerhalb einer angemessenen Frist eine Aufwertung des Naturhaushalts oder Landschaftsbildes erfolgt, die in ihrem Biotopwert dem nach § 6 Abs. 1 rechnerisch und funktionsunspezifisch ermittelten biotopwertbezogenen Kompensationsbedarf entspricht. Der Biotopwert der Aufwertung ergibt sich nach § 7 Abs. 2 S. 1 aus dem Produkt der Differenz zwischen den Biotopwerten des zu erreichenden Zustands (Zielbiotop) und des vorhandenen Zustands (Ausgangsbiotop) sowie der aufgewerteten Fläche in Quadratmetern. Gemäß § 7 Abs. 2 S. 2 gilt die Bestimmung der Biotopwerte § 4 Absatz 1 Satz 1 und 2 entspricht (s.o.). Hervorzuheben ist hier, dass § 7 Abs. 2 S. 3 einen Wiedervernetzungs- und Entsiegelungsbonus (15 Wertpunkte je Quadratmeter aufgewerteter Fläche) vorsieht, um den Anreiz zu erhöhen, diese Maßnahmen trotz der mit ihnen verbundenen höheren Kosten verstärkt durchzuführen.

Formel: „Kompensation erheblicher Beeinträchtigungen von Biotopen" erreicht, wenn: Biotopwert der Aufwertung (Differenz des Biotopwerts von Ziel- und Ausgangsbiotop) „multipliziert" mit der aufgewerteten Fläche in m² $\triangleq$ biotopwertbezogenem Kompensationsbedarf

bb) Erhebliche Beeinträchtigungen besonderer Schwere sind dagegen nach § 8 Abs. 3 und 4 ausgleich- bzw. ersetzbar, wenn die betroffene Funktion durch Ausgleichs- und Ersatzmaßnahmen in dem in der Anlage 5 Abschnitt A Spalte 4 jeweils bezeichneten Raum (bzw. im selben Naturraum) und innerhalb einer angemessenen Frist wiederhergestellt werden kann. Bei der Festlegung von Ausgleichs- und Ersatzmaßnahmen sind Entwicklungszeiten nach Anlage 5 B zu berücksichtigen. Der sog. Timelag-Aufschlag macht eine Vergrößerung der Maßnahmenfläche um 25 % erforderlich, sofern die Entwicklungszeit bis zur Erreichung des Zielzustands der geplanten Ausgleichs- und Ersatzmaßnahme 30 Jahre überschreitet. Sofern Biotoptypen oder Zielzustände anderer Funktionen mit einem Alter von mehr als 100 Jahren erheblich beeinträchtigt werden, sind neben den langfristig wirksamen Maßnahmen mit einer Entwicklungszeit von mehr als 100 Jahren kurz- bis mittelfristig wirksame Maßnahmen mit einer Entwicklungszeit von weniger als 30 Jahren vorzusehen. Die beiden Maßnahmenanteile sollen jeweils 50 Prozent des auf die betreffende erhebliche Beeinträchtigung entfallenden Anteils am biotopwertbezogenen Kompensationsbedarf betragen.

§ 6 Abs. 3 BKompV-E regelt zudem den in der Praxis zumindest bei größeren Vorhaben häufig anzutreffenden Fall, dass Beeinträchtigungen mit und ohne besondere Schwere zusammentreffen. Hier ist der Biotopwert der funktionsspezifischen Kompensationsmaßnahmen zu bestimmen und auf den nach § 3 Abs. 4 bestimmten biotopwertbezogenen Kompensationsbedarf anzurechnen.

4. Ersatzzahlung

In § 12 werden die Voraussetzungen zur Ersatzzahlung nach § 15 Abs. 6 BNatSchG konkretisiert. Nicht real kompensierbar sind nach Abs. 1 Beeinträchtigungen, wenn die Anforderungen an den Ausgleich bzw. Ersatz nach den §§ 7 f. aus tatsächlichen oder rechtlichen Gründen nicht erfüllt werden können. Dies ist nach den aufgeführten Regelbeispielen insbesondere der

Fall, wenn die betroffenen Funktionen durch Maßnahmen nicht oder nur unter unzumutbaren Belastungen herstellbar (Abs. 1 S. 2 Nr. 1) oder geeignete Kompensationsflächen im betroffenen Naturraum nicht vorhanden oder nicht verfügbar sind (Abs. 1 S. 2 Nr. 2). Nach der prominenten Sonderregelung für vertikale Mast- oder Turmbauten gelten die oberhalb von 20 Metern verursachten Beeinträchtigungen des Landschaftsbildes in der Regel nicht als kompensierbar, so dass hierfür regelmäßig Ersatzgeld zu leisten ist. Als mögliche Realkompensation nennt die Begründung den Rückbau vergleichbarer vertikaler Anlagen, der auch nach § 35 Abs. 5 S. 2 BauGB baurechtlich abgesichert wird.

Zur Höhe der Ersatzzahlung regelt § 13 Abs. 1, dass bei Ermittlung der durchschnittlichen Kosten der nicht durchführbaren Kompensationsmaßnahmen die Bodenrichtwerte nach § 196 BauGB anzuwenden sind. Für den Fall nicht feststellbarer Kosten konkretisiert Abs. 2 wertstufenabhängig vgl. Anlage 1 Spalte 3 und 4) nach § 5 Abs. 1 S. 2 bei Beeinträchtigungen des Landschaftsbildes die Höhe der Ersatzzahlung auf 100-800€ je Meter Anlagenhöhe bei Mast- und Turmbauten (S. 1 Nr.1), bei Gebäuden 0,01-0,08€ je m³ umbauten Raums (S. 2 Nr. 2), bei Abgrabungen 0,10-0,80€ je m² in Anspruch genommener Fläche (S. 2 Nr. 3) und bei Aufschüttungen je 100m³ aufgeschütteten Materials 0,30-2,40€ (S. 2 Nr. 3). Sind von einem Vorhaben unterschiedliche Wertstufen betroffen, ist ein gemittelter Betrag in Euro anzusetzen (S. 3). Nach § 12 Abs. 3 erfolgt in den Fällen des Absatzes 2 Satz 1 Nummer 1 die Ermittlung der Wertstufe des betroffenen Landschaftsbildes in einem Umkreis um die Anlage, dessen Radius das Fünfzehnfache der Anlagenhöhe beträgt. Umfasst ein Vorhaben zwei oder mehr Mast- oder Turmbauten oder werden Mast- oder Turmbauten im räumlichen Zusammenhang mit bereits bestehenden Mast- oder Turmbauten errichtet, verringert sich die nach Absatz 2 errechnete Ersatzzahlung pauschal um 7 Prozent. Wird die Landschaft zwischen Mastbauten durch eine oder mehrere Leitungen überspannt, erhöht sich die errechnete Ersatzzahlung pauschal um 10 Prozent. Erfolgt eine bloße Zubeseilung auf schon vorhandenen Masten, ist bereits das Vorliegen des Eingriffstatbestandes fraglich, da es an einer Veränderung der Gestalt oder Nutzung der Grundfläche, wie sie § 14 Absatz 1 BNatSchG voraussetzt, fehlen dürfte. Entsprechendes dürfte in der Regel für reine Masterhöhungen gelten. Bei Masterhöhungen, bei denen eine Fundamentverstärkung notwendig ist, sowie bei Ersatzbauten ist für die Bewertung der Beeinträchtigungsintensität lediglich die Erhöhung gegenüber dem Ausgangszustand relevant (Begründung zu § 13).

Bemessung der Ersatzzahlung am Beispiel der Errichtung von WKA (Drs. 332/13, S. 94, 200 Meter hohe Referenz-Windkraftanlage mit Herstellungskosten von 2 Mio. €)

Bedeutung des Landschaftsbildes

	Wertstufe 2	Wertstufe 3	Wertstufe 4	Wertstufe 5	Wertstufe 6
Ersatzzahlung „Einzelanlage"	20.000€	40.000€	60.000€	100.000€	160.000€
Ersatzzahlung > 2 Anlagen	18.600€	37.200€	55.800€	93.000€	148.800€

Dr. Renate Philipp, Richterin am Bundesverwaltungsgericht

Die Entwicklung des FFH-Rechts (insbesondere aktuelle Rechtsprechung)

Die Anwendung der Richtlinie 92/43/EWG des Rates vom 21. Mai 1992 zur Erhaltung der natürlichen Lebensräume sowie der wildlebenden Tiere und Pflanzen[1] gehört inzwischen zum Alltag aller mit Eingriffen in Natur und Landschaft beschäftigen Planer und Juristen. Auch die drei Planungssenate des Bundesverwaltungsgerichts haben sich – beginnend mit dem Urteil des 4. Senats vom 19. Mai 1998 zur Autobahn A 20[2] - in einer Vielzahl von Entscheidungen mit der FFH-Richtlinie befasst. Eine juris-Recherche zu "BVerwG" und "EWGRL 92/43" ergibt 49 Treffer. Der folgende Beitrag hat nicht den Anspruch, die Entwicklung der Rechtsprechung des Bundesverwaltungsgerichts zum FFH-Recht von Beginn an nachzuzeichnen. Er beschränkt sich im Wesentlichen darauf, die Rechtsprechung der letzten zwei Jahre zum Gebietsschutz zu referieren. Fragen des Artenschutzes werden nicht behandelt.

I.   Zuständigkeit und Verfahren

§ 34 BNatSchG regelt nicht nur materiellrechtliche, sondern auch verfahrensrechtliche Anforderungen an die Zulassung von Projekten: Projekte sind vor ihrer Zulassung oder Durchführung auf ihre Verträglichkeit mit den Erhaltungszielen eines FFH-Gebiets zu überprüfen, wenn sie einzeln oder im Zusammenwirken mit anderen Projekten und Plänen geeignet sind, das Gebiet erheblich zu beeinträchtigen und nicht unmittelbar der Verwaltung des Gebiets dienen.[3] Ob diese Voraussetzungen vorliegen, ist im Rahmen einer Vorprüfung festzustellen; Vorprüfung und Verträglichkeitsprüfung sind naturschutzrechtlich obligatorische Verfahrensschritte.[4] Welche Behörde für die Verträglichkeitsprüfung zuständig ist, regelt § 34 BNatSchG nicht. Lediglich für den eher seltenen Fall, dass ein Projekt, das nicht von einer Behörde durchgeführt wird, nach anderen Rechtsvorschriften keiner behördlichen Entscheidung oder Anzeige bedarf, bestimmt § 34 Abs. 6 Satz 1 BNatSchG, dass es der für Naturschutz und Landschaftspflege zuständigen Behörde anzuzeigen ist. Im Umkehrschluss ergibt sich daraus, dass, wenn ein Projekt nach anderen fachrechtlichen Vorschriften einer behördlichen Zulassungsentscheidung bedarf und das Naturschutzrecht zum Prüfprogramm dieser Entscheidung gehört, die Verträglichkeitsprüfung im Rahmen dieses Zulassungsverfahrens stattfindet. Die Verträglichkeitsprüfung ist in diesem Fall ein Verfahrensschritt innerhalb des die Zulassung des Projekts betreffenden behördlichen Entscheidungsprozesses. Zuständig ist diejenige Behörde, die nach den maßgeblichen fachrechtlichen Vorschriften über die Zulassung des Projekts zu befinden hat.[5]

In seiner Entscheidung zu den Flugrouten für den Flughafen Leipzig/Halle hat der 4. Senat des Bundesverwaltungsgerichts dargelegt, dass die Planfeststellungsbehörde für die FFH-Verträglichkeitsprüfung nicht originär zuständig sei, sondern dass ihr diese Zuständigkeit von § 34 BNatSchG aufgedrängt werde.[6] Dass allein § 34 BNatSchG die Zuständigkeit der Planfeststellungsbehörde für die Durchführung der Verträglichkeitsprüfung begründet, dürfte daraus nicht folgen. In diesem Fall wären die Länder gemäß Art. 72 Abs. 3 Nr. 4 GG berechtigt, hiervon abweichende Zuständigkeitsregelungen zu treffen. In der Tat wurde im Verfahren zur Fahrrinnenanpassung der Weser gerügt, dass die Wasser- und Schifffahrtsdirektion für die

---

1   ABl. Nr. L 206 S. 7 – im Folgenden: FFH-Richtlinie.
2   BVerwGE 107, 1.
3   § 34 Abs. 1 Satz 1 BNatSchG.
4   BVerwGE 146, 176, Rn. 10.
5   A.a.O., Rn. 11.
6   BVerwG, Urteil v. 19.12.2013 (Az. 4 C 14.12), Rn. 34.

Prüfung der Verträglichkeit des Vorhabens mit den Erhaltungszielen der bremischen FFH-Gebiete nicht zuständig gewesen sei, weil die Freie Hansestadt Bremen diese Zuständigkeit in § 24 Abs. 2 BremNatG der obersten Naturschutzbehörde zugewiesen habe. Der 7. Senat des Bundesverwaltungsgerichts ist diesem Einwand nicht gefolgt; insoweit hat er den Planfeststellungsbeschluss in seinem Hinweisbeschluss nicht beanstandet.[7] Er ist davon ausgegangen, dass sich die aus § 14 Abs. 1 Satz 3 WaStrG ergebende Zuständigkeit der Wasser- und Schifffahrtsdirektion als Planfeststellungsbehörde auch auf die Prüfung der FFH-Verträglichkeit des Vorhabens erstreckt. Von dieser bundesrechtlich begründeten wasserstraßenrechtlichen Zuständigkeitsregelung konnte und wollte die Freie Hansestadt Bremen durch § 24 Abs. 2 BremNatG nicht abweichen.

§ 34 BNatSchG regelt auch nicht, wer an der FFH-Verträglichkeitsprüfung und / oder der Abweichungsentscheidung zu beteiligen ist. Aus § 63 Abs. 2 Nr. 5 BNatSchG ergibt sich, dass den nach § 3 UmwRG anerkannten Naturschutzverbände jedenfalls vor einer Abweichungsentscheidung nach § 34 Abs. 3 bis 5 BNatSchG Gelegenheit zur Stellungnahme und zur Einsicht in die einschlägigen Sachverständigengutachten und damit auch in die FFH-Verträglichkeitsprüfung zu geben ist. Eine Abweichungsentscheidung nach § 34 Abs. 3 bis 5 BNatSchG fällt unter den Begriff der "Befreiung" im Sinne des § 63 Abs. 2 Nr. 5 BNatSchG.[8] Zur Einlegung von Rechtsbehelfen nach § 64 BNatSchG ist eine anerkannte Naturschutzvereinigung nicht nur berechtigt, wenn eine Befreiung erteilt worden ist, sondern auch dann, wenn die zuständige Behörde unter Verkennung der Rechtslage eine Befreiungsentscheidung nicht für erforderlich gehalten hat.[9] Auf das Mitwirkungsrecht nach § 63 Abs. 2 Nr. 5 BNatSchG sind die Naturschutzverbände nur angewiesen, wenn nicht bereits nach den für die Zulassung des Vorhabens geltenden Verfahrensvorschriften eine Öffentlichkeits- und Verbandsbeteiligung vorgesehen ist. Ist über die Zulassung des Projekts im Wege der Planfeststellung zu entscheiden, ist die FFH-Verträglichkeitsprüfung Teil der öffentlich auszulegenden Planunterlagen;[10] die betroffene Öffentlichkeit und die anerkannten Umweltvereinigungen können unabhängig von den Voraussetzungen des § 63 Abs. 2 Nr. 5 BNatSchG Einwendungen gegen das Vorhaben und die Beurteilung seiner FFH-Verträglichkeit erheben.[11]

II.   Projektbegriff

Nach § 34 Abs. 1 BNatSchG sind "Projekte" auf ihre Verträglichkeit mit den Erhaltungszielen eines FFH-Gebiets zu prüfen. Mit dem Versuch, den Projektbegriff einengend auszulegen, hat Deutschland schlechte Erfahrungen gemacht. § 10 Abs. 1 Nr. 11 BNatSchG 2002, der Eingriffe in Natur und Landschaft, bei denen es sich nicht um Veränderungen der Gestalt oder Nutzung von Grundflächen oder Veränderungen des mit der belebten Bodenschicht in Verbindung stehenden Grundwasserspiegels handelt, sowie Projekte, die nicht genehmigungsbedürftige Anlagen und nicht erlaubnis- oder bewilligungsbedürftige Gewässerbenutzungen betreffen, von der Prüfungspflicht ausnahm, hatte vor dem EuGH keinen Bestand.[12] Der EuGH greift zur Bestimmung des Projektbegriffs auf Art. 1 Abs. 2 der UVP-RL zurück.[13] Danach sind Projekte "die Errichtung von baulichen und sonstigen Anlagen" sowie "sonstige Eingriffe in Natur und Landschaft einschließlich derjenigen zum Abbau von Bodenschätzen". Dem UVP-rechtlichen Projektbegriff liegt ein wirkungsbezogenes Verständnis zugrunde, das nicht

---

7   BVerwG, Beschluss v. 11.07.2013 (Az. 7 A 20.11), Rn. 70.
8   BVerwG (Fn. 4), Rn. 22; BVerwG (Fn. 6), Rn. 27.
9   BVerwG (Fn. 6), Rn. 26.
10   § 73 Abs. 2 und 3 VwVfG.
11   § 73 Abs. 4 VwVfG.
12   EuGH, Urteil v. 10.01.2006 (Az. C-98/03), Rn. 42.
13   EuGH, Urteil v. 07.09.2004 (Az. C-127/02), Rn. 23-27; EuGH, Urteil v. 14.01.2010 (Az. C-226/08), Rn. 38.

zwingend bauliche Veränderungen voraussetzt, sondern – so der 4. Senat[14] - auch bei der Ausübung sonstiger das Schutzgebiet gefährdender Tätigkeiten wie der planmäßigen Durchführung militärischer Tiefflüge erfüllt sein kann. Auch die Festlegung der Flugverfahren nach § 27a LuftVO, der sogenannten Flugrouten, ist hiernach ein Projekt im Sinne des § 34 BNatSchG.[15] Die Entscheidung des EuGH zum Flughafen Brüssel[16] könnte allerdings zweifeln lassen, ob auch Überflüge unter den Projektbegriff fallen. Denn dort hat der EuGH entschieden, dass die Verlängerung einer bestehenden Betriebsgenehmigung für einen Flughafen, die mit keinen Arbeiten oder Eingriffen zur Änderung des materiellen Zustands des Platzes verbunden ist, weder als "Projekt" noch als "Bau" eines Flughafens eingestuft werden kann.[17] Der EuGH sieht Bau und Betrieb eines Flughafens jedoch in der Regel als Einheit. Die Betriebsregelung kann sich dann als Stufe eines mehrstufigen Genehmigungsverfahrens für den Bau oder die Änderung des Flughafens darstellen und als solche UVP- und gegebenenfalls FFH-prüfungspflichtig sein.[18] Im Ergebnis hätte wohl auch der EuGH einen Weg zur Anwendung der FFH-RL auf Tiefflüge bzw. Flugrouten gefunden.

Unter welchen Voraussetzungen ist die landwirtschaftliche Bodennutzung ein Projekt iSd § 34 Abs. 1 BNatSchG? Wie dargelegt, können auch "sonstige Eingriffe in Natur und Landschaft einschließlich derjenigen zum Abbau von Bodenschätzen" Projekte im Sinne des § 34 BNatSchG sein. Als Eingriff in Natur und Landschaft ist nach § 14 Abs. 2 BNatSchG die landwirtschaftliche Bodennutzung nicht anzusehen, wenn die Ziele des Naturschutzes berücksichtigt werden. Davon ist in der Regel auszugehen, wenn die Voraussetzungen des § 5 Abs. 2 BNatSchG erfüllt sind.[19] Ob die landwirtschaftliche Nutzung den Voraussetzungen des § 5 Abs. 2 BNatSchG entspricht, insbesondere die Grundsätze der guten fachlichen Praxis beachtet, ist eine tatsächliche, im jeweiligen Einzelfall zu klärende Frage. Selbst wenn dies der Fall ist, liegt ein Regelfall nicht vor, wenn Besonderheiten der landwirtschaftlichen Nutzung im konkreten Fall mit den naturschutzfachlichen Gegebenheiten nicht zu vereinbaren sind. Ein FFH-Gebiet kann auch einen über die gute fachliche Praxis hinausgehenden Schutz erfordern. Die zuständige Behörde hat sicherzustellen, dass es nicht zu Veränderungen und Störungen kommt, die zu einer erheblichen Beeinträchtigung des Gebiets in seinen für die Erhaltungsziele oder den Schutzzweck maßgeblichen Bestandteilen führen können.[20] Die Frage, ob von einer konkreten landwirtschaftlichen Nutzung eine solche Beeinträchtigung droht, ist zuvörderst eine naturschutzfachliche Frage, die der für die Unterschutzstellung zuständige Normgeber durch die Schutzgebietsausweisung und die Schutzgebietspflege zu regeln hat.[21]

Wie sieht es mit der Verbindung und Trennung von Projekten aus? In der Vergangenheit hatte es die Rechtsprechung meist mit der Aufspaltung von Projekten zu tun, um dadurch die für die UVP-Pflicht maßgebenden Größen- und Leistungswerte zu unterschreiten. Im Verfahren zur Weservertiefung ging es umgekehrt um die Frage, ob die als Gesamtvorhaben zur Planfeststellung eingereichte Vertiefung der Unter- und der Außenweser nicht richtigerweise aus drei Vorhaben, nämlich der Vertiefung der Außenweser bis Bremerhaven, der Vertiefung der Unterweser von Bremerhaven bis Brake und der Vertiefung der Unterweser von Brake bis Bremen besteht. Relevant ist diese Frage insbesondere für die Abweichungsprüfung nach § 34 Abs. 3 bis 5 BNatSchG. Handelt es sich um drei Projekte, ist für jedes Projekt gesondert zu prüfen, ob es aus zwingenden Gründen des überwiegenden Interesses notwendig ist.[22] Grün-

---

14 BVerwGE 146, 176, Rn. 29.
15 BVerwG (Fn. 6), Rn. 28.
16 EuGH, Urteil v. 17.03.2011 (Az. C-275/09), Rn. 25 f.
17 A.a.O., Rn. 38.
18 A.a.O., Rn. 31 ff.
19 BVerwGE 145, 40, Rn. 89.
20 § 33 Abs. 1 BNatSchG.
21 Siehe Fn. 19.
22 § 34 Abs. 3 Nr. 1 BNatSchG.

de, die möglicherweise die Vertiefung bis Bremerhaven oder Brake rechtfertigen, können die Vertiefung bis Bremen nicht "mitziehen". Im Ausgangspunkt ist es Sache des Vorhabenträgers, den Gegenstand seines Vorhabens zu bestimmen. Er ist dabei aber rechtlichen Grenzen unterworfen. Verfolgt der Vorhabenträger mit mehreren Maßnahmen verschiedene Ziele und können diese Maßnahmen unabhängig voneinander verwirklicht werden, ohne dass die Erreichung des Ziels einer Maßnahme durch den Verzicht auf die andere Maßnahme auch nur teilweise vereitelt würde, handelt es sich um mehrere Vorhaben.[23] So war es bei der Weservertiefung. Die Vertiefung der Außenweser soll es Großcontainerschiffen ermöglichen, Bremerhaven anzulaufen. Diese Schiffe hätten die Unterweser auch nach der geplanten Vertiefung nicht befahren können. Die Vertiefung bis Brake ist vom Ausbau der Außenweser nicht abhängig; für diese Schiffe ist die Außenweser schon bisher tief genug. Die Vertiefung bis Bremen ist weder von der Vertiefung bis Brake noch von der Vertiefung der Außenweser bis Bremerhaven abhängig. Für die Schiffe, die künftig Bremen anlaufen können sollen, ist die Weser bis Brake tief genug. Hier genügte es deshalb nicht, die "Überlagerungsvariante" auf ihre FFH-Verträglichkeit zu prüfen; auch jedes Einzelvorhaben hätte dieser Prüfung unterzogen werden müssen.

III.   FFH-Verträglichkeitsprüfung: Erhebliche Beeinträchtigung des Gebiets als solches

Nach § 34 Abs. 1 BNatSchG sind Projekte, die geeignet sind, einzeln oder im Zusammenwirken mit anderen Projekten ein FFH-Gebiet erheblich zu beeinträchtigen, vor ihrer Zulassung auf ihre FFH-Verträglichkeit zu prüfen. Ob eine Verträglichkeitsprüfung erforderlich ist, ist im Rahmen einer Vorprüfung zu klären. Entbehrlich ist eine Verträglichkeitsprüfung nur dann, wenn Beeinträchtigungen des Schutzgebiets offensichtlich ausgeschlossen werden können.[24] Wenn das nicht der Fall ist, muss eine FFH-Verträglichkeitsprüfung durchgeführt werden. Diese erfolgt in zwei Schritten: Zunächst hat die Verträglichkeitsprüfung eine sorgfältige Bestandserfassung und -bewertung der von dem Projekt betroffenen maßgeblichen Gebietsbestandteile zu leisten. Auf dieser Basis sind sodann die vorhabenbedingten Einwirkungen auf die Gebietsbestandteile zu ermitteln und naturschutzfachlich zu bewerten.[25]

1.   Bestandserfassung und -bewertung

Die Methode der Bestandsaufnahme ist nicht normativ festgelegt; sie muss aber die für die Verträglichkeitsprüfung allgemein maßgeblichen Standards der "besten einschlägigen wissenschaftlichen Erkenntnisse" einhalten.[26] In seinem Urteil vom 6. November 2013 zum Weiterbau der A 20 bei Bad Segeberg – BVerwG 9 A 14.12 - hat der 9. Senat erstmals die einer Verträglichkeitsprüfung zugrunde gelegte Methode der Bestandserfassung beanstandet.[27] Es ging um das Fledermausvorkommen und die Flugrouten der Fledermäuse in der Segeberger Kalkberghöhle, dem größten Fledermausquartier Deutschlands. Als Standardmethode zur Bestandserfassung von Fledermäusen hat sich ein Methodenmix aus Habitatanalyse und Geländeuntersuchungen unter Einsatz von Detektoren, Horchboxen und Netzfängen etc. etabliert.[28] Hiervon war der Gutachter des Vorhabenträgers ausdrücklich abgewichen. Er hatte eine sogenannte faunistische Potentialanalyse ohne nähere Vorort-Untersuchungen mit einem "Worst-Case-Ansatz" kombiniert. Letzterer bestand in der Annahme, dass alle geeigneten Habitate und Strukturen im Laufe der Zeit von allen dort zu erwartenden Fledermausarten zumindest

23 BVerwG (Fn. 7), Rn. 5.
24 BVerwGE 128, 1, Rn. 60; *Wolf*, in: Schlacke (Hrsg.), GK-BNatSchG, 2012, § 34, Rn. 6.
25 BVerwGE 130, 299, Rn. 68.
26 EuGH (Fn. 13), Rn. 54; BVerwG (Fn. 19), Rn. 45 m.w.N.
27 A.a.O., Rn. 44-52.
28 A.a.O., Rn. 47.

zeitweilig genutzt würden. Das Bundesverwaltungsgericht hat eine solche Potentialanalyse nicht als hinreichend sicher angesehen, um Flugrouten, Jagd- und Nahrungshabitate und Quartiere zu ermitteln. Sie berge die Gefahr, dass scheinbar geeignete Habitate von den Tieren nicht genutzt würden und dass andererseits Arten in Bereichen vorkämen, die dafür eigentlich nicht prädestiniert seien; in der Landschaft vorgefundene Strukturen könnten über- oder unterschätzt werden. Das habe sich auch im zu entscheidenden Fall gezeigt. Der Gutachter habe einräumen müssen, eine von den Klägern mit herkömmlicher Methode ermittelte "lokal besonders bedeutsame Fledermaus-Flugroute" wenige Kilometer südöstlich der Kalkberghöhlen mit der Potentialanalyse nicht erkannt zu haben. Worst-Case-Annahmen sind nach der Rechtsprechung zwar auch bei der Bestandsaufnahme grundsätzlich zulässig, sofern hierdurch ein Ergebnis erzielt wird, das hinsichtlich der untersuchten Fragestellung auf der "sicheren Seite" liegt.[29] Hier konnten auch die Worst-Case-Annahmen die in einer bloßen Potentialanalyse liegenden Risiken nicht ausgleichen. Kritisiert hat das Gericht zudem, dass der behauptete Worst-Case-Ansatz nicht konsequent durchgehalten worden sei.[30]

Bei der Frage, ob die erfassten Pflanzen und Tiere einem Lebensraumtyp entsprechen und bei der Bewertung der maßgeblichen Gebietsbestandteile hat das Bundesverwaltungsgericht der zuständigen Behörde eine fachliche Einschätzungsprärogative zuerkannt. Auch insoweit hat sich die Bestandsaufnahme aber an den einschlägigen Konventionen und Standardwerken zu orientieren.[31] Bei der Bestandsbewertung sind diejenigen Faktoren heranzuziehen, von denen eine nachhaltige Bestandssicherung des Lebensraumtyps oder der Art abhängt. Zusätzliche Kriterien ergeben sich aus den in Anhang III Phase 1 der FFH-Richtlinie festgelegten Kriterien für die Gebietsauswahl. Angesichts der Vielzahl der Kriterien, ihrer relativen Offenheit und ihres Angewiesenseins auf die Ausfüllung durch außerrechtliche Einschätzungen ist die Bewertung eines Bestandes einer gerichtlichen Kontrolle insgesamt aber nur eingeschränkt zugänglich.[32] Das Gericht ist bei der Anerkennung von Einschätzungsprärogativen im FFH-Gebietsschutz zurückhaltender als im auch außerhalb der Schutzgebiete geltenden Artenschutzrecht und bei der Eingriffsregelung. FFH-Gebiete sind besonders schutzwürdige Gebiete. Deshalb muss die die FFH-Verträglichkeitsprüfung die besten einschlägigen wissenschaftlichen Erkenntnisse berücksichtigen und alle wissenschaftlichen Mittel und Quellen ausschöpfen.[33] Das ist ein strenger, gerichtlicher Kontrolle zugänglicher Maßstab.

2. Erfassung und Bewertung von Beeinträchtigungen

Im zweiten Schritt der FFH-Verträglichkeitsprüfung ist zu ermitteln, inwieweit sich das Projekt auf das Gebiet in seinen für die Erhaltungsziele oder den Schutzzweck maßgeblichen Bestandteilen auswirkt. In der Regel sind die bau-, die anlagen- und die betriebsbedingten Wirkungen des Projekts in den Blick zu nehmen. Kann es zu erheblichen Beeinträchtigungen des Gebiets führen, ist es vorbehaltlich einer Abweichungsprüfung nach § 34 Abs. 3 bis 5 BNatSchG unzulässig.

Unter welchen Voraussetzungen Beeinträchtigungen von Gebietsbestandteilen erheblich sind, ist eine Rechtsfrage; eine Einschätzungsprärogative kommt der Behörde insoweit nicht zu. Maßgebliches Beurteilungskriterium ist nach inzwischen ständiger Rechtsprechung des Bundesverwaltungsgerichts[34] der günstige Erhaltungszustand der geschützten Lebensräume und Arten im Sinne von Art. 1 Buchst. e und i FFH-RL. Ein günstiger Erhaltungszustand muss trotz Durchführung des Vorhabens stabil bleiben; ein schlechter Erhaltungszustand darf nicht

---

29 A.a.O., Rn. 51.
30 A.a.O., Rn. 51.
31 BVerwG (Fn. 25), Rn. 74.
32 A.a.O., Rn. 75.
33 BVerwGE 146, 254, Rn. 28 m.w.N.
34 A.a.O.; BVerwGE 146, 145, Rn. 41.

weiter verschlechtert werden. Das gemeinschaftsrechtliche Vorsorgeprinzip, das in Art. 6 Abs. 3 FFH-RL seinen Niederschlag gefunden hat, verlangt allerdings nicht, die Verträglichkeitsprüfung auf ein "Nullrisiko" auszurichten, weil hierfür ein wissenschaftlicher Nachweis nie geführt werden könnte. Ein Projekt ist vielmehr dann zulässig, wenn nach Abschluss der Verträglichkeitsprüfung aus wissenschaftlicher Sicht kein vernünftiger Zweifel verbleibt, dass erhebliche Beeinträchtigungen vermieden werden. Um zu einer verlässlichen Beurteilung zu gelangen, muss die Verträglichkeitsprüfung die "besten einschlägigen wissenschaftlichen Erkenntnisse" berücksichtigen und setzt somit die "Ausschöpfung aller wissenschaftlichen Mittel und Quellen" voraus. Unsicherheiten über Wirkungszusammenhänge, die sich auch bei Ausschöpfung der einschlägigen Erkenntnismittel derzeit nicht ausräumen lassen, müssen freilich kein unüberwindbares Zulassungshindernis darstellen. Insoweit ist es zulässig, mit Prognosewahrscheinlichkeiten und Schätzungen zu arbeiten, die kenntlich gemacht und begründet werden müssen. Zugunsten des Projekts dürfen bei der Verträglichkeitsprüfung die vom Vorhabenträger geplanten oder im Rahmen der Planfeststellung behördlich angeordneten Schutz- und Kompensationsmaßnahmen berücksichtigt werden, sofern sie sicherstellen, dass erhebliche Beeinträchtigungen verhindert werden. Ob die zuletzt genannte Voraussetzung erfüllt ist, ist – wie das beim EuGH anhängige Verfahren Briels[35] zeigt – nicht immer einfach zu beantworten. Im dortigen Verfahren hatte die Verträglichkeitsprüfung für ein Autobahnprojekt ergeben, dass der vorhabenbedingte Stickstoffeintrag Pfeifengraswiesen beeinträchtigen kann, die zu den geschützten Bestandteilen eines FFH-Gebiets gehören. Der Vorhabenträger hatte zugesagt, an anderer Stelle des Gebiets durch Veränderung der hydrologischen Situation neue Pfeifengraswiesen zu schaffen. Die niederländische Behörde hatte aufgrund dieser Maßnahmen angenommen, dass das Gebiet als solches nicht beeinträchtigt werde. Generalanwältin Sharpston ist dem entgegengetreten. Die Auffassung der Behörde stehe nicht in Einklang mit dem Vorsorgeprinzip. Es gebe keine Erfolgsgarantie für den neuen – künstlich geschaffenen – Lebensraum und damit auch nicht für die positive Gesamtbilanz.[36]

Ob die Erheblichkeit einer Beeinträchtigung wegen des Vorhandenseins von Ersatzflächen und Ausweichmöglichkeiten innerhalb des betroffenen FFH- oder Vogelschutzgebiets ausgeschlossen werden kann, bedarf sorgfältiger Prüfung. Das gilt insbesondere, wenn der Erhaltungszustand der betroffenen Art in dem Gebiet ohnehin schon ungünstig oder schlecht ist. In einem solchen Fall sind hinzukommende Beeinträchtigungen eher als erheblich einzustufen als bei einem guten Erhaltungszustand.[37] Ist der Bestand von Wiesenbrütern in einem Vogelschutzgebiet bereits rückläufig, kann nicht davon ausgegangen werden, dass die Wiesenbrüter, wenn ihnen Brutflächen durch einen projektbedingten Anstieg des Wasserpegels und häufigere Überflutungen verloren gehen, auf an sich geeignete höher gelegene Brutflächen ausweichen, denn diese Flächen haben sie auch in der Vergangenheit – aus welchen Gründen auch immer - nicht angenommen.[38]

IV.   Abweichungsprüfung

Ergibt die Verträglichkeitsprüfung, dass eine erhebliche Beeinträchtigung des Gebiets nicht mit hinreichender Sicherheit ausgeschlossen werden kann, darf das Projekt nur unter den Voraussetzungen des § 34 Abs. 3 bis 5 BNatSchG zugelassen werden.

---

35 Az. C-521/12.
36 Schlussanträge vom 27. Februar 2014 (Az. C-521/12), Rn. 43.
37 BVerwG (Fn. 7), Rn. 25.
38 A.a.O., Rn. 27.

1. Zwingende Gründe des überwiegenden öffentlichen Interesses

Die Zulassung des Projekts setzt zunächst voraus, dass es aus zwingenden Gründen des überwiegenden öffentlichen Interesses notwendig ist.[39] Als Abweichungsgründe kommen für Projekte, die nur nicht prioritäre Lebensraumtypen und / oder Arten erheblich beeinträchtigen, neben solchen sozialer oder wirtschaftlicher Art sowie den benannten Abweichungsgründen des § 34 Abs. 4 Satz 1 BNatSchG / Art. 6 Abs. 4 Unterabs. 2 FFH-RL auch vielfältige andere Gründe in Betracht. Inhaltliche Beschränkungen, die über die Ausrichtung auf ein öffentliches Interesse hinausgehen, sind § 34 Abs. 3 Nr. 1 BNatSchG / Art. 6 Abs. 4 Unterabs. 1 FFH-RL nicht zu entnehmen. Damit sich die Gründe gegenüber dem Belang des Gebietsschutzes durchsetzen können, müssen keine Sachzwänge vorliegen, denen niemand ausweichen kann; die genannte Vorschriften setzen lediglich ein durch Vernunft und Verantwortungsbewusstsein geleitetes staatliches Handeln voraus.[40] Erforderlich ist eine Abwägung der für das Vorhaben sprechenden Gemeinwohlbelange gegen das Interesse an der Integrität des FFH-Gebiets. In der Entscheidung zum Flughafen Münster/Osnabrück hat das Gericht klargestellt, dass nicht jedem Vorhaben, das das Erfordernis der Planrechtfertigung erfüllt, von vornherein ein so hohes Gewicht zukommt, dass es sich gegenüber dem Schutz des FFH-Gebiets durchsetzt. Die Gewichtung des öffentlichen Interesses muss den Ausnahmecharakter einer Abweichungsentscheidung gemäß § 34 Abs. 3 bis 5 BNatSchG / Art. 6 Abs. 4 FFH-RL berücksichtigen.[41] Im damaligen Fall sollte die Start- und Landebahn des Flughafens Münster/Osnabrück auf 3600 m verlängert werden, um auch direkte Interkontinentalflüge anbieten zu können. Die Verlängerung der Bahn führte zu einer erheblichen Beeinträchtigung eines FFH-Gebiets. Das Bundesverwaltungsgericht hat die Bejahung zwingender Gründe des überwiegenden öffentlichen Interesses beanstandet, weil die Unsicherheiten der Generierung einer Nachfrage nach Interkontinentalflügen von und nach Münster/Osnabrück nicht berücksichtigt worden waren. Anknüpfend hieran hat es auch im Verfahren zur Weservertiefung Zweifel geäußert, ob für die Vertiefung der Weser von Brake bis Bremen zwingende Gründe des überwiegenden öffentlichen Interesses bejaht werden können, obwohl hinsichtlich der angenommenen positiven Effekte der Vertiefung für den Hafen Bremen und die dortigen Arbeitsplätze besondere Prognoseunsicherheiten bestehen.[42]

Das öffentliche Interesse an der Verwirklichung des Vorhabens muss das Interesse an der Integrität des FFH-Gebiets überwiegen. Die insoweit erforderliche Abwägung knüpft an das Ergebnis der Verträglichkeitsprüfung an. Das Gewicht, mit dem das Integritätsinteresse des FFH-Gebiets einzustellen ist, hängt entscheidend vom Ausmaß der Beeinträchtigung ab.[43] Fehlerhafte Ergebnisse der Verträglichkeitsprüfung schlagen deshalb grundsätzlich auf die Abwägung durch.[44] Einzustellen in die Abwägung ist das Interesse an der Integrität des FFH-Gebiets, nicht an der Kohärenz des Netzes.[45] Gleichwohl hat es der 4. Senat in seiner Entscheidung zum Flughafen Münster-Osnabrück für möglich gehalten, unter bestimmten Voraussetzungen auch Kohärenzsicherungsmaßnahmen bei der Gewichtung des Integritätsinteresses – nicht bei der Entscheidung über die Erheblichkeit der Beeinträchtigung des FFH-Gebiets im Rahmen von § 34 Abs. 2 BNatSchG / Art. 6 Abs. 3 FFH-RL - zu berücksichtigen. Wenn eine Kohärenzsicherungsmaßnahme in der Lage ist, die Beeinträchtigung eingriffs- und zeitnah und mit hoher Erfolgsaussicht auszugleichen, ist auch die Integrität des Gebiets weni-

---

39 § 34 Abs. 3 Nr. 1 BNatSchG.
40 BVerwGE 134, 166, Rn 13.
41 A.a.O., Leitsatz 2 und Rn. 15 ff.
42 BVerwG (Fn. 7), Rn. 49.
43 BVerwG (Fn. 40), Rn. 26.
44 BVerwG (Fn. 25), Rn. 154.
45 BVerwG (Fn. 40), Rn. 27.

ger schwer beeinträchtigt als bei nicht eingriffsnah oder nur langfristig ausgleichbaren Beeinträchtigungen.[46] Der 9. Senat hat diese Frage offen gelassen.[47]

2. Alternativenprüfung

Lässt sich das Planungsziel an einem günstigeren Standort oder mit geringerer Eingriffsintensität verwirklichen, so muss der Planungsträger von dieser Möglichkeit Gebrauch machen. Ein Ermessen wird ihm insoweit nicht eingeräumt. Inwieweit Abstriche von einem Planungsziel hinzunehmen sind, hängt maßgebend von seinem Gewicht und dem Grad seiner Erreichbarkeit im jeweiligen Einzelfall ab. Der Vorhabenträger braucht sich nicht auf eine Alternativlösung verweisen zu lassen, wenn diese auf ein anderes Projekt hinausläuft, weil die vom Vorhabenträger in zulässiger Weise verfolgten Ziele nicht mehr verwirklicht werden könnten, oder auf eine Alternative, bei der sich die naturschutzrechtlichen Schutzvorschriften als ebenso wirksame Zulassungssperre erweisen wie an dem von ihm gewählten Standort.[48] Der Begriff der Alternative steht in engem Zusammenhang mit den mit einem Vorhaben verfolgten Planungszielen. Diese werden durch den Vorhabenträger bestimmt. Die zwingenden Gründe des öffentlichen Interesses kann der Vorhabenträger hingegen nicht definieren. Dies muss, soweit normative Vorgaben fehlen, der Planfeststellungsbehörde vorbehalten bleiben.

Die Alternativenprüfung darf nicht auf einen "Planungskorridor" beschränkt werden. Das gilt jedenfalls, wenn auf den vorgelagerten Planungsstufen, wie z.B. der Linienbestimmung, noch keine korridorübergreifende FFH-Verträglichkeitsprüfung durchgeführt werden musste. Insbesondere wenn die Plantrasse prioritäre Lebensraumtypen beeinträchtigt, ist zu prüfen, ob es in alternativen Korridoren Trassen gibt, die eine solche Beeinträchtigung vermeiden. Das war bei der A 20 südlich von Bad Segeberg nicht ausreichend geschehen.[49]

3. Kohärenzsicherung

Kohärenzsicherungsmaßnahmen sollen zusätzlich zu "Standard-Maßnahmen" nach Art. 6 Abs. 1 FFH-RL / § 32 Abs. 3 Satz 3 BNatSchG ergriffen werden, also nicht "sowieso" geboten sein. Die LANA steht offenbar auf dem Standpunkt, dass Maßnahmen zur Verbesserung eines bereits bei Meldung ungünstigen Erhaltungszustands von vornherein nicht "sowieso" geboten sein können und damit grundsätzlich kohärenzgeeignet sind.[50] Dieser Standpunkt ist, wenn das Gebiet gerade zur Wiederherstellung eines günstigen Erhaltungszustands gemeldet und unter Schutz gestellt wurde, zweifelhaft. In einem solchen Fall kann es wohl auch geboten sein, den Zustand nicht nur zu erhalten, sondern Maßnahmen zu seiner Verbesserung zu ergreifen. Andererseits wird man bei ungünstigen Erhaltungszuständen nicht annehmen können, dass alle Verbesserungsmaßnahmen "sowieso" geboten und damit vom Kohärenzausgleich ausgeschlossen sind.

Der Schlüsselbegriff für die Kohärenzsicherung ist der Funktionsbezug. Die Ausgestaltung der Kohärenzsicherungsmaßnahmen hat sich funktionsbezogen an der jeweiligen Beeinträchtigung auszurichten, derentwegen sie ergriffen wird. Der Ausgleich zur Kohärenzsicherung muss nicht notwendig unmittelbar am Ort der Beeinträchtigung erfolgen; es reicht vielmehr aus, dass die Einbuße ersetzt wird, die das Gebiet hinsichtlich seiner Funktion für die biogeographische Verteilung der beeinträchtigten Lebensräume und Arten erleidet. In zeitlicher Hin-

---

46 A.a.O., Rn. 28.
47 BVerwG (Fn. 34), Rn. 100; BVerwG (Fn. 26), Rn. 71.
48 BVerwG (Fn. 26), Rn. 74.
49 A.a.O., Rn. 75, 85 ff.
50 vgl. Integrierter Bewirtschaftungsplan Weser für Niedersachsen und Bremen, 2012, S. 79.

sicht muss zumindest sichergestellt sein, dass das Gebiet unter dem Aspekt des beeinträchtig-ten Erhaltungsziels nicht irreversibel geschädigt wird.[51]

Die Eignung einer Kohärenzsicherungsmaßnahme ist ausschließlich nach naturschutzfachli-chen Maßstäben zu beurteilen. An die Beurteilung sind weniger strenge Anforderungen zu stellen als an diejenigen der Eignung von Schadensvermeidungs- und Minderungsmaßnah-men. Für die Eignung einer Kohärenzsicherungsmaßnahme genügt, dass nach aktuellem wis-senschaftlichen Erkenntnisstand eine hohe Wahrscheinlichkeit ihrer Wirksamkeit besteht. Schon mit Rücksicht auf den prognostischen Charakter der Eignungsbeurteilung verfügt die Planfeststellungsbehörde bei der Entscheidung über Kohärenzsicherungsmaßnahmen über eine naturschutzfachliche Einschätzungsprärogative. Das Gericht hat seine Prüfung auf eine Vertretbarkeitskontrolle zu beschränken. Hierfür muss die Eingriffs- und Kompensationsbi-lanz im Planfeststellungsbeschluss nachvollziehbar offengelegt werden.[52]

V. Ausblick

Der Überblick über die jüngere Rechtsprechung des Bundesverwaltungsgerichts hat gezeigt, dass viele Fragen des FFH-Rechts inzwischen geklärt sind. Dass Vorlagen an den Europäi-schen Gerichtshof erforderlich werden, lässt sich, insbesondere wenn es um besondere Fall-konstellationen geht, dennoch nicht ausschließen. Die Vorlage des 9. Senats im Revisionsver-fahren betreffend die Klage eines Naturschutzverbandes gegen den Planfeststellungsbeschluss aus dem Jahr 2004 für den Bau der inzwischen fertig gestellten und in Betrieb genommenen Waldschlößchenbrücke[53] bestätigt dies.

---

51 BVerwG (Fn. 26), Rn. 93 m.w.N.
52 A.a.O., Rn. 94 m.w.N.
53 BVerwG, Az. 9 C 6.12.

Dr. Stefan Balla, Bosch & Partner GmbH

Das naturschutzrechtliche Prüfprogramm in der Planungspraxis - ausgewählte Aspekte

I. Einführung

Bei komplexen Eingriffsvorhaben ist in der Praxis ein differenziertes naturschutzrechtliches Prüfprogramm abzuarbeiten. Die parallel zu bewältigenden Instrumente – zu nennen sind insbesondere FFH-Verträglichkeitsprüfung nach § 34 BNatSchG, spezielle artenschutzrechtliche Prüfung nach §§ 44, 45 BNatSchG und naturschutzrechtliche Eingriffsregelung nach §§ 13 ff. BNatSchG – beinhalten spezifische Prüfschritte mit jeweils eigenständigen Anforderungen.[1]

In den letzten Jahren haben sich die rechtlichen Vorgaben zu den genannten naturschutzrechtlichen Prüfinstrumenten zunehmend verdichtet. Der Fokus lag dabei Insbesondere auf den europäisch geschützten Arten und Lebensräumen. Die Gewährleistung einer rechtssicheren Planung ist deutlich anspruchsvoller geworden. Die in diesem Bereich tätigen Gutachter sind daher gut beraten, sich neben fachlichen Fragen intensiver als bisher mit der Auslegung gesetzlicher Vorschriften und aktuellen Entwicklungen in der Rechtsprechung zu befassen.

Neben der rechtlichen Ebene hat sich aber auch der Kenntnisstand ökologischer Zusammenhänge in den letzten Jahren sehr dynamisch entwickelt. Für die Beurteilung komplexer Eingriffssachverhalte und die Entscheidung, ob bestimmte Baumaßnahmen und damit verbundene Wirkungen erhebliche Beeinträchtigungen auf den Naturhaushalt und das Landschaftsbild hervorrufen, hat sich die Wissensbasis deutlich verbreitert. Eine individuelle gutachterliche Einschätzung erfordert heute mehr denn je die Bezugnahme auf einschlägige wissenschaftliche Erkenntnisse. Für die Überbrückung von Wissenslücken und für die gleichmäßige Beurteilung bestimmter wiederkehrender Sachverhalte ist die Bedeutung von naturschutzfachlichen Beurteilungsstandards und Fachkonventionen deutlich gestiegen. Die für den Naturschutz tätigen Behörden sind zunehmend bemüht, vergleichbar mit der Standardisierung von Beurteilungsregeln im technischen Umweltschutz, für wiederkehrende Fallkonstellationen standardisierte Verfahren zu entwickeln und in der Praxis anzuwenden.[2] Dies geht einher mit dem erkennbaren Willen der Gerichte, die Grenzen naturschutzfachlicher Einschätzungsspielräume möglichst anhand von anerkannten Fachkonventionen zu bestimmen.

Die nachfolgende Darstellung gibt einen Überblick über ausgewählte Problemfelder, die in der Praxis des vorhabensbezogenen naturschutzrechtlichen Prüfprogramms aktuell von Bedeutung sind. Angesprochen werden dabei insbesondere die Beurteilung von Stoffeinträgen, die Berücksichtigung von kumulativen Beeinträchtigungen, die Alternativenprüfung im Habitatschutz sowie die Planung artenschutzspezifischer Ausgleichsmaßnahmen.

---

1 Siehe im Überblick z.B. Kerkmann, J. (Hrsg), 2010: Naturschutzrecht in der Praxis, Berlin; *Köppel, J., W. Peters* und *W. Wende*: Eingriffsregelung - Umweltverträglichkeitsprüfung - FFH-Verträglichkeitsprüfung, UTB 2004; eine umfassende Zusammenstellung von Regelwerken und Leitfäden zur FFH-Verträglichkeitsprüfung, zur besonderen artenschutzrechtlichen Prüfung und zur naturschutzrechtlichen Eingriffsregelung findet sich bei *Bunge, T.*: Handbuch der UVP, Nr. 9602, 9603, 9604 (Stand 2013).

2 Für den Bereich der FFH-Verträglichkeitprüfung und der speziellen artenschutzrechtlichen Prüfung lässt das Bundesamt für Naturschutz derzeit im Rahmen eines FE-Vorhaben das Standardisierungspotenzial im Bereich der arten- und gebietsschutzrechtlichen Prüfung ermitteln (bearbeitet von Bosch & Partner GmbH, Simon & Widdig, Füßer & Kollegen, Universität Kassel).

II.   FFH-Verträglichkeitsprüfung

Die gesetzlichen Vorgaben des § 34 BNatSchG zur FFH-Verträglichkeitsprüfung haben sich
seit ihrer Erstfassung im BNatSchG 1998 mit Ausnahme des Projektbegriffs kaum verändert.
Sie sind eng angelehnt an die entsprechenden Regelungen in Art. 6 Abs. 3 und 4 der FFH-
Richtlinie[3] und konkretisieren die durchzuführende Verträglichkeitsprüfung nur in einem ver-
gleichsweise geringen Umfang. Die Auslegung des Rechts zur FFH-Verträglichkeitsprüfung
durch eine restriktive Rechtsprechung – als Ausgangspunkte zu nennen sind hier insb. das
EuGH-Urteil zur Herzmuschelfischerei aus dem Jahr 2004[4] oder das BVerwG-Urteil zur
Westumfahrung Halle aus dem Jahr 2007[5] – hat die praktische Umgehensweise mit dem Instrument allerdings deutlich verändert.[6]

Die FFH-Verträglichkeitsprüfung erfordert heute angesichts des Prüfmaßstabs des besten wissenschaftlichen Erkenntnisstandes eine sehr sorgfältige Bearbeitung. Im Falle von möglichen
Beeinträchtigungen spielen spezifische Schadensbegrenzungsmaßnahmen zur Vermeidung
und Verminderung eine besondere Rolle. Verbleiben unvermeidbare Beeinträchtigungen, ist
von einer eher niedrig angesetzten Erheblichkeitsschwelle auszugehen. Im Zweifel ist ein
FFH-Ausnahmeverfahren durchzuführen.

1.   Beurteilung von Stickstoffeintrag

Für die Praxis der FFH-Verträglichkeitsprüfung zunehmend relevant ist die Prüfung von Beeinträchtigungen aufgrund von eutrophierenden oder versauernden Stoffeinträgen. Eine besondere Rolle spielen hier Stickstoffemissionen von Straßen, Verbrennungsanlagen und Tierhaltungsanlagen. Die strenge Rechtsprechung des BVerwG, die Erweiterung der Klagerechte
von Naturschutzverbänden auch für immissionsschutzrechtliche Genehmigungsverfahren[7]
und die Schaffung zunehmend besserer Datengrundlagen, z.B. zur Hintergrundbelastung des
Gesamtstickstoffeintrags, haben dazu geführt, dass das Problemfeld Stickstoffeintrag mittlerweile regelmäßig mit besonderer Sorgfalt in FFH-Verträglichkeitprüfungen zu bearbeiten ist.
Dabei werden in der Regel

- spezielle Ausbreitungsrechnungen zur Ermittlung der vorhabensbedingten zusätzlichen Stickstoffeinträge durchgeführt und mit Daten zur Hintergrundbelastung zusam-
  mengeführt und

- Critical Loads als Maßstab für die Beurteilung der Beeinträchtigungen zugrunde gelegt.

Critical Loads sind wissenschaftlich begründete Schwellenwerte, deren Einhaltung sicher-
stellt, dass auch langfristig keine schädlichen Wirkungen auf Ökosysteme oder Teile davon
auftreten. Der Vorteil der Critical Loads liegt in der Quantifizierbarkeit einer stofflichen Be-
lastungsschwelle von Lebensraumtypen. Als rein wissenschaftlich begründete und vorsorge-
orientiert definierte Null-Effekt-Schwelle bieten Critical Loads eine mit den Grundsätzen des
Natura 2000-Gebietsschutzes im Prinzip gut vereinbare Beurteilungsschwelle. Auf der anderen Seite lässt sich aus dem Überschreiten von Critical Loads nicht unmittelbar auf schädliche
Wirkungen schließen. Critical Loads sind darüber hinaus grundsätzlich auf unbelastete Öko-
systemzustände, wie sie in Mitteleuropa aktuell kaum noch vorkommen, ausgerichtet. Ob

---

3   Richtlinie 92/43/EWG des Rates vom 21 Mai 1992 zur Erhaltung der natürlichen Lebensräume sowie der
    wildlebenden Tiere und Pflanzen (ABl. L 206 vom 22.7.1992, S. 7).
4   Urteil des EuGH vom 07.09.2004, C 127/02, NuR 2004, 788-791.
5   Urteil des BVerwG vom 17.01.2007 zur A 143, 9 A 20/05, NuR 2007, 336-358.
6   Siehe zur Entwicklung z.B. Stuer, B.: Europäischer Gebiets- und Artenschutz in ruhigeren Gefilden. DVBl.
    2009, 1.
7   EuGH vom 12. Mai 2011, C-115/09, ZUR 2011, 368-372.

konkrete aktuelle Ausprägungen von FFH-Lebensraumtypen weniger empfindlich auf Stick-stoff- oder Säureeinträge reagieren, ist jedoch im Einzelfall schwer nachweisbar.[8]

EU-weit besteht ein Grundkonsens über die Beschreibung der Empfindlichkeit von Ökosys-temen gegenüber Stickstoffeinträgen anhand der Critical Loads.[9] Um für die Anwendung des Maßstabs der Critical Loads in die FFH-Verträglichkeitsprüfung in Deutschland Methoden-standards zu entwickeln, wurde ein FE-Vorhaben im Auftrag der Bundesanstalt für Straßen-wesen (BAST) durchgeführt. Die Ergebnisse sind seit Ende 2013 veröffentlicht[10] und bilden eine wesentliche Grundlage für aktuell laufende Leitfaden-Aktivitäten der Forschungsgesell-schaft für Straßen- und Verkehrswesen (FGSV), der Länderarbeitsgemeinschaft Naturschutz (LANA) und der Länderarbeitsgemeinschaft Immissionsschutz (LAI). Die Empfehlungen gemäß BMVBS sind auf das Anwendungsfeld Straßenbau bezogen, in wesentlichen Punkten lassen sich die Methodenkonventionsvorschläge aber auch auf andere Vorhabenstypen wie Industrieanlagen oder Tierhaltungsanlagen übertragen.

Zum Themenfeld Stickstoffeintrag und FFH-Verträglichkeitsprüfung existieren mittlerweile zahlreiche höchstrichterliche Urteile.[11] Dabei ist die Rechtsprechung geprägt von solchen für die Anwendung von Critical Loads typischen Fällen, in denen diese bereits in der Hinter-grundbelastung überschritten sind und das jeweilige Vorhaben zu einer weiteren Erhöhung der bereits hohen gebietsbezogenen Stickstoffbelastung führt. Nach der Rechtsprechung des BVerwG ist davon auszugehen, dass Critical Loads naturwissenschaftlich begründete Belas-tungsgrenzen darstellen, die die Grenze der nach naturschutzfachlicher Einschätzung für das Erhaltungsziel unbedenklichen Auswirkungen markiert. Dies bedeutet, dass grundsätzlich jede Überschreitung der Critical Loads als erheblich anzusehen ist und davon abweichende Irrelevanzschwellen besonderer, naturschutzfachlich fundierter Rechtfertigung bedürfen. Der-artige Irrelevanzschwellen können Bagatellfälle begründen, die sich aus dem gemeinschafts-rechtlichen Verhältnismäßigkeitsgrundsatz ergeben. Wann eine Einwirkung Bagatellcharakter hat, ist aber eine zuvörderst naturschutzfachliche Frage.

---

8 Siehe *Balla, S., Bernotat, D., Frommer, J., Garniel, A., Geupel, M., Hebbinghaus, H., Lorentz, H., Schlutow, A.* und *Uhl, R.* (2014): Stickstoffeinträge in der FFH-Verträglichkeitsprüfung: Critical Loads, Bagatell-schwelle und Abschneidekriterium. Waldökologie, Landschaftsforschung und Naturschutz (WLN) - Forest Ecology, Landscape Research and Nature Conservation WLN, Online-preview unter: http://www.afsv.de/index.php/waldoekologie-landschaftsforschung-und-naturschutz.

9 Siehe v.a. ICP Modelling & Mapping (2004 ff.): Manual on methodologies and criteria for modeling and mapping critical loads & levels. Laufend aktualisiertes Handbuch. Online im Internet unter: URL: www.rivm.nl/en/themasites/icpmm/manual-and-downloads/index.html; zu empirischen Critical Loads Bob-bink, R. und Hettelingh, J. P. (Hrsg.) (2011): Review and revision of empirical critical loads and dose-response relationships. Proceedings of an expert workshop, Noordwijkerhout, 23-25 June 2010.Coordination Centre for Effects, RIVM, NL.Online im Internet: http://www.b-ware.eu/content/project/publicaties/Review -revision-empirical-critical-loads-2011.pdf.

10 BMVBS – Bundesministerium Für Verkehr, Bauwesen Und Städtebau (2013): Untersuchung und Bewer-tung von straßenverkehrsbedingten Nährstoffeinträgen in empfindliche Biotope. Endbericht zum FE-Vorhaben 84.0102/2009 im Auftrag der Bundesanstalt für Straßenwesen, verfasst von *Balla, S., Uhl, R., Schlutow, A., Lorentz, H., Förster, M., Becker, C., Scheuschner, Th., Kiebel, A., Herzog, W., Düring, I., Lüttmann, J., Müller-Pfannenstiel, K.*= Forschung Straßenbau und Straßenverkehrstechnik, Heft 1099, BMVBS Abteilung Straßenbau, Bonn.

11 Siehe v.a. Urteil des BVerwG vom 17.01.2007 (Fn. 5); Urteil des BVerwG vom 12.03.2008, 9 A 3.06, NuR 2008, 633-659; Urteil des OVG Lüneburg vom 11.09.2008, 7 KS 1269/00, NuR 2009, 360-365; im An-schluss daran Beschluss des BVerwG vom 10.11.2009, 9 B 28.09, DVBl 2010, 176-178; Urteil des VGH Kassel vom 21.08.2009, 11 C 318/08.T, LKRZ 2009, 434 (Flughafenausbau Frankfurt); Urteil des BVerwG vom 14.04.2010, 9 A 5.08 (A44, VKE 32), NuR 2010, 558; Urteil des OVG Münster vom 01.12.2011, 8 D 58/08.AK, NRWE - Rechtsprechungsdatenbank NRW (Kraftwerk Trianel); im Anschluss daran Be-schluss des BVerwG vom 05.09.2012, 7 B 24.12, NuR 2012, 784-786; Beschluss des OVG Greifswald vom 05.11.2012, 3 M 143/12, NuR 2013, 419-424; Urteil des BVerwG vom 06.11.2012, 9 A 17.11, BVerwGE 145, 40-67 (BAB A 33); Urteil des BVerwG vom 28.03.2013, 9 A 22.11, NuR 2013, 565-580 (BAB A 44, VKE 40.1).

Der Frage entsprechender Beurteilungsregeln, die auch Irrelevanz- bzw. Bagatellschwellen einbeziehen, hat sich auch das bereits erwähnte FE-Vorhaben der BAST gewidmet.[12] Danach ergibt sich insgesamt ein vierstufiges Beurteilungsmodell. Erhebliche Beeinträchtigungen können immer dann ausgeschlossen werden, wenn

1) die Gesamtbelastung den Critical Load nicht überschreitet oder

2) die vorhabensbedingte Zusatzbelastung ein unteres Abschneidekriterium von 0,3 kg Stickstoff je ha und Jahr bzw. 24 Säureäquivalente je ha und Jahr[13] nicht überschreitet oder

3) die kumulierte Zusatzbelastung die Bagatellschwelle von 3 % des Critical Loads nicht überschreitet oder

4) der betroffene Bereich gemessen an der Gesamtkulisse des jeweiligen FFH-Lebensraums im Natura 2000-Gebiet einen lediglich bagatellhaften Flächenumfang ausmacht.

Eine einfache Fallkonstellation ergibt sich daraus, dass die Gesamtbelastung an Stickstoffeinträgen den maßgeblichen Critical Load nicht überschreitet. In einem solchen Fall kann sicher davon ausgegangen werden, dass das Vorhaben nicht zu erheblichen Beeinträchtigungen durch Stickstoffeintrag führt.

Kommt man zu dem Ergebnis – und dies ist eine in der Praxis häufig auftretende Fallgestaltung -, dass die Gesamtbelastung mit Stickstoffeinträgen den maßgeblichen Critical Load überschreitet, so ist grundsätzlich ein Risiko für erhebliche Beeinträchtigungen durch Stickstoffeintrag anzunehmen. Dies gilt allerdings nur dann, wenn das zu beurteilende Vorhaben überhaupt einen nachweisbaren und damit prüfungsrelevanten Beitrag zur Gesamtbelastung mit Stickstoffeinträgen an dem zu beurteilenden Standort leistet und dieser Beitrag zu Beeinträchtigungen führen kann, die nicht lediglich als Bagatelle einzustufen sind.

Im FE-Vorhaben wird als vorhabensbezogenes Abschneidekriterium ein Depositionswert von 0,3 kg N ha^{-1}a^{-1} gesetzt. Die zusätzliche Menge an vorhabensbedingten Stickstoffeinträgen ist bis zu dieser Schwelle weder durch Messungen empirisch nachweisbar noch wirkungsseitig relevant und damit nach den Maßstäben der praktischen Vernunft und der Verhältnismäßigkeit irrelevant. Die Schwelle gilt für jedes einzelne Vorhaben. Eine Kumulationsbetrachtung für Depositionsbeiträge von kleiner oder gleich 0,3 kg N ha^{-1}a^{-1} ist nicht erforderlich, da es sich um praktisch nicht nachweisbare Mengen handelt.[14]

Liegen die vorhabensbedingten Zusatzbelastungen oberhalb der Irrelevanzschwelle von 0,3 kg N ha^{-1}a^{-1}, so gilt die Schwelle von 3 % des maßgeblichen Critical Loads als Bagatellschwelle, die auch Kumulationsbetrachtungen zulässt. Zusatzbelastungen in dieser Größenordnung können nach gefestigter Fachkonvention erhebliche Beeinträchtigungen auslösen, wenn gleichzeitig die Gesamtbelastung den Critical Load überschreitet und die betroffene Fläche eine bestimmte Größenordnung erreicht. Die Schwelle von bis zu 3 % des Critical Loads für eine lediglich bagatellhafte Zusatzbelastung soll aus fachlicher Sicht unabhängig von der Höhe der Überschreitung des Critical Loads in der Gesamtbelastung mit Stickstoffeinträgen eines Standortes gelten. Das BVerwG hat in seinem Urteil zur BAB A 33 jedenfalls

---

12 Siehe Fn. 10.

13 Der Stickstoffeintrag wird üblicherweise angegeben als Massenfluss in der Einheit Kilogramm Stickstoff je Hektar und Jahr (kg N ha-1a-1) und der Säureeintrag wird üblicherweise angegeben als molarer Stoffmengenfluss in der Einheit Säureäquivalente ja Hektar und Jahr (eq ha-1a-1). Säureäquivalente sind ein Ausdruck für die Anzahl an H+-Ionen, die durch einen versauernd wirkenden Stoffeintrag potenziell freigesetzt werden.

14 Siehe dazu auch ausführlich *Balla et al.* 2014 (Fn. 8); aus rechtlicher Sicht siehe *Kment, M.*: Das naturschutzfachliche Abschneidekriterium - Bewältigung von Grenzen der Messtechnik, DVBl. 2014, 818.

bereits angedeutet, dass es bereit ist, diese Fachkonvention mitzutragen und damit die Relativierung auf Fälle mit mehr als doppelter Überschreitung des Critical Loads aufzugeben.[15]

Für die Frage, ob die gebietsbezogene Betroffenheit mit Zusatzbelastungen an Stickstoffeinträgen eine Fläche betrifft, die – absolut und im Vergleich zum Gesamtumfang des Vorkommens des Schutzgegenstandes im FFH-Gebiet – Bagatellfallcharakter hat, lässt sich auf die in der Naturschutzpraxis und vom BVerwG für Flächeninanspruchnahme akzeptierten Bagatellschwellen nach Lambrecht & Trautner 2007[16] zurückgreifen. Da Stickstoffeinträge nicht unmittelbar zu einem Verlust von FFH-Lebensraumtypen führen, sondern in aller Regel nur Risiken für graduelle Funktionsbeeinträchtigungen auslösen, ist bei Stickstoffeinträgen aus fachlicher Sicht eine etwas großzügigere Anwendung vertretbar. Lambrecht und Trautner bieten eine entsprechende Rechenregel für sog. graduelle Funktionsbeeinträchtigungen an. Auf diese Rechenregel wurde im FE-Vorhaben der BASt[17] zurückgegriffen und es werden je nach Gefährdungsklasse des betroffenen FFH-Lebensraumtyps und je nach Höhe der vorhabensbedingten Zusatzbelastungen abgestufte Beeinträchtigungsgrade von minimal 20 % bis maximal 100 % vorgeschlagen.

Eine bisher offene Frage ist, ob die für die deutsche Anwendungspraxis bedeutsamen Bagatellschwellen nach Lambrecht und Trautner für direkte Flächeninanspruchnahme von FFH-Lebensraumtypen auch vor dem EuGH Bestand hätten. In einem aktuellen Urteil des EuGH aus 2013[18] wurde entschieden, dass ein vorhabensbedingter Flächenverlust von 1,47 ha des prioritären Lebensraumtyps *8240 (Kalk-Felspflaster) im irischen Burren-Gebiet bei einem Gesamtvorkommen von 270 ha im betroffenen FFH-Gebiet bereits als erheblich zu werten ist, obwohl es nur einem Verlust von etwa 0,5 % des Gesamtvorkommens entspricht. Maßgeblich für die Entscheidung war für das EuGH offensichtlich der Umstand, dass die Inanspruchnahme eines Teils der vorhandenen Fläche des FFH-Lebensraumtyps der dauerhaften Bewahrung der grundlegenden Eigenschaften des betreffenden FFH-Gebietes entgegen steht Das Bundesamt für Naturschutz ist aber der Meinung, dass auch unter Berücksichtigung dieses Urteils die Fachkonvention nach Lambrecht und Trautner nach wie vor einen validen Rahmen für die Beurteilung des vorhabensbedingten Verlustes von FFH-Lebensraumtyp-Fläche in FFH-Gebieten bildet.[19]

2. Beurteilung von kumulativen Wirkungen

Mit der Diskussion um die Beurteilung von Stickstoffeinträgen ist auch das Thema kumulativer Beeinträchtigungen von FFH-Gebieten durch das Zusammenwirken von Plänen und Projekten neu belebt worden. Gemäß § 34 Abs. 1 BNatSchG ist im Rahmen einer FFH-Verträglichkeitsprüfung nicht zur zu prüfen, ob ein Vorhaben einzeln, sondern auch, ob ein Vorhaben im Zusammenwirken mit anderen Projekten oder Plänen geeignet ist, ein Natura 2000-Gebiet erheblich zu beeinträchtigen. Die Umsetzung dieser Regelung ist in der Praxis nach wie vor umstritten. Unklar ist beispielsweise, welche Projekte einer solchen Betrachtung zuzuordnen sind, wer Daten von Projekten Dritter zur Verfügung stellt und inwieweit vorhabensbezogene Abschneidekriterien vertretbar sind.

---

15 Urteil des BVerwG vom 06.11.2012 (Fn.11), Rn. 93.
16 *H. Lambrecht, J. Trautner,* 2007: Fachinformationssystem und Fachkonventionen zur Bestimmung der Erheblichkeit im Rahmen der FFH-VP. Endbericht zum FE-Vorhaben 804 82 004 im Auftrag des Bundesamtes für Naturschutz.
17 Siehe Fn. 10.
18 Urteil des EuGH vom 11. April 2013 (Rechtssache C-258/11).
19 Siehe *Trautner, J.* und *D. Bernotat* (2014): EuGH entscheidet zur Erheblichkeit von Beeinträchtigungen. Habitatschutz in irischem Natura 2000-Gebiet. Naturschutz und Landschaftsplanung 2014(7), S. 226-228.

Unter anderem im Rahmen des oben bereits angesprochenen Verfahrens zur Beeinträchtigung des Kalk-Felspflasters in Irland[20] weist die Generalanwältin der EU-Kommission darauf hin, dass FFH-Gebiete insbesondere auch vor einem kumulativen Verlust des Lebensraums infolge einer Vielzahl oder zumindest einer Reihe niedrigschwelliger Projekte, d.h. vor einem „Tod durch 1 000 Schnitte" zu schützen seien.

Für die Beurteilung von Stickstoff- oder Säureeinträgen ist die primär maßgebliche Beurteilungsgröße die Gesamtbelastung eines Standortes im Verhältnis zum Critical Load. Die Gesamtbelastung ergibt sich somit grundsätzlich aus der Summe gleichartiger Belastungen des zu prüfenden Vorhabens und anderer Quellen, die sich zum Teil nur als diffuse Hintergrundbelastung beschreiben lassen. Dieser Beurteilungsgröße ist das Zusammenwirken mehrerer und anderer Projekte oder Pläne immanent, was sich auch in der Rechtsprechung des BVerwG widerspiegelt, wenn es fordert, dass gleichartige Belastungen aus anderen Quellen (Vor-/Hintergrundbelastung) zu berücksichtigen seien.[21] Es stellt sich allerdings die Frage, ob die Anforderung des § 34 Abs. 1 BNatSchG, ein Vorhaben im Zusammenwirken mit anderen Projekten oder Plänen auf seine Beeinträchtigungen hin zu prüfen, auch bedeutet, dass bei der Anwendung der 3 %-Bagatellschwelle ggf. die Addition von Zusatzbelastungen mehrerer Projekte zu berücksichtigen ist.

Das viel beachtete Trianel-Urteil des OVG Münster aus Dezember 2011[22] hat diese Frage eindeutig bejaht und die in Fachkreisen anerkannte und bis dahin in der Regel rein vorhabenbezogen angewandte 3%-Bagatellschwelle als eine FFH-gebietsbezogene Wirkungsschwelle interpretiert. Entsprechend fordert das OVG Münster für den Nachweis der Unerheblichkeit von Stickstoff- oder Säureeinträgen für ein FFH-Gebiet, dass die Stoffeinträge aller Vorhaben, die seit Unterschutzstellung des jeweiligen FFH-Gebietes genehmigt wurden und im Sinne des Prioritätsprinzips zeitlich vorlaufen, aufaddiert werden und diese summarische Zusatzbelastung einen Wert von 3 % des maßgeblichen Critical Loads nicht überschreiten darf. In der Revisionsentscheidung zum Trianel-Fall widerspricht das BVerwG dieser rechtlichen Einordnung der 3 %-Bagatellschwelle nicht und weist explizit darauf hin, dass das OVG Münster zu Recht die Auffassung vertrete, dass „bei der Prüfung, ob projektbedingte Schadstoffeinträge die Relevanzschwelle [gemeint ist hier die 3 %-Bagatellschwelle] überschreiten, kumulativ die Auswirkungen anderer Projekte zu berücksichtigen sind, soweit sich diese Auswirkungen konkret absehen lassen".[23]

Wenn man sich nun der Argumentation der zitierten Rechtsprechung anschließt, benötigt man aber dennoch weitere Konventionen, um eine solche Kumulationsbetrachtung praktisch handhabbar zu gestalten. Dies betrifft insbesondere die Frage der Datenverfügbarkeit und die Frage kleinster relevanter Vorhabensbeiträge (Abschneidekriterium).

Die Frage kleinster relevanter Vorhabensbeiträge kann für verschiedene Wirkfaktoren gestellt werden. Komplex wird es darüber hinaus, wenn in ein FFH-Gebiet mehrere Vorhaben mit unterschiedlichen Wirkfaktoren, z.B. durch Flächeninanspruchnahme und durch Stickstoffeintrag eingreifen, denn auch verschiedene Wirkfaktoren können in Bezug auf die Gebietskulisse eines FFH-Lebensraumtyps zusammenwirken und möglicherweise insgesamt erhebliche Beeinträchtigungen auslösen.

In Bezug auf Stickstoffeinträge oder andere Stoffeinträge stellt sich insbesondere die Frage nach einem Abschneidekriterium für den geringsten noch relevanten vorhabensbezogenen Zusatzbeitrag zur Gesamtbelastung. Ein solches Abschneidekriterium in Bezug auf die Minimalkonzentration oder die Minimaldepositionshöhe eines emittierten Stoffes ist schon deshalb

---

20 Urteil des EuGH vom 11. April 2013 (Rechtssache C-258/11).
21 Erster Leitsatz des Beschlusses des BVerwG vom 10.11.2009 (Fn. 11).
22 Urteil des OVG Münster vom 01.12.2011 (Fn 11).
23 Beschluss des BVerwG vom 05.09.2012 (Fn. 11), Rn. 11.

notwendig, weil jede Untersuchung und jede Ausbreitungs- und Depositionsmodellierung einen Betrachtungsraum benötigt. Benötigt wird das Abschneidekriterium auch, um den Suchraum für möglicherweise kumulativ wirkende andere Projekte zu begrenzen. Da es sich bei den diffusen Stickstoffeinträgen an einem bestimmten Standort insgesamt v.a. um das Ergebnis „weitreichender, grenzüberschreitender Luftverschmutzungen" handelt, lässt sich aus der Gesamtbelastung keine Begrenzung des Betrachtungsraums herleiten. Rein rechen- bzw. modelltechnisch könnten zwar auch noch allerkleinste zusätzliche vorhabenbedingte Stoffeinträge größer Null in großer Entfernung von einem emittierenden Vorhaben ermittelt und dargestellt werden. Eine sinnvolle Ergebnisinterpretation ist jedoch nur für Werte in einer bestimmten Größenordnung möglich. Wie oben bereits dargestellt, wird von den meisten Fachleuten einschließlich der maßgeblichen Experten des Umweltbundesamtes und des Bundesamtes für Naturschutz derzeit für Stickstoffeinträge ein vorhabensbezogenes Abschneidekriterium in der Größenordnung von 0,3 kg N ha^{-1}a^{-1} als fachlich angemessen vertreten.[24] Aus NRW gibt es dem gegenüber seitens des Landesamtes für Natur-, Umwelt- und Verbraucherschutz einen Vorschlag für ein Abschneidekriterium von 0,1 kg N ha^{-1}a^{-1}.

Angesichts der sehr geringen Größenordnung des Abschneidekriteriums von 0,3 kg N ha^{-1}a^{-1} liegt ein praktisches Problem in der Datenverfügbarkeit in Bezug auf Vorhaben Dritter. Es stellt sich die Frage, ob es einzelnen Vorhabensträgern zugemutet werden kann, die Zusatzbelastungen anderer Vorhaben im Detail zu ermitteln und zu berücksichtigen, denn dies erfordert zumindest eine sehr genaue Kenntnis der entsprechenden Emissionsraten. Die zuständigen Naturschutz- oder Immissionsschutzbehörden verfügen in der Regel nicht über die im Einzelfall notwendigen Daten.

Eine weitere praktisch relevante Frage ergibt sich aus dem Umstand, dass sich der Stand der Technik bei der Beurteilung von Stickstoffeinträgen in den letzten Jahren sehr dynamisch entwickelt hat. Ältere Vorhaben, die nach Unterschutzstellung des jeweilgen FFH-Gebietes genehmigt wurden, wurden häufig noch nicht nach den heute üblichen Methoden beurteilt. Dies bedeutet häufig, dass Vorhaben ohne FFH-Ausnahmeprüfung genehmigt wurden, deren Betrieb aber nach heutigen Maßstäben eine erhebliche Stickstoff-Zusatzbelastung in einem FFH-Gebiet verursacht. Wenn ein solches Vorhaben nun kumulativ im Rahmen einer aktuellen FFH-Verträglichkeitsprüfung für ein weiteres aktuelles Vorhaben, berücksichtigt werden soll, wäre die Bagatellgrenze bereits durch das frühere Vorhaben ausgeschöpft. Dieses frühere Vorhaben hätte aber nach heutigen Maßstäben nicht ohne Kohärenzmaßnahmen genehmigt werden dürfen. Es erscheint unverhältnismäßig, wenn die Verantwortung dafür der nächste Vorhabenträger zu übernehmen hätte.

Des Weiteren steht angesichts der Problematik, dass überhöhte Stickstoffeinträge in Natura 2000-Gebiete vor allem aus überhöhten Vorbelastungen resultieren, die Frage im Raum, inwieweit dem staatlichen FFH-Gebietsmanagement im Sinne des Art. 6 Abs. 2 FFH-Richtlinie diesbezügliche Schutz- bzw. Reduktionspflichten obliegen. Ein umfassender Schutz von Natura 2000-Gebieten lässt sich nicht allein durch eine restriktive Genehmigungspraxis für zukünftige Projekte erzielen. Die in vielen Fällen erforderliche Senkung der diffusen Hintergrundbelastung ließe sich nur dann erreichen, wenn das Natura 2000-Gebietsmanagement um Strategien und Maßnahmen der Luftreinhaltung in regionalem Maßstab ergänzt würde oder weitergehende landesweite oder bundesweite Stickstoffreduktionsmaßnahmen mit Schwerpunkt im landwirtschaftlichen Sektor ergriffen würden.

---

24 Siehe Fn. 8.

3. Schadensbegrenzungsmaßnahmen

Bei allen vorhabensbezogenen naturschutzrechtlichen Prüfinstrumenten spielt - gewissermaßen als erster Prüfschritt der Entscheidungskaskade – die Vermeidung von Beeinträchtigungen eine große Rolle. Im Kontext der FFH-Verträglichkeitsprüfung spricht man üblicherweise von Maßnahmen zur Schadensbegrenzung. Maßnahmen zur Schadensbegrenzung sind aber weder im BNatSchG noch in der FFH-Richtlinie explizit genannt. Der Begriff stammt aus Leitfäden der EU-Kommission[25] und wird dort anstelle des im Naturschutzrechts geläufigen Begriffs der Vermeidungsmaßnahme als Übersetzung des englischen Begriffs „mitigation measure" verwendet.

Das BVerwG spricht in Bezug auf Schadensbegrenzung von Schutz- und Kompensationsmaßnahmen, sofern diese Maßnahmen während der Bauarbeiten und nach Inbetriebnahme des Vorhabens sicherstellen, dass erhebliche Beeinträchtigungen verhindert werden. Wenn durch Schutz- und Kompensationsmaßnahmen gewährleistet sei, dass ein günstiger Erhaltungszustand der geschützten Lebensraumtypen und Arten stabil bleibt, bewegen sich die nachteiligen Wirkungen des Vorhabens unterhalb der Erheblichkeitsschwelle.[26] Maßnahmen zur Schadensbegrenzung haben somit grundsätzlich die vorbeugende Aufgabe zu erfüllen, das Eintreten eines Schadens zu vermeiden. Daher müssen sie vor dem Eintritt der Beeinträchtigungen wirksam sein. Zudem muss der Maßnahmenerfolg mit einer jeden vernünftigen Zweifel ausschließenden Sicherheit vorhergesagt werden.[27]

In Frage kommen bspw. Maßnahmen wie die zeitliche Begrenzung von Baumaßnahmen auf Zeiten außerhalb des Brut- oder Rastgeschehens einzelner Vogelarten oder außerhalb der Wanderzeiten von Fischarten, das Vorsehen von Tierquerungshilfen zur Reduzierung von Zerschneidungseffekten (z.B. Grünbrücken, zusätzliche Querungsdurchlässe an Gewässern) oder die intensivierte Mahd einer Fläche zur Reduzierung des Nährstoffeintrags. In der Praxis gibt es darüber hinaus immer wieder die Tendenz, auch klassische Biotopentwicklungsmaßnahmen als Schadensbegrenzungsmaßnahmen einzustufen. Die Grenze zu Kohärenzmaßnahmen, die erst im Rahmen der FFH-Ausnahmeprüfung einbezogen werden dürfen, wird dabei teilweise allzu sehr verwischt. Rechtlich wie fachlich ist es wichtig, zu unterscheiden, ob Beeinträchtigungen von FFH-Lebensraumtypen oder Beeinträchtigungen von FFH-Tierarten tatsächlich vermieden werden oder ob lediglich ein Ausgleich für eine eintretende Beeinträchtigung stattfindet. Bei FFH-Lebensraumtypen besteht hier möglicherweise weniger Spielraum als bei mobilen Arten, wenn die Individuen dieser Art, ohne selbst Schaden nehmen, in ein neu geschaffenes Ersatzhabitat ausweichen können. Die rechtzeitig vor Baubeginn wirksame Schaffung von Ausweichhabitaten mobiler FFH-Tierarten kann eher als Schadensbegrenzungsmaßnahme eingestuft werden als die Optimierung von FFH-Lebensraumtypen. Die Neuschaffung von Ersatzflächen für die Beeinträchtigung von FFH-Lebensraumtypen ist in aller Regel als Kohärenzmaßnahme zu werten. Dies hat jüngst der Europäische Gerichtshof in seinem Urteil zur Planung der niederländischen Autobahn A2 entschieden.[28] Der EuGH weist darauf hin, dass im Rahmen der FFH-Verträglichkeitsprüfung nach Art. 6 Abs. 3 FFH-Richtlinie nur solche „Schutzmaßnahmen" berücksichtigt werden können, die etwaige unmit-

---

25 Siehe Europäische Kommission - Generaldirektion Umwelt (2000): Natura 2000 - Gebietsmanagement. Die Vorgaben des Artikels 6 der Habitat-Richtlinie 92/43/EWG; Europäische Kommission - Generaldirektion Umwelt (2001): Prüfung der Verträglichkeit von Plänen und Projekten mit erheblichen Auswirkungen auf NATURA 2000-Gebiete. Methodische Leitlinien zur Erfüllung der Vorgaben des Artikels 6 Absätze 3 und 4 der Habitat-Richtlinie 92/43/EWG.

26 Urteil des BVerwG vom 17.01.2007 (Fn. 5), Rn. 53.

27 Urteil zur BAB A33 vom 06.11.2012, Az. 9 A 17.11, Rn. 60.

28 EuGH vom 15.05.2014, C 521/12, A2 Niederlande; in der Tendenz gegenüber kurzfristig wirksamer Optimierung von LRT-Fläche weniger kritisch war bisher das BVerwG, z.B. im Urteil zur BAB A33 vom 06.11.2012, Az. 9 A 17.11, Rn. 60.

telbar verursachte schädliche Auswirkungen „verhindern oder verringern" und dafür Sorge tragen, dass das „Gebiet als solches nicht beeinträchtigt wird". Dem gegenüber wurden Maßnahmen zur Schaffung eines gleich großen oder größeren Areals eines Lebensraumtyps in einem FFH-Gebiet, in dem auf anderer Fläche der gleiche LRT (hier Pfeifengraswiesen) durch N-Eintrag betroffen wird, als „Ausgleichsmaßnahmen" im Sinne des Art. 6 Abs. 4 FFH-Richtlinie, also als Kohärenzmaßnahmen gewertet.

4. FFH-Alternativenprüfung

Große Relevanz für die Praxis hat auch die in das FFH-Ausnahmeverfahren gemäß § 34 Abs. 3 bis 5 BNatSchG eingebettete FFH-Alternativenprüfung. Gemäß § 34 Abs. 3 Nr. 2 BNatSchG darf ein Projekt, welches ein Natura 2000-Gebiet erheblich beeinträchtigen kann, nur zugelassen oder durchgeführt werden, soweit zumutbare Alternativen, die den mit dem Projekt verfolgten Zweck an anderer Stelle ohne oder mit geringeren Beeinträchtigungen erreichen können, nicht gegeben sind.

Soweit ein Vorhaben einem mehrstufigen Planungssystem unterliegt, ist es sinnvoll, umfassende Alternativenprüfungen, die auch FFH-Belange berücksichtigen, bereits auf einer möglichst frühen Planungsstufe durchzuführen. Eine sorgfältige Prüfung von Standortalternativen bereits auf der Ebene des Raumordnungsverfahrens oder eines Regionalplanverfahrens kann nach den Erfahrungen aus der Planungspraxis entscheidend helfen, den Betrachtungsgegenstand auf Zulassungsebene einzugrenzen. Dies gilt umso mehr, als das BVerwG vor kurzem in Bezug auf linienhafte Infrastrukturprojekte noch einmal klargestellt hat, dass die Alternativenprüfung auch dann, wenn auf den vorgelagerten Planungsstufen noch keine korridorübergreifende FFH-Verträglichkeitsprüfung durchgeführt werden musste, auf Zulassungsebene nicht auf den Planungskorridor beschränkt werden darf.[29]

Das BVerwG hat bereits im Jahr 2000 klargestellt, dass es sich bei der Alternativenauswahl gemäß § 34 Abs. 3 Nr. 2 BNatSchG nicht um eine Ermessensentscheidung bzw. um eine planerische Abwägungsentscheidung handelt. Vielmehr ist das Gebot, eine für das Schutzkonzept der FFH-RL günstigere Alternative zu wählen, als strikt beachtliches „Vermeidungsgebot" zu verstehen, so dass der Vorhabensträger von einer alternativen Lösungsmöglichkeit Gebrauch machen muss, wenn sich das Planungsziel damit an einem nach dem Schutzkonzept der FFH-Richtlinie günstigeren Standort oder mit geringerer Eingriffsintensität verwirklichen lässt.[30]

Für die konkrete Durchführung einer FFH-bezogenen Alternativenprüfung können regelmäßig drei methodische Schritte unterschieden werden:

1) Auswahl derjenigen Varianten, die einer näheren Prüfung unterzogen werden müssen:
   Leitfrage: Welche Varianten sind technisch realisierbar und erfüllen grundsätzlich die gesetzten Planungsziele, so dass sie im eigentlichen Sinne Alternativen zum beantragten Vorhaben darstellen?

2) Prüfung der Alternativen aus der Sicht des Natura 2000-Gebietsschutzes:
   Leitfrage: Führen die Alternativen zu (erheblichen) Beeinträchtigungen in Natura 2000-Gebieten?

3) Abschließende Zumutbarkeitsprüfung:
   Leitfrage: Wie stellen sich die geprüften Alternativen unter Berücksichtigung aller Belange – Natura 2000-Gebietsschutz, Planungsziele, Kosten, sonstige Umweltbelange u.a. – dar?

---

29 BVerwG vom 06.11.2013, 9 A 14.12 (Autobahn A20).
30 BVerwG vom 27.01.2000 (Hildesheim), Az. 4 C 2.99, BVerwGE 110, 302, Rn. 30.

Der erste Schritt betrifft die Auswahl von konkret prüfrelevanten Alternativen. Je schwerer die Beeinträchtigungen des Netzes Natura 2000 durch das geplante Vorhaben wiegen, desto intensiver sollte geprüft werden, ob Alternativlösungen mit geringeren Beeinträchtigungen vorliegen. Nach ständiger Rechtsprechung des BVerwG kommen für eine konkrete Prüfung aber nur solche Alternativen in Betracht, mit denen sich die zulässigerweise verfolgten Planungsziele trotz ggf. hinnehmbarer Abstriche überhaupt erreichen lassen.[31]

Der zweite Schritt betrifft im Kern die Betroffenheiten des Netzes Natura 2000 durch die in Frage kommenden Alternativen. Für die Planungspraxis wichtig ist dabei insbesondere die Frage, mit welcher Prüftiefe Alternativen geprüft und untereinander verglichen werden müssen. Aus den konkreten Erfahrungen vieler Beispielprojekte lässt sich feststellen, dass die planerisch sinnvolle bzw. notwendige Prüftiefe sehr stark vom Einzelfall abhängt.

Die Rechtsprechung des BVerwG geht bisher offensichtlich davon aus, dass aus Gründen der Verhältnismäßigkeit und Verwaltungspraktikabilität eine summarische Würdigung des Beeinträchtigungspotenzials in der Regel ausreicht. Für die Durchführung der Alternativenprüfung stellt das BVerwG auf die Differenzierungsmerkmale des Art. 6 FFH-Richtlinie und grenzt diese gegenüber Art. 4 FFH-Richtlinie ab.[32] Alternativen können dabei nach Auffassung des BVerwG bereits aus Gründen des Natura 2000-Schutzes ausscheiden, weil sie selbst zu erheblichen Beeinträchtigungen führen. Für eine entsprechende Prüfung sei grundsätzlich eine Erkenntnistiefe erforderlich, die einen Vergleich nach den Kriterien des Art. 6 FFH-Richtlinie ermöglicht. Die Alternativen müssten dabei nicht einschließlich möglicher Schadensminderungs- und Ausgleichsmaßnahmen bis zur Planreife ausgearbeitet sein.[33]

Zum Vergleich der Beeinträchtigungen ist – so das BVerwG - auf die nach Maßgabe der Differenzierungsmerkmale des Art. 6 FFH-Richtlinie bestimmte Schwere der Beeinträchtigung abzustellen. Dabei sei in einer gestuften Prüfung zunächst zu fragen, ob auch im Falle einer Alternativlösung Lebensraumtypen des Anhangs I oder Tierarten des Anhangs II der FFH-Richtlinie erheblich beeinträchtigt werden. Die Betroffenheit von prioritären Lebensraumtypen oder Arten habe dabei im Grundsatz ein höheres Gewicht als die Betroffenheit nichtprioritärer Schutzgegenstände.[34] Innerhalb der Gruppen der prioritären und nicht prioritären Lebensraumtypen und Arten soll nach dem Schutzkonzept der FFH-Richtlinie nach Auffassung des BVerwG aber nicht nochmals nach der Wertigkeit und der Anzahl der betroffenen Lebensraumtypen oder Arten sowie der jeweiligen Beeinträchtigungsintensität (oberhalb der Erheblichkeitsschwelle) differenziert werden. Vielmehr sei lediglich zu prüfen ob am Alternativenstandort eine Linienführung möglich ist, bei der keine der als Lebensraumtypen oder Habitate besonders schutzwürdigen Flächen erheblich beeinträchtigt werden oder jedenfalls prioritäre Biotope und Arten verschont bleiben.[35]

Das BVerwG geht somit für die FFH-Alternativenprüfung von einer gegenüber der FFH-Verträglichkeitsprüfung deutlich reduzierten Prüftiefe aus. Wesentlicher Maßstab ist danach allein die Frage, ob und in welcher Zahl FFH-Lebensraumtypen oder Arten erheblich betroffen sind und ob diese FFH-Lebensraumtypen oder Arten prioritären oder lediglich nichtprioritären Schutz genießen. Offensichtlich hält das BVerwG eine Prüfung unter Berücksichtigung der konkreten Art der Betroffenheit – direkte oder indirekte Beeinträchtigung – oder des konkreten Betroffenheitsumfangs – z.B. hinsichtlich Fläche oder Zerschneidungslänge, Populationsgröße – für unverhältnismäßig aufwändig. In der Planungspraxis stößt man dem

---

31 Siehe z.B. BVerwG vom 17.01.2007, siehe Fn. 5, Rn. 143; BVerwG, Urt. vom 17. Mai 2002 (Hessisch Lichtenau I), Az. 4 A 28.01, Juris, Rn. 26.
32 Urteil des BVerwG vom 12.03.2008 (Hessisch-Lichtenau II), Az. 9 A 3.06, NuR 2008, 633-659, Rn.170.
33 Urteil des BVerwG vom 12.03.2008, (siehe Fn. 32), Rn.171.
34 Urteil des BVerwG vom 12.03.2008, (siehe Fn. 32), Rn.170.
35 Urteil des BVerwG vom 12.03.2008 (siehe Fn. 32), Rn.170.

gegenüber allerdings häufig auf Fallkonstellationen, in denen sich die Vorteile oder Nachteile einer Alternative aus der Sicht des Natura 2000-Gebietsschutzes nur durch eine differenzierte Bilanz von Anzahl und/oder Fläche betroffener Lebensraumtypen oder Anhang II-Arten darstellen lassen. Zudem bieten die in der Praxis routinemäßig zum Einsatz kommenden geographischen Informationssysteme ohnehin die Möglichkeit, die räumlichen Betroffenheiten von Arten oder Lebensräumen ohne größeren Mehraufwand quantitativ zu bestimmen.

Aus fachlicher Sicht können für eine differenzierte FFH-Alternativenprüfung in Bezug auf die Betroffenheit der Natura 2000-Gebietskulisse folgende Differenzierungsmerkmale empfohlen werden:[36]

1) Anzahl betroffener FFH-LebensraumtypenLRT / Arten (prioritär / nicht prioritär)

2) Umfang der Betroffenheit

3) Beeinträchtigungsintensität: Verlust / Funktionsverlust

4) Bedeutung im Netz Natura 2000:

   • Erhaltungszustand

   • Randvorkommen/zentraler Bestandteil des Gebietes

   • Funktion des Habitats der Art

5) Wiederherstellbarkeit / Regenerationsfähigkeit.

Die genannten Kriterien gelten in der Abstufung ihrer Aufzählung. Die Bedeutung und das Gewicht in der Alternativenentscheidung richtet sich allerdings im Einzelfall auch nach der Größenordnung von Unterschieden innerhalb der jeweiligen Kriterien. So kann es aus unserer gutachterlichen Sicht im Einzelfall durchaus als günstiger zu bewerten sein, wenn eine Alternative einen prioritären Lebensraumtyp nur in geringem Umfang randlich beeinträchtigt, während eine andere Alternative in großem Umfang den Verlust eines nicht prioritären, aber dennoch relativ seltenen FFH-Lebensraumtyps verursacht.[37]

Bezüglich des dritten Schrittes der Zumutbarkeitsprüfung ist wesentlich, dass der Planungsträger nicht gezwungen ist, durch die Wahl einer Alternative mit geringeren Eingriffen in das Netz Natura 2000 unverhältnismäßige Nachteile in Kauf zu nehmen. Alternativen können auch deshalb ausscheiden, weil sie vom Vorhabenträger oder aus der Sicht sonstiger Belange Aufwendungen verlangen, die vor dem Hintergrund einer Verhältnismäßigkeitsprüfung nicht zumutbar sind.[38] Diese Betrachtung kann z.B. die Baukosten[39], Gesundheitsgefahren durch Lärm oder Schadstoffe, Denkmalschutzaspekte, Trink- oder Heilquellenschutzgebiete oder andere gewichtige Belange einbeziehen. Die Gewichtung der jeweiligen Belange zueinander bleibt letztlich eine planerische Einzelfallentscheidung, die durch eine sorgfältige Sachverhaltsermittlung vorbereitet sein sollte.

---

36 Nach *Wulfert, K.*: Anforderungen an die Alternativenprüfung. Naturschutz und Landschaftsplanung, H. 8/2012, S. 238. Dort findet sich auch eine vergleichbare Empfehlung für die Alternativenprüfung im Rahmen des artenschutzrechtlichen Ausnahmeverfahrens.

37 Weitergehende fachlich-methodische Empfehlungen zur FFH-Alternativenprüfung sind Gegenstand eines aktuellen FE-Vorhabens des Bundesamtes für Naturschutz mit dem Titel: Bewertung von Alternativen im Rahmen der Ausnahmeprüfung nach europäischem Gebiets- und Artenschutzrecht. Der von der Planungsgruppe Umwelt, Hannover und Simon & Widdig, Marburg bearbeitete Endbericht ist bisher nicht veröffentlicht.

38 Urteil des BVerwG vom 12.03.2008, siehe Fn. 32, Rn.169.

39 Urteil des BVerwG vom 27.01.2000, siehe Fn. 30, Rn. 30/31.

III.   Spezielle artenschutzrechtliche Prüfung

Der für Eingriffsvorhaben relevante besondere Artenschutz ist wie der Natura 2000-Gebietsschutz ebenfalls europarechtlich vorgeprägt. Die in den Art. 12, 13 und 16 der FFH-Richtlinie sowie in den Art. 5 bis 7 und 9 der Vogelschutz-Richtlinie geregelten artenschutzrechtlichene Bestimmungen fanden allerdings ursprünglich im Kontext von Vorhabensplanungen kaum Beachtung, da die Auffassung vorherrschte, Artenschutzbelange seien über Schutzgebietsausweisungen und im Rahmen der Eingriffsregelung oder der Umweltverträglichkeitsprüfung ausreichend behandelt. Aufgrund der weiten Auslegung des Absichtsbegriffs des Art. 12 der FFH-Richtlinie seitens des EuGH im Caretta-Urteil aus dem Jahr 2002[40] wurden die bis dahin gebräuchlichen Ausnahmeregelungen des § 43 Abs. 4 BNatSchG a.f. aber in Frage gestellt. Die Europarechtswidrigkeit dieser pauschalen Legalausnahme und die Notwendigkeit der Berücksichtigung des besonderen Artenschutzes in Planungs- und Zulassungsverfahren wurde schließlich durch das Urteil des EuGH zur nicht korrekten Umsetzung der FFH-Richtlinie im BNatSchG aus dem Jahr 2006[41] unmissverständlich festgestellt und zwang den deutschen Gesetzgeber zum Handeln. Die entsprechende Korrektur erfolgte mit der sog. „Kleinen Novelle" des BNatSchG im Jahr 2007.[42] Seitdem wird bei der Planung und Zulassung von Eingriffen in Natur und Landschaft regelmäßig neben der Eingriffsregelung auch eine spezielle artenschutzrechtliche Prüfung durchgeführt.

Die besondere artenschutzrechtliche Prüfung ist geprägt durch spezifisch artbezogene und individuenbezogene Verbotstatbestände in § 44 Abs. 1 BNatSchG. Diese umfassen im Wesentlichen die Verletzung und Tötung von Individuen, die erhebliche Störung lokaler Populationen und die Beschädigung oder Zerstörung von Fortpflanzungs- und Ruhestätten einzelner Individuen. Kann das Eintreten dieser Verbotstatbestände infolge des Baus oder des Betriebs eines Vorhabens nicht sicher ausgeschlossen werden, so ist - vergleichbar mit der FFH-Verträglichkeitsprüfung – ein Vorhaben nur ausnahmsweite unter Berücksichtigung bestimmter Ausnahmevoraussetzungen gemäß § 45 Abs. 7 BNatSchG zulässig.

Die im Grundsatz individuen- und artbezogene artenschutzrechtliche Prüfung erfordert eine differenzierte Abarbeitung Art für Art, für die sich formalisierte Prüfbögen als praktisches Hilfsmittel etabliert haben. Die Prüfung ist mittlerweile zum Großteil formalisiert und in diversen Handreichungen und Leitfäden für die Praxis geregelt.[43] Für die Praxis aber nach wie vor umstritten sind punktuelle Einzelfragen wie die Frage, ob indirekte Wirkungen hoher Intensität, z.B. durch Lärm, als Zerstörung von Fortpflanzungs- und Ruhestätten (Verbotstatbestand Nr. 3) oder als Störung von lokalen Populationen (Verbotstatbestand Nr. 2) zu werten sind. Von besonderer Entscheidungsrelevanz im Einzelfall ist darüber hinaus immer wieder

---

40 Urteil des EuGH vom 30.01.2002, Az. C-103/00, Juris.
41 Urteil des EuGH vom 10.01.2006, Az. C-98/03, Juris.
42 Siehe weitergehend *Louis, H.-W.*: Die kleine Novelle zur Anpassung des BNatSchG an das europäische Recht, NuR 2008, 65; *Gellermann, M.*: Die „Kleine Novelle" des Bundesnaturschutzgesetzes, NuR 2007, 783.
43 Siehe z. B. LANA - Bund/Länder-Arbeitsgemeinschaft Naturschutz: Hinweise zu zentralen unbestimmten Rechtsbegriffen des Bundesnaturschutzgesetzes (Beschluss der 100. Sitzung am 1./2. Oktober 2009; Verwaltungsvorschrift zur Anwendung der nationalen Vorschriften zur Umsetzung der Richtlinien 92/43/EWG (FFH-RL) und 2009/147/EG (VS-RL) zum Artenschutz bei Planungs- oder Zulassungsverfahren (VV-Artenschutz). Runderlass des Ministeriums für Umwelt und Naturschutz, Landwirtschaft und Verbraucherschutz vom 13.04.2010, EBA - Eisenbahn-Bundesamt, 2012: Umwelt-Leitfaden zur eisenbahnrechtlichen Planfeststellung und Plangenehmigung sowie für Magnetschwebebahnen. Teil V: Behandlung besonders und streng geschützter Arten in der eisenbahnrechtlichen Planfeststellung; HMUELV – Hessisches Ministerium für Umwelt, Energie, Landwirtschaft und Verbraucherschutz (2011): Leitfaden für die artenschutzrechtliche Prüfung in Hessen. 2. Fassung Mai 2011; Bayerisches Landesamt für Umwelt: Spezielle artenschutzrechtliche Prüfung (saP) bei der Vorhabenszulassung, Internet-Arbeitshilfe: http://www.lfu.bayern.de/natur/sap/index.htm.

die fachliche Einschätzung, wie sich die Fortpflanzungs- und Ruhestätten und die lokalen Populationen bestimmter Arten im jeweiligen räumlichen Kontext abgrenzen lassen.

Eine wesentliche Erleichterung für die Bearbeitung der speziellen artenschutzrechtlichen Prüfung für eingriffsrelevante Vorhaben stellt die Eingrenzung der prüfrelevanten Arten auf europäisch geschützte Arten gemäß § 44 Abs. 5 BNatSchG dar. Erleichternd wird darüber hinaus die Vorschrift des § 44 Abs. 5 Satz 2 BNatSchG, wonach eine Beschädigung oder Zerstörung von Fortpflanzungs- und Ruhestätten im Sinne des § 44 Abs. 1 Nr. 3 BNatSchG einschließlich damit in Verbindung stehender unvermeidlicher Verletzungen oder Tötungen von Individuen gemäß § 44 Abs. 1 Nr. 2 BNatSchG nicht vorliegt, soweit die ökologische Funktion der von dem Eingriff oder Vorhaben betroffenen Fortpflanzungs- oder Ruhestätten im räumlichen Zusammenhang weiterhin erfüllt wird.

Im Rahmen dieser Vorschrift zur Bewertung der Verbotstatbestände haben in der Praxis darüber hinaus die vorgezogenen Ausgleichsmaßnahmen (CEF) nach § 44 Abs. 5 Satz 3 BNatSchG, die die ökologische Funktion der betroffenen Fortpflanzungs- oder Ruhestätten im räumlichen Zusammenhang erhalten. Von großer Bedeutung sind darüber hinaus Maßnahmen zur Sicherung des Erhaltungszustandes einer lokalen Population im Falle von erheblichen Störungen im Sinne des § 44 Abs. 1 Nr. 2 BNatSchG. Welche Maßnahmen jeweils in Frage kommen, ist einzelfallbezogen in räumlicher und funktionaler Hinsicht artspezifisch zu entscheiden. Typische artenschutzspezifische Maßnahmen in diesem Sinne sind beispielsweise:

- Rodung und Baufeldfreimachung ausschließlich außerhalb der artspezifischen Nestbau-, Lege-, Bebrütungs- und Aufzuchtzeit (Bauzeitenregelung)

- Vermeidung von Kollisionen / Irritationen durch Schutzzäune, -wände

- Erhaltung der Durchgängigkeit durch Tierquerungshilfen

- Abfang / Absammeln von Individuen im Baufeld (z.B. Reptilien, Amphibien, Fledermäuse im Winterquartier, Haselmaus)

- Anlage von Nisthilfen (Nistkästen, Nistkörbe, Bohren von Baumhöhlen)

- Aufwertung von Lebensräumen (z.B. Nutzungsverzicht in Laubwäldern, Entnahme standortfremder Gehölze, Extensivierung von Grünland)

- Neuschaffung von Lebensräumen (Amphibien-Laichgewässer, Anlage von Feuchtgrünland, Anlage von Trockenlebensräumen, offenen Bodenstellen, Steinhaufen, Gewässerrenaturierung).

Häufig bedarf es eines schlüssigen Gesamtkonzeptes, welches spezifische Schutzmaßnahmen, Vernetzungsmaßnahmen und Habitatoptimierungsmaßnahmen im räumlich-funktionalen Zusammenhang miteinander verbindet. Vergleichbar mit den Anforderungen an Schadensbegrenzungsmaßnahmen im Rahmen der FFH-Verträglichkeitsprüfung erfordern CEF-Maßnahmen grundsätzlich eine Wirksamkeit zum Zeitpunkt des Eingriffs, so dass es zu keinem Zeitpunkt zu einer Verschlechterung der ökologischen Funktionalität der Lebensstätte kommt, sowie eine hohe Prognosesicherheit des Maßnahmenerfolgs, wobei die Gewährleistung der ökologischen Funktionalität bei verbleibenden Restunsicherheiten regelmäßig durch Kontrollen im Sinne von Monitoringmaßnahmen und Risikomanagement abgesichert werden sollten. Hinzu kommt die Notwendigkeit einer räumlichen Nähe zum Eingriff, da die Funktion der betroffenen Fortpflanzungs- und Ruhestätte erhalten werden muss. Maximaler Bezugsraum für CEF-Maßnahmen ist damit der Aktionsradius der jeweiligen Individuen der betroffenen Art. Eine für die Praxis spannende Frage ist dabei, inwieweit der räumlich-funktionale Spielraum für CEF-Maßnahmen größer einzuschätzen ist als der Spielraum für artspezifische Schadensbegrenzungsmaßnahmen innerhalb von FFH-Gebieten. Die Frage kann insbesondere für solche Arten relevant sein, die sowohl nach Anhang II FFH-Richtlinie dem Natura 2000-Gebietsschutz als auch nach Anhang IV FFH-Richtlinie dem besonderen Artenschutz unterfallen. Beispiele sind hier etwa eine Reihe von Fledermausarten.

Eine besondere Konstellation für das mögliche Eintreten von Verbotstatbeständen ergibt sich aus Fang- und Umsiedlungsmaßnahmen, bei denen trotz hoher Sorgfalt nicht sichergestellt werden kann, dass alle Individuen aus dem Baufeld abgefangen und unversehrt umgesiedelt werden können. Betroffene Arten sind etwa Reptilien wie die Zaun- oder Mauereidechse, oder bestimmte Kleinsäugerarten wie die Haselmaus oder Waldfledermausarten, die ihr Quartier in kleinen Höhlen oder Spalten an Bäumen haben. Basierend auf dem Urteil des BVerwG zur Ortsumgehung Freiberg/Sachsen[44] und entsprechenden Kommentaren[45] wurde hier in letzter Zeit in speziellen artenschutzrechtlichen Prüfungen vorsorglich davon ausgegangen, dass diese unvermeidlichen Individuenverluste trotz Fang- und Umsiedlungsmaßnahmen zur Auslösung des Tötungsverbotes des § 44 Abs. 1 Nr. 1 BNatSchG führen. Diese sehr enge, individuenbezogene Auslegung der artenschutzrechtlichen Verbotstatbestände wurde von zahlreichen Naturschutz-Praktikern allerdings auch kritisiert. Rechtlich kann hier beispielsweise die Frage gestellt werden, ob unvermeidliche Tötungen einzelner Individuen während der Bauphase, die aufgrund verbleibender Restrisiken erfolgen, überhaupt als absichtliche Tötungen im Sinne der FFH-Richtlinie und der Rechtsprechung des EuGH interpretiert werden können. Mittlerweile zeichnet sich in der Rechtsprechung des BVerwG eine Relativierung der Sichtweise im Freiberg-Urteil ab, die sich sicher auch auf die artenschutzrechltiche Praxis auswirken wird. Das Urteil des BVerwG zur A 14 aus Januar 2014[46] weist darauf hin, dass eine dem allgemeinen Lebensrisiko vergleichbare Bagatellgrenze auch bei Maßnahmen zur Errichtung des Vorhabens gelte. Wenn allenfalls noch ein ganz geringer Teil von Zauneidechsen im Baufeld verbleibe, sei mit der Baufeldfreimachung kein höheres Tötungsrisiko verbunden, als es für einzelne Tiere dieser Art insbesondere mit Blick auf natürliche Feinde auch sonst bestehe.

Wie das FFH-Ausnahmeverfahren nach § 34 Abs. 4 BNatSchG umfasst auch die artenschutzrechtliche Ausnahmeprüfung nach § 45 Abs. 7 BNatSchG eine Alternativenprüfung. Die Anforderungen, die hinsichtlich Prüftiefe und Gewichtung von einzelnen artenschutzrechtlichen Verbotstatbeständen an eine solche Prüfung zu stellen sind, sind bisher wenig konkretisiert worden, so dass die Praxis hier vor allem auf Methoden aus der FFH-Alternativenprüfung zurück greift.[47] Unklar ist insbesondere die Gewichtung von Natura 2000-gebietsbezogenen Beeinträchtigungen gegenüber artenschutzrechtlichen Verbotstatbeständen.

IV. Naturschutzrechtliche Eingriffsregelung

Die naturschutzrechtliche Eingriffsregelung ist gewissermaßen der Klassiker des vorhabensbezogenen naturschutzrechtlichen Prüfprogramms. Die Eingriffsregelung gilt seit dem Erlass des BNatSchG im Jahr 1976 als zentrales Instrument des Naturschutzrechts für den flächendeckenden Schutz von Natur und Landschaft auch außerhalb spezifischer Schutzzonen. Die Eingriffsregelung hat im Gegensatz zu FFH-Verträglichkeitsprüfung und spezieller artenschutzrechtlicher Prüfung keine vergleichbar differenzierte europarechtliche Basis. Allerdings verlangt bspw. die UVP-Richtlinie[48] in Art. 5 Abs. 3 vom Vorhabensträger auch eine Beschreibung der Maßnahmen, mit denen erhebliche nachteilige Auswirkungen vermieden, ver-

---

44 BVerwG Urteil 9 A 12/10 vom 14.07.2011, Rn. 127.
45 *Gellermann, M.*: Fortentwicklung des Naturschutzrechts: Anmerkungen zum Urteil des Bundesverwaltungsgerichts vom 14. 7. 2011 – 9 A 12.10, Ortsumgehung Freiberg, NuR 2011, 866. NuR 2012, 34.
46 BVerwG vom 08.01.2014 (BAB A14), Az 9 A 4.13, Juris, Rn. 99.
47 Siehe hierzu auch *Wulfert, K.* 2012, Fn. 36
48 Richtlinie 2011/92/EU des Europäischen Parlaments und des Rates vom 13.12.2011 über die Umweltverträglichkeitsprüfung bei bestimmten öffentlichen und privaten Projekten (ABl. L 26 vom 28.01.2011, S. 1).

ringert und soweit möglich ausgeglichen werden sollen, und zeigt damit, dass ein auf Umweltbelange bezogener Kompensationsgedanke auch dem Europarecht nicht fremd ist.

Da sich die Kernregelungen der naturschutzrechtlichen Eingriffsregelung seit ihrer Einführung insgesamt wenig geändert haben, ist die praktische Anwendung der naturschutzrechtlichen Eingriffsregelung grundsätzlich von Routine geprägt und in zahlreichen Leitfäden dokumentiert.[49] Allerdings haben sich die Erfassungs- und Bewertungsstandards zunehmend weiterentwickelt. Dabei hat die föderale Struktur in Deutschland auch dazu geführt, dass sich in den Bundesländern teilweise stark von einander abweichende Länder-Bewertungsverfahren entwickelt haben. Aus der Erfahrung mit den vielfältigen Verfahren der Bundesländer zur Ermittlung von Kompensationsumfängen wird die Zielsetzung des Bundesministeriums für Umwelt, Naturschutz, Bau und Reaktorsicherheit sehr begrüßt, über die Bundeskompensationsverordnung (BKompV) einheitliche Vorgaben zu formulieren.

Die gesetzliche Entwicklung der naturschutzrechtlichen Eingriffsregelung ist in den letzten Jahren vor allem von Flexibilisierungsdiskussionen geprägt.[50] Eine letzte Anpassung der Vorschriften zur naturschutzrechtlichen Eingriffsregelung erfolgte mit der letzten Novellierung des BNatSchG im Jahr 2010.[51] In diesem Zuge angepasst wurde auch die Prüfkaskade der Eingriffsregelung, die ursprünglich die strikte Stufenfolge von Vermeidung, Ausgleich, Abwägungsentscheidung und Ersatzmaßnahmen vorsah. Seit 2010 sind Ausgleich und Ersatz dem Gesetz nach gleichrangig und der Abwägungsentscheidung vorgeschaltet. Diese Änderung der Prüfkaskade hat in der praktischen Bewältigung der Eingriffsregelung zumindest für fachplanungsrechtliche Vorhaben aber kaum Auswirkungen gehabt. Zwar hat sich in den letzten Jahren die praktische Bedeutung von Flächenpool-Modellen und Ökokonten im Sinne des § 16 BNatSchG erhöht, was auch auf die Gleichstellung von Ausgleichs- und Ersatzmaßnahmen nach § 15 Abs. 2 BNatSchG zurück zu führen ist. Aus den Anforderungen des speziellen Biotopschutzes, des Natura 2000-Gebietsschutzes und des besonderen Artenschutzes ergibt sich in der Praxis aber dennoch die Notwendigkeit, vorrangig spezifische Maßnahmen mit strengen räumlich-funktionalen Anforderungen zu ergreifen. Dies gilt etwa für vorgezogene Ausgleichsmaßnahmen (CEF), Schadensbegrenzungsmaßnahmen, Maßnahmen zur Sicherung des günstigen Erhaltungszustandes (FCS) oder Kohärenzmaßnahmen, welche vollständig multifunktional auch für die Eingriffskompensation der naturschutzrechtliche Eingriffsregelung anzurechnen sind.

Im Sinne des Verursacherprinzips ist zu begrüßen, dass jedenfalls die Kernanforderung des Instrumentes, Eingriffe in Natur und Landschaft weitestgehend zu vermeiden und wenigstens gleichwertig zu kompensieren, nach wie vor gültig ist, und der allgemeine Grundsatz der Vollkompensation – jedenfalls für die fachplanungsrechtliche Eingriffsregelung – als abweichungsfester Kern der bundesgesetzlichen Eingriffsregelung eingestuft wird.[52] Unverzichtbar ist die Eingriffsregelung vor allem deswegen, weil sie im Gegensatz zu den anderen Instrumenten das Verursacherprinzip flächendeckend zur Anwendung bringt und neben dem Schutz der Biodiversität auch das Landschaftsbild mit ihren visuellen Qualitäten und ihrem Erholungswert für den Menschen umfasst.

---

49 Siehe z.B. BMBS – Bundesministerium für Verkehr, Bau und Stadtentwicklung, 2011: Richtlinien für die landschaftspflegerische Begleitplanung im Straßenbau (RLBP) und Musterkarten für die einheitliche Gestaltung landschaftspflegerischer Begleitpläne im Straßenbau; EBA - Eisenbahn-Bundesamt, 2010: Umwelt-Leitfaden zur eisenbahnrechtlichen Planfeststellung und Plangenehmigung sowie für Magnetschwebebahnen. Teil III: Umweltverträglichkeitsprüfung Naturschutzrechtliche Eingriffsregelung; Eine umfassende Zusammenstellung von Leitfäden und Regelwerken zur Eingriffsregelung findet sich darüber hinaus bei *Bunge* 2013: Handbuch der UVP, Nr. 9603.

50 Siehe z.B. *Fischer-Hüftle, P.*: 35 Jahre Eingriffsregelung – eine Bilanz. NuR 2011, 753.

51 Siehe hierzu z.B. *Louis, H.-W.*: Das neue Bundesnaturschutzgesetz, NuR 2010, 77.

52 BVerwG zur BAB A33 vom 06.11.2012 (Az. 9 A 17.11), Leitsatz 6.

Zunehmend weitere Verbreitung finden produktionsintegrierte Maßnahmen (PIK), die eine „flächensparende" Eingriffskompensation im Zuge der Berücksichtigung agrarstruktureller Belange gemäß § 15 Abs. 3 BNatSchG zulassen. Dieser Trend hat es erforderlich gemacht, die für die Eingriffs-Ausgleichs-Bilanz als Basis dienenden Biotopwertverfahren entsprechend zu verfeinern.[53] Hierbei ist es aber erforderlich, dass naturschutzfachlich begründete Mindestanforderungen definiert werden und offene Fragen einer dauerhaften Maßnahmenunterhaltung und -sicherung gemäß § 15 Abs. 4 BNatSchG geklärt werden.

V.   Haftungsfreistellung nach Umweltschadensrecht

Eine europarechtlich geprägte Ergänzung der naturschutzrechtlichen Eingriffsregelung ergibt sich aus § 19 BNatSchG und den dort enthaltenen Regelungen zur Handhabung der Vorgaben der europäischen Umweltschadensrichtlinie[54] bei Projektzulassungsverfahren. Danach ist es zugelassen, Beeinträchtigungen der Schutzgüter des Umweltschadensgesetzes durch Eingriffsvorhaben bereits im Zulassungsverfahren zu berücksichtigen und damit eine Freistellung von weiteren Haftungsansprüchen zu erreichen. In der Praxis werden dem entsprechend Vorkommen von FFH-Lebensraumtypen und Anhang II-Arten auch außerhalb von FFH-Gebieten in der Regel gesondert ermittelt und beurteilt. Voraussetzung für die Haftungsfreistellung ist aber die funktional gleichartige Wiederherstellung der erheblich nachteiligen Auswirkungen auf die genannten Arten und Lebensräume.[55]

VI.   Fazit

Es ist davon auszugehen, dass die Abarbeitung des naturschutzrechtlichen Prüfprogramms in Planungs- und Zulassungsverfahren auch zukünftig eine anspruchsvolle Angelegenheit bleibt. Die parallel zu bewältigenden Instrumente der naturschutzrechtlichen Eingriffsregelung, der speziellen artenschutzrechtlichen Prüfung und der FFH-Verträglichkeitsprüfung müssen jeweils eigenständig mit Ihren spezifischen Prüfschritten abgearbeitet und dokumentiert werden. Um unnötige Doppelarbeit zu vermeiden, ist eine intelligente Verknüpfung von Arbeitsschritten aber dennoch geboten und gängige Praxis. So ist bei der ökologischen Bestandsaufnahme von vornherein ein Kartierprogramm vorzusehen, welches die relevanten Arten und Lebensräume aus Artenschutzsicht, aus FFH-Gebietsschutzsicht sowie aus der Sicht von Eingriffsregelung und Haftungsfreistellung nach Umweltschadensrecht von vornherein mit einschließt. Die Auswirkungsprognose ist ebenfalls abgestimmt durchzuführen, um keine Widersprüche bei der Grenzziehung zwischen erheblichen Beeinträchtigungen und Bagatellfällen in den jeweiligen Instrumenten zu verursachen. Bei der Maßnahmenplanung ist sinnvollerweise von vornherein auf Multifunktionalität zu achten. Erfordern beispielsweise die Aufrechterhaltung der ökologischen Funktionalität von Lebensstätten oder die Sicherstellung eines günstigen Erhaltungszustandes für bestimmte artenschutzrechtlich relevante Arten spezifische Aus-

---

53 Siehe hierzu z.B. LANUV, 2008: Numerische Bewertung von Biotoptypen für die Eingriffsregelung und in der Bauleitplanung in NRW; Biotopwertliste zur Anwendung der Bayerischen Kompensationsverordnung (BayKompV) 2014.

54 Richtlinie 2004/35/EG des Rates vom 21. April 2004 über Umwelthaftung zur Vermeidung und Sanierung von Umweltschäden (ABl. L 143, S. 56).

55 Siehe weitergehend v.a. www.netzwerk-umwelthaftung.de; *Peters, W., R. Götze* und *G.-A. Koukakis*: Bewertung und Bewältigung erheblicher Biodiversitätsschäden und deren Verhältnis zur Eingriffsregelung. NuL, H. 1/2014, 2-6; *Roller, G., E. Hietel, A. Eberlein und S. Schardt*, 2014: Leitfaden zur Vermeidung von Haftungsrisiken bei Biodiversitätsschäden. = Berichte des Instituts für Umweltstudien und angewandte Forschung, Band 9. Ein weiteres aktuelles FE-Vorhaben mit dem Titel „Bewertung erheblicher Biodiversitätsschäden im Rahmen der Umwelthaftung", bearbeitet von Bosch & Partner GmbH, FÖA Landschaftsplanung GmbH und Götze Rechtsanwälte im Auftrag des Bundesamtes für Naturschutz steht kurz vor der Veröffentlichung.

gleichsmaßnahmen, so sind diese Maßnahmen selbstverständlich auch bei der naturschutzrechtlichen Eingriffsregelung anrechenbar.

Die neue UVP-Änderungsrichtlinie[56] fordert in Art. 2 Abs. 3 für Projekte, bei denen eine Umweltverträglichkeitsprüfung und eine FFH-Verträglichkeitsprüfung notwendig sind, die Durchführung koordinierter und/oder gemeinsamer Verfahren. Die EU-Kommission erhofft sich dadurch eine deutliche Vereinfachung und Beschleunigung von Zulassungsverfahren. Das Anliegen zeigt, dass das Problem paralleler Verfahren mit teilweise vergleichbaren inhaltlichen Anforderungen mittlerweile auch auf EU-Ebene erkannt ist. Allerdings finden in Deutschland in diesem Sinne bereits koordinierte und gemeinsame Verfahren statt. Eine weitergehende Vereinfachung ist kaum möglich, da die Prüfschritte, wie dargestellt, sehr spezifisch abzuarbeiten sind.[57] Das Erstellen gemeinsamer Genehmigungsunterlagen für die FFH-Verträglichkeitsprüfung, für die naturschutzrechtliche Eingriffsregelung und für die artenschutzrechtliche Prüfung ist nur in Grenzen möglich. Die jeweiligen Prüfschritte müssen jedenfalls in eigenständigen Teilen der Unterlage erkennbar getrennt abgearbeitet werden.

Was aus der Sicht der Planungspraxis aber jedenfalls zu wünschen ist, ist die Erarbeitung weiterer möglichst einheitlicher und deutschlandweit gültiger Fachstandards für die Ermittlung und Bewertung von Beeinträchtigungen des Naturhaushaltes und des Landschaftsbildes. Die Kompensationsverordnung weist hier für die naturschutzrechtliche Eingriffsregelung den richtigen Weg. Wünschenswert wäre darüber hinaus die Bündelung entsprechender Fachstandards in deutschlandweit einheitlichen Leitfäden oder Handbüchern. Weder für die UVP, noch für die FFH-Verträglichkeitsprüfung oder die spezielle artenschutzrechtliche Prüfung liegen hinreichend verbindliche Standardwerke vor.

---

56 Richtlinie 2014/52/EU des Europäischen Parlaments und des Rates vom 16.04.2014 zur Änderung der Richtlinie 2011/92/EU über die Umweltverträglichkeitsprüfung bei bestimmten öffentlichen und privaten Projekten (ABl. L124 vom 25.04.2014, S. 1).

57 Fachliche Vorschläge für eine möglichst weitgehende Verbindung der entsprechenden Verfahrensunterlagen wurden schon früh erarbeitet, haben sich aber bisher nicht durchgesetzt: siehe z.B. *Lambrecht, H., W. Peters, J. Köppel, M. Beckmann, E. Weingarten* und *W. Wende*, 2007: Bestimmung des Verhältnisses von Eingriffsregelung, FFH-VP, UVP und SUP im Vorhabensbereich = BfN-Skripten 2016.

Prof. Dr. Dr. Jörg Berkemann, Richter am Bundesverwaltungsgericht a.D.

Rechtsschutz im Naturschutzrecht – Neue Entwicklungen

I. Allgemeines – Die das Naturschutzprozessrecht „entwickelnden" Produzenten

1. Begriffliches: Bereichsabgrenzung

- Was wollen wir „Naturschutz" nennen? -

a) „Deutsches" (nationales) Naturschutzrecht

b) Europäisches Naturschutzrecht

2. Akteure – Überblick

a). Gesetzgeber – Normsetzende Instanzen

aa) Der deutsche (nationale) Gesetzgeber

(i) Naturschutzrechtliche Verbandsklage (BNatSchG 2009)

(ii) Umweltverbandsklage (UmwRG)

(a) Klageverfahren

(b) Vorläufiger Rechtsschutz

(c) Das prozessuale Ende des „Sperrgrundstücks"

bb) Richtliniengeber der EU

b) Rechtsprechung als „Akteur"

aa) Maßgebende Akteure: BVerwG, OVG (auch als Tatsachengericht)

bb) Erstinstanzliche Zuständigkeit des BVerwG

cc) Statistische Hinweise

dd) Rechtsprechung des EuGH

II. Prozessualer Ort der Rechtsschutzfragen

1. Naturschutzprozessrecht als prozessuales „Querschnittsrecht"

2. Gibt es ein „eigenständiges" Naturschutzprozessrecht? –
Einschätzungsprärogative

III. Rechtsprechung für den deutschen Rechtsbereich

1. Naturschutzrechtliches Prozessrecht im Rahmen des BNatSchG 2009

a) Naturschutzrechtliche Verbandsklage – Präklusion
(§§ 63, 64 BNatSchG 2009

b) Beispiel: Prozessuale Kontrolltiefe: Artenschutz (§§ 44 ff. BNatSchG)

c) Kein Sonderrecht für die Bundeswehr

I. Allgemeines – Die das Naturschutzprozessrecht „entwickelnden" Produzenten

1. Begriffliches: Bereichsabgrenzung – Was wollen wir „Naturschutz" nennen? –

a) „Deutsches" (nationales) Naturschutzrecht

Der Begriff „Naturschutz" hat eine Art Kernbereich. Folgt man Art. 72 Abs. 3 Nr. 2 GG, ist auch dies bereits unsicher. Die Abweichungsklausel bezieht sich auf „Naturschutz und die Landschaftspflege" und ordnet diesem Bereich zugleich das Recht des Artenschutzes oder des Meeresnaturschutzes zu. Auch die Kompetenzregelung des Art. 74 Nr. 29 GG kennt die Doppelung von „Naturschutz und Landschaftspflege". Eine inhaltliche Klärung ist damit noch nicht erreicht. Damit verweist der grundgesetzliche Begriff „Naturschutz" und das Objekt dieses Schutzes, eben die „Natur", auf einen vor-verfassungsrechtlichen Ausdruck. Die Sache wird dadurch nicht einfacher, als uns Art. 72 Abs. 2 Nr. 3 GG dazu auffordert, aus diesem Bereich noch eine Teilmenge herauszuschneiden, die der verfassungsändernde Gesetzgeber „die allgemeinen Grundsätze des Naturschutzes" nennt. Nimmt man diese Regelung beim Worte, gilt die repressive Abweichungsregelung nicht für die Landschaftspflege. Entweder kennt die Landschaftspflege keine „allgemeinen Grundsätze" oder dem verfassungsändernden Gesetzgeber ist das gleichgültig.

So dürfte es das Sinnvollste sein, unter „Naturschutz" das zu verstehen, was Gegenstand des Bundesnaturschutzgesetzes (BNatSchG) vom 28.7.1909 (BGBl. I S. 2542) ist. Da dieses Gesetz zugleich eine grundlegende Zäsur für das deutsche Naturschutzrecht darstellt, gilt damit für das hier behandelte Thema auch eine zeitliche Begrenzung. Die inzwischen entstandenen Landschaftsschutzgesetze sollen unbehandelt bleiben. Sie enthalten verwaltungsverfahrensrechtliche und einige auch materiell-rechtliche Regelungen, berühren aber die erörterten Rechtsschutzfragen nicht unmittelbar. Eine genaue Beschreibung seines Gegenstandes enthält das BNatSchG allerdings auch nicht. Die §§ 1 ff. BNatSchG um kreisen den Regelungsbereich. Aber intuitiv kann man erkennen, was der Gesetzgeber meint. Im Allgemeinen werden Gewässerschutzrecht und das Boden- und Altlastenrecht nicht zum spezifischen Naturschutzrecht gerechnet.

b) Europäisches Naturschutzrecht

Das unionsrechtliche Naturschutzrecht zentriert sich auf die Vogelschutz-Richtlinie und auf die Flora-, Fauna-, Habitatrichtlinie (RL 79/409/EWG bzw. 2009/147/EG und RL 92/43/EG [FFH]). Damit ist zugleich zu erwarten, dass der EuGH sich einiger Fragen des hier zu erörternden Rechtsschutzes annimmt. Das allgemeine Umweltschutzrecht, wie etwa die RL 2011/92/EU (Umweltverträglichkeit), das allgemeine Klimaschutzrecht oder das allgemeine Immissionsschutzrecht, bleibt außer Betracht. Das gleiche gilt für die Umwelthaftungs-RL 2004/35/EG bzw. RL 2009/31/EG.

2. Akteure – Überblick

a)   Gesetzgeber – Normsetzende Instanzen

aa) Der deutsche (nationale) Gesetzgeber

(i) Naturschutzrechtliche Verbandsklage (BNatSchG 2009)

Der Gesetzgeber hat mit § 64 BNatSchG 2009 für anerkannte Naturschutzverbände die altruistische Verbandsklage, wie sie sich teilweise im Bundesrecht (vgl. § 61 BNatSchG 2002) und stärker im Landesrecht entwickelt hatte, bundesgesetzlich normiert.[1] Damit ist ein einheitlicher Regelungsbereich geschaffen. Es besteht eine gewisse Verzahnung mit UmwRG. Der sachliche Anwendungsbereich des § 64 BNatSchG ist eingeschränkt. Er bezieht sich auf Planfeststellungsbeschlüsse, auf bestimmte Plangenehmigungen und auf einige Befreiungsentscheidungen. Wie sich in der Vergangenheit gezeigt hat, war die naturschutzrechtliche Verbandsklage – verglichen mit individuellen Rechtsschutzklagen – überproportional erfolgreich. Die Erfolgsquote liegt bei knapp 40% gegenüber den allgemeinen Klagen mit etwa 10 bis 15%. Die Verbände scheinen sich auf besonders erfolgversprechende Klagen zu konzentrieren. In neuerer Zeit deutet sich an, dass die Verbände eher mit der Umweltverbandsklage agieren. Auch hier sind nach ersten Untersuchungen die Erfolgsquoten entsprechend.

Der Bundesgesetzgeber hat § 64 Abs. 1 Satz 1 BNatSchG im Jahre 2013 neugefasst. Er hat eine Kollisionsklausel geschaffen. Danach kann die anerkannte Naturschutzvereinigung die Verbandsklage nur erheben, „soweit § 1 Absatz 3 des Umwelt-Rechtsbehelfsgesetzes nicht entgegensteht".[2] In § 1 Abs. 3 UmwRG 2013 heißt andererseits, dass in den Fällen, in denen in Planfeststellungsverfahren Rechtsbehelfe nach § 1 Abs. 1 Nrn. 1 oder 2 UmwRG eröffnet sind, § 64 Absatz 1 BNatSchG nicht anzuwenden sei. Die Rechtsprechung und die Kommentarliteratur hatten zutreffend angenommen, dass die naturschutzrechtliche Verbandsklage und die Umweltverbandsklage gleichberechtigt nebeneinander stünden.[3]

Der Gesetzgeber hat seine Meinung geändert. Danach soll das UmwRG der Vereinsklage gegen Planfeststellungsbeschlüsse nach dem BNatSchG vorgehen, bei denen ansonsten beide Gesetze in vollem Umfang anwendbar wären.[4] Für die Regelung des BNatSchG verbleibt insbesondere noch ein Anwendungsbereich, wenn im Bundes- oder Landesrecht für ein Vorhaben eine Planfeststellung vorgeschrieben ist, für das nicht zugleich auch eine UVP-Pflicht oder UVP-Vorprüfungspflicht besteht. Es liegt nicht fern, den wirklichen politischen Grund in einer anderen Perspektive zu sehen. Die Entstehungsgeschichte des Regierungsentwurfes legt die Annahme nahe, dass die für die UmwRG vorgesehenen Einschränkungen der gerichtlichen Prüfung der maßgebende Gesichtspunkt war. Dafür sprechen die inhaltlich unterschied-

---

1   Gesetz über Naturschutz und Landschaftspflege – Bundesnaturschutzgesetz – vom 29.7.2009 (BGBl. I S. 2542).

2   Vgl. Gesetz zur Änderung des Umwelt-Rechtsbehelfsgesetzes und anderer umweltrechtlicher Vorschriften vom 21.1.2013 (BGBl. I S. 95), nunmehr in der Fassung der Bekanntmachung vom 8.4.2013 (BGBl. I S. 753).

3   OVG Bremen, U. v. 4.6.2009 – 1 A 7/09 – NuR 2010, 120 Rn. 71 = NordÖR 2009, 525; *Schlacke*, in: dies. (Hrsg.), BNatSchG, 2012, § 64 Rn. 70; dies., Schlacke, Das Umwelt-Rechtsbehelfsgesetz, in: NuR 2007, 8 [13]; *Fischer-Hüftle*, in: Schumacher/Fischer-Hüftle, BNatSchG, 2. Aufl., 2010, § 64 Rn. 5; *Marty*, Die Erweiterung des Rechtsschutzes in Umweltangelegenheiten – Anmerkungen zum Umwelt-Rechtsbehelfsgesetz, in: ZUR 2009, 115 [120].

4   Vgl. Entwurf eines BReg.-Entwurf eines Gesetzes zur Änderung des Umwelt-Rechtsbehelfsgesetzes und anderer umweltrechtlicher Vorschriften, in: BT-Dr. 17/10957, S. 15.

lichen Referentenentwürfe. Es wird die hegelsche List sein, welche dieses Konzept auf der Grundlage der Rechtsprechung des EuGH zum UmwRG als zu kurzatmig erweisen wird.[5]

(ii) Umweltverbandsklage (UmwRG)

(a) Klageverfahren

Ende 2006 hat der deutsche Gesetzgeber – in Umsetzung der RL 2003/35/EG – die Umweltverbandsklage geschaffen. [6] Veranlasst durch die 2011 einsetzende Judikatur des EuGH hat der Gesetzgeber 2013 eine Nachbesserung und eine Ergänzung vorgenommen.[7] Die Zulässigkeit der Verbandsklage ist nicht mehr von einer drittschutzbezogenen Umweltrechtsnorm abhängig. Der EuGH hatte die Zulässigkeit der Klage nach Maßgabe einer Schutznormakzessorietät missbilligt.[8] Das BVerwG folgte ihm in seinem Urteil vom 29. September 2011 kurzer Hand und ohne ein Verfahren der Vorabentscheidung die entsprechende Unwirksamkeit des § 2 Abs. 5 S. 1 Nr. 1 UmwRG aus.[9]

Der neu eingeführte § 4a UmwRG soll daher einen „Ausgleich" zwischen der umweltrechtsschützenden Zielsetzung von Verbandsklagen, gestützt durch die Judikatur des EuGH[10] und den Belangen der betroffenen Unternehmen bilden.[11] Das ist dann doch ein recht merkwürdiges Rechtsverständnis des Gesetzgebers. § 4a Abs. 1 UmwRG sieht zwingend eine Klagebegründungsfrist vor. § 4a Abs. 2 UmwRG schreibt vor, dass nur eine eingeschränkte gerichtliche Kontrolle stattfindet, sofern der Behörde im materiellen Recht auf der Tatbestandseite eine Beurteilungsermächtigung eingeräumt ist. Damit soll eine in der Rechtsprechung bereits praktizierte Einschränkung der gerichtlichen Kontrolle festgeschrieben werden. Das wird sich als ein Fehlschlag erweisen. Nach Wortlaut und Entstehungsgeschichte des § 4a Abs. 2 UmwRG ist es offensichtlich, dass die Norm hinsichtlich der Voraussetzungen, unter denen

---

5   *Martin Kment*, Der ewige Patient: die Umweltverbandsklage – Einblicke in eine lange Krankenakte und neue Therapieansätze, in: UPR 2013, 41-47.

6   Vgl. Gesetz zur Änderung des Umwelt-Rechtsbehelfsgesetzes und anderer umweltrechtlicher Vorschriften vom 21.1.2013 (BGBl. I S. 95).

7   Vgl. *Wienhues*, Die Neufassung des Umwelt-Rechtsbehelfsgesetzes, in: NordÖR 2013, 185-191; *Schlacke*, Die Novelle des Umwelt-Rechtsbehelfsgesetzes - EuGH ante portas?, in: ZUR 2013, 195-202; *Martin Gellermann*, Verbandsklagen im Umweltrecht - aktueller Stand, Perspektiven und praktische Probleme, in: DVBl 2013, 1341-1347.

8   Vgl. EuGH, Urt. v. 12.5.2011 – Rs. C-115/09 - DVBl 2011, 757 = NVwZ 2011, 801 = UPR 2011, 268 = NuR 2011, 423 = EuZW 2011, 510 = EuGRZ 2011, 273 = EurUP 2011, 145 = ZUR 2011, 368 = ZNER 2011, 286 = NJW 2011, 2779 = NWVBl 2011, 342 = BayVBl 2011, 628 (Trianel).

9   BVerwG, U. v. 29.9.2011 - 7 C 21.09 - NVwZ 2012, 176 = UPR 2012, 144 = NuR 2012, 119 = ZUR 2012, 187, mit Anm. *Martin Gellermann*, in: NuR 2012, 112-114. Das BVerwG hatte im Verfahren des vorläufigen Rechtsschutzes hierauf gestützte Anträge abgelehnt, vgl. BVerwG, B. v. 22.3.2010 - 7 VR 1.10 – juris. Diese Entscheidung war „technisch" erschreckend fehlerhaft. Zu diesem Zeitpunkt konnte man ohne weiteres erkennen, dass § 2 Abs. 5 Nr. 1 UmwRG unionswidrig war. OVG Münster, Beschl. v. 5.3.2009 hatte im Vorabentscheidungsverfahren den EuGH angerufen. Das entstandene Schrifttum hatte einen klaren Standpunkt eingenommen. Was gab es da noch zu zweifeln?

10 EuGH, Urt. v. 12.5.2011 – Rs. C-115/09 - DVBl 2011, 757 = NVwZ 2011, 801 = UPR 2011, 268 = NuR 2011, 423 = EuZW 2011, 510 = EuGRZ 2011, 273 = EurUP 2011, 145 = ZUR 2011, 368 = ZNER 2011, 286 = NJW 2011, 2779 = NWVBl 2011, 342 = BayVBl 2011, 628 (Trianel).

11 Wörtlich heißt es im BReg.Entwurf, in: BT-Dr. 17/10957, S. 17: „Die Ausweitung des Verbandsklagerechts wird durch flankierende Regelungen ergänzt, um einen Ausgleich zwischen der umweltrechtsschützenden Zielsetzung von Verbandsklagen einerseits und den Belangen der von Verbandsklagen Betroffenen andererseits herzustellen. Insbesondere soll verhindert werden, dass das Instrument der Verbandsklage in der Praxis zu sachlich nicht gerechtfertigten Verzögerungen von Vorhaben instrumentalisiert wird."

eine Beurteilungsermächtigung anzuerkennen ist, keine Änderung der dazu in der Rechtsprechung entwickelten Grundsätze bewirkt.[12]

Hier wird es wohl darauf ankommen, wie die Rechtsprechung § 3a Satz 4 UVPG auf Dauer versteht. Es sieht nicht danach aus, dass die Rechtsprechung der vom Gesetzgeber erhofften Restriktion entspricht.[13] Einige Obergerichte wollen erkennbar die ihnen vom Gesetzgeber auferlegte Begrenzung ihrer Kontrolltätigkeit nicht hinnehmen. Sie werfen zwar nicht ausdrücklich die Frage der Vereinbarkeit mit deutschem Verfassungsrecht oder Unionsrecht auf. Jedoch entscheiden sie sich für eine Begründungslast der Behörde, steigern also der Sache eine verfahrens-rechtlich-prozessual Perspektive.[14] So geht es natürlich auch, um der Zielsetzung des Art. 19 Abs. 4 Satz 1 GG gerecht zu werden. Das BVerwG ist hier eher großzügig. Der Planfeststellungsbehörde stehe im Rahmen einer UVP-Vorprüfung des Einzelfalls (§ 3c UVPG) für ihre prognostische Beurteilung möglicher Umweltauswirkungen eines Vorhabens ein Einschätzungsspielraum zu.[15] Die gerichtliche Überprüfung des Ergebnisses der Vorprüfung beschränke sich deshalb nach § 3a Satz 4 UVPG auf eine Plausibilitätskontrolle. Gleichwohl darf man unverändert gespannt sein, ob der EuGH diese „deutsche" Lösung des § 3a Satz 4 UVPG akzeptieren wird. In seiner Entscheidung zur Unionswidrigkeit der Heilungsvorschriften des § 214 Abs. 2a Nr. 1 BauGB deutet der Gerichtshof in Bezug auf das beschleunigte Verfahren des § 13a BauGB jedenfalls recht präzise an, dass eine auch inhaltliche Prüfung der UVP-Pflichtigkeit nicht unterlaufen werden darf.[16]

(b) Vorläufiger Rechtsschutz

Nach § 80 Absatz 5 VwGO muss bei Anträgen auf Anordnung oder Wiederherstellung der aufschiebenden Wirkung stets zwischen Vollzugsinteresse und Suspensivinteresse des Betroffenen abgewogen werden. Die neue Regelung des § 4a Abs. 3 UmwRG 2013 sieht im Hinblick auf diesen Gesichtspunkt eine Modifizierung des Prüfungsmaßstabes vor: Im Rahmen der „Gesamtinteressenabwägung" müssen die Zweifel an der Rechtmäßigkeit der angegriffenen Maßnahme bei einer summarischen Prüfung „ernstliche" sein. Man darf wohl annehmen, dass die Gerichte sich von der Neufassung nicht beeindrucken lassen und eine auf den Einzelfall bezogene Entscheidung treffen werden. Das BVerwG hat bereits die möglichen Erwartungen des Gesetzgebers an die Wirksamkeit des § 4a Abs. 3 UmwRG 2013 deutlich gedämpft. Die „Modifizierung" des Maßstabs zur Prüfung von Anträgen nach § 80 Abs. 5 Satz 1 VwGO gemäß § 4a Abs. 3 UmwRG betrifft nur den Gesichtspunkt der Erfolgsaussichten der Klage ("ernstliche Zweifel an der Rechtmäßigkeit des Verwaltungsakts"), lasse die Einbeziehung weiterer Gesichtspunkte in die Abwägung unberührt.[17] Nach der Rechtsprechung des BVerwG fehlt es übrigens an einem das Suspensivinteresse überwiegenden Vollzugsinteresse, wenn und soweit während eines erkennbar längeren Zeitraums keine Voll-

---

12 BVerwG, U. v. 28.11.2013 - 9 B 14.13 - DVBl 2014, 237 Rn. 26; ebenso VG Aachen, U. v. 15.2.2013 - 7 K 1970/09 - ZfW 2013, 222 Rn. 74 . Vgl. auch BT-Drs. 17/10957 S. 18; BR-Drs. 469/12, S. 42.

13 BVerwG, U. v. 20.12.2011 - 9 A 31.10 - BVerwGE 141, 282 Rn. 24 = NVwZ 2012, 575 = NuR 2012, 403 = ZUR 2012, 303; BVerwG, U. v. 7.12.2006 - 4 C 16.04 - BVerwGE 127, 208 Rn. 51 = NVwZ 2007, 576 = UPR 2007, 187 (Flugzeugwartungsanlage); OVG Münster, U. v. 6.9.2013 - 11 D 118/10.AK – juris Rn. 93.

14 Vgl. etwa zu § 3a UVPG OVG Münster, U. v. 14.10.2013 - 20 D 7/09.AK Rn. 126 (Luftverkehrsrecht - Untersagung der Nutzung eines Vorfelds [Verkehrsflughafen Köln/Bonn]); vgl. auch VGH Mannheim, B. v. 25.9.2012 - 10 S 731/12 - DVBl. 2012, 15 Rn. 28; OVG Hamburg, B. v. 24.2.2010 - 5 Bs 24/10 - NordÖR 2010, 206 Rn. 19 = UPR 2010, 455.

15 BVerwG, U. v. 20.12.2011 - 9 A 31.10 - BVerwGE 141, 282 = NVwZ 2012, 575 = ZUR 2012, 303 = NuR 2012, 403.

16 EuGH, U. v. 18.4.2013 – Rs. C-463/11 - DVBl 2013, 777 = NVwZ-RR 2013, 503 = UPR 2013, 339 = ZfBR 2013, 472 = BauR 2013, 1097; ähnlich bereits EuGH, U. v. 28.2.2012 – Rs. C-41/11- NVwZ 2012, 553 Rn 44 bis 46 = NuR 2012, 254 - Inter-Environnement Wallonie und Terre wallonne.

17 BVerwG, B. v. 13.6.2013 - 9 VR 3.13 - NVwZ 2013, 1019 Rn. 4.

zugsmaßnahmen anstehen.[18] In diesem Falle ist es von Anfang an naheliegend, die gesetzlich angeordnete sofortige Vollziehung der angefochtenen Entscheidung gemäß § 80 Abs. 4 Satz 1 VwGO selbst ganz oder teilweise auszusetzen. Damit wird unnötigen Rechtsschutzverfahren vorgebeugt, die ansonsten wegen der Fristbindung des Antrags auf Gewährung vorläufigen Rechtsschutzes eingeleitet werden müssten. Diese praktische und pädagogisch sinnvolle Rechtsprechung hat sich allerdings – so scheint es – bei einigen Planungsträgern noch nicht herumgesprochen.

Einige Anwälte raten ohnedies inzwischen davon ab, den vorläufigen Rechtsschutz zu gebrauchen. Zwingend ist dieser nicht. Das gilt vor allem dann, wenn der erfolglose vorläufige Rechtsschutz später bei Durchsetzung des gewonnenen Hauptsacheverfahrens sich als nachteilig erweisen kann.[19]

(c) Das prozessuale Ende des „Sperrgrundstücks"

Das BVerwG ist seit 1983 davon ausgegangen, dass der Eigentümer eines durch eine straßenrechtliche Planfeststellung mit enteignender Wirkung betroffenen Grundstücks sich gegen das Vorhaben auch mit dem Argument zu Wehr setzen kann, öffentliche Belange stünden der Planung entgegen oder seien bei der Abwägung nicht hinreichend beachtet worden.[20] Das Gericht hat in Anknüpfung an diese Rechtsprechung wiederholt bestätigt, dass es für die Klagebefugnis nach § 42 Abs. 2 VwGO grundsätzlich unerheblich ist, aus welchen Beweggründen der Kläger das Eigentum an dem Grundstück erworben hat.[21] Es gehört zu den von der Rechtsordnung gebilligten Zielen, ein Grundstück für Zwecke des Naturschutzes oder der Landschaftspflege zu erhalten und gegen konkurrierende Nutzungsansprüche zu verteidigen. Die Möglichkeit, diesem rechtlich zulässigen Anliegen durch den Erwerb von "Sperrgrundstücken" Nachdruck zu verleihen, steht nicht nur natürlichen Personen, sondern auch anerkannten Naturschutzverbänden zu Gebote.[22]

Diese prozessual eröffnete Möglichkeit ist allerdings zunehmend, auch von Naturschutzverbänden, missbraucht worden. Das BVerwG hat daher die prozessualen Maßstäbe verschärft. Missbrauch sei anzunehmen, wenn das Eigentum nicht erworben worden ist, um die mit ihm verbundene Gebrauchsmöglichkeit zu nutzen, sondern als Mittel dafür dient, die formalen Voraussetzungen für eine Prozessführung zu schaffen, die nach der Rechtsprechung dem Ei-

---

18 Vgl. BVerwG, B. v. 13.6.2013 - 9 VR 3.13 - NVwZ 2013, 1019 Rn. 3; BVerwG, B. v. 17.9.2001 - 4 VR 19.01 - DVBl 2001, 1861 = NVwZ-RR 2002, 153 = UPR 2002, 72; BVerwG, B. v. 22.9.2010 - 9 VR 2.10 - Buchholz 310 § 80 VwGO Nr. 82 Rn. 3; BVerwG, B. v. 31.3.2011 - 9 VR 2.11 - NVwZ 2011, 820 Rn. 2 = SächsVBl 2011, 166; BVerwG, B. v. 1.3.2012 - 9 VR 7.11 - NVwZ 2012, 571 Rn. 6 = NuR 2012, 477.
19 Vgl. OVG Greifswald, U. v. 2.7.2003 - 3 L 157/02 - NordÖR 2004, 25 = LKV 2004, 188 = BRS 66 Nr. 198 (2003) zum Anspruch des Nachbarn auf Beseitigung eines baurechtswidrigen Zustandes nach erfolgreicher Anfechtungsklage.
20 BVerwG, U. v. 18.3.1983 - 4 C 80.79 - BVerwGE 67, 74 = DVBl 1983, 899 = NJW 1983, 2459 = UPR 1983, 309 = NuR 1983, 313.
21 Vgl. etwa BVerwG, U. v. 12.7.1985 - 4 C 40.83 - BVerwGE 72, 15 = DVBl 1985, 1141 = NVwZ 1985, 736 = UPR 1985, 373 = NuR 1986, 196; BVerwG, U. v. 27.6.1990 - 4 C 26.87 - NVwZ 1991, 781 = UPR 1991, 67 = NuR 1991, 120; BVerwG, U. v. 10.4.1997 - 4 C 5.96 - BVerwGE 104, 236 = DVBl 1997, 1115 = NVwZ 1998, 508 = UPR 1997, 406 = NuR 1997, 441; BVerwG, U. v. 27.8.1997 - 11 A 61.95 - NuR 1998, 138; BVerwG, U. v. 9.7.2008 - 9 A 14.07 - BVerwGE 131, 274 [286] = NVwZ 2009, 302 = UPR 2009, 142 = NuR 2009, 112; grundsätzlich ablehnend etwa *Johannes Masing*, Relativierung des Rechts durch Rücknahme verwaltungsgerichtlicher Kontrolle, in: NVwZ 2002, 810; *Christoph Knödler*, Sperrgrundstücksklagen als Rechtsmißbrauch?, in: NuR 2001, 194.
22 Vgl. BVerwG, U. v. 29.4.1993 - 7 A 3.92 - BVerwGE 92, 263 = DVBl 1993, 888 = NVwZ 1993, 891 = UPR 1993, 382 = NuR 1993, 389; BVerwG, U. v. 18.4.1996 - 11 A 86.95 - BVerwGE 101, 73 = DVBl 1996, 921 = NVwZ 1996, 901 = ZUR 1996, 202 = UPR 1996, 350 = NuR 1996, 523.

gentümer vorbehalten ist.[23] Wird die dingliche Rechtsstellung letztlich nur vorgeschoben, um der Sache nach im Wege der Prozessstandschaft fremde Abwehrrechte zu verteidigen, so erschöpft sich ihr materieller Gehalt in einer bloßen Scheinposition. Missbrauch liegt danach vor, wenn konkrete Umstände vorhanden sind, die ohne weiteres erkennen lassen, dass an der erworbenen Rechtsstellung, welche die Klagebefugnis vermitteln soll, kein über das Führen eines erwarteten Rechtsstreits hinausgehendes Interesse gegeben ist.[24]

Das BVerwG hat die Anforderungen zunehmend verschärft. Für anerkannte Naturschutz- und Umweltschutzvereinigungen sind die gesetzlichen Grundlagen für solche auf eine objektive Rechtmäßigkeitskontrolle ausgerichteten Klagen zwischenzeitlich geschaffen worden (vgl. § 64 BNatSchG 2009, § 2 UmwRG 2006). Diese natur- und umweltschutzrechtlichen Verbandsklagen treten neben den subjektiv-rechtlichen Rechtsschutz, erweitern ihn zwar nicht, machen aber die „dingliche" Konstruktion, über ein sog. Sperrgrundstück prozessualen Zugang zu erreichen weitgehend entbehrlich. Der Anspruch eines von der enteignungsrechtlichen Vorwirkung eines Planfeststellungsbeschlusses Betroffenen auf gerichtliche Überprüfung des Plans auf seine objektive Rechtmäßigkeit (sog. Vollüberprüfungsanspruch) unterliegt auch inhaltlichen Einschränkungen. Eine Anfechtungsklage ist unbegründet, wenn der geltend gemachte Rechtsfehler aus tatsächlichen oder rechtlichen Gründen für die Eigentumsbetroffenheit des Klägers nicht erheblich, insbesondere nicht kausal ist.[25] Dies ist u.a. dann der Fall, wenn behauptete naturschutzrechtliche Mängel des Beschlusses durch schlichte Planergänzung behoben werden können. Dient z. B. das durch eine Bürgerinitiative erworbene Grundeigentum allein als Mittel, um eine Interessentenklage im Gewand der Verletztenklage zu erheben, rechtfertigt dies den Vorwurf der unzulässigen Rechtsausübung auch dann, wenn die Bürgerinitiative Volleigentum und nicht nur eine „formale Hülle" erworben hat.[26] Eine derartige Judikatur kann allerdings dazu führen, dass die Bürgerinitiative sich eines Naturschutzverbandes „bedient", um unter Übernahme der Kosten ihre Ziele zu verfolgen.

bb) Richtliniengeber der EU

Der EU-Richtliniengeber wird nur zurückhaltend „prozessual" tätig. Im Umwelt- und Naturschutzrecht ist er – soweit ersichtlich – nur im Zusammenhang mit Art. 9 der Århus-Konvention (AK) von 1998 tätig geworden. Die damalige EG, jetzige EU, ist Vertragspartei der Konvention. Am 17. Februar 2005 wurde das Århus-Übereinkommen durch den Beschluss 2005/370 des Rates im Namen der Gemeinschaft genehmigt. Die Genehmigung wurde auf Art. 175 Abs. 1 EG sowie auf Art. 300 Abs. 2 UAbs. 1 Satz 1 und Abs. 3 UAbs. 1 1 EG gestützt. Bereits vor der Genehmigung des Übereinkommens durch die Gemeinschaft hatte diese Maßnahmen zur Einbeziehung von Art. 9 Abs. 2 AK getroffen, nämlich durch die sog. Öffentlichkeits-RL 2003/35/EG. Die Richtlinie betraf formal die Änderung der Richtlinien 85/337/EWG und 96/61/EG. Sie ist nunmehr durch die UVP-Richtlinie 2011/92/EU und durch die IED-RL 2010/85/EU konsolidierend umgesetzt worden. Art. 9 Abs. 3 AK ist bislang weder unionsrechtlich noch innerstaatlich umgesetzt worden. Das ist zwar konventionswidrig. Den deutschen Gesetzgeber berührt das offenbar nicht weiter. Es scheint so, dass er das Ergebnis eines gegen ihn seit 2008 gerichteten Beschwerdeverfahrens abwarten will.

---

23 BVerwG, U. v. 27.10.2000 - 4 A 10.99 - BVerwGE 112, 135 = DVBl 2001, 385 = NVwZ 2001, 427 = UPR 2001, 143 = ZUR 2001, 211 = NuR 2001, 224; BVerwG, GB. v. 16.3.1998 - 4 A 31.97 - NuR 1998, 647;

24 BVerwG, GB. v. 16.3.1998 - 4 A 31.97 - NuR 1998, 647; BVerwG, U. v. 18.12.1998 - 4 A 10.97 - Buchholz 407.4 § 17 FStrG Nr. 144.

25 BVerwG, U. v. 12.8.2009 - 9 A 64.07 - BVerwGE 134, 308 = NuR 2010, 276 = UPR 2010, 193. UPR 2010, 193; vgl. auch BVerwG, U. v. 21.3.1996 - 4 C 19.94 - BVerwGE 100, 370 [382] = DVBl 1996, 907 = NVwZ 1996, 1016 = UPR 1996, 339 = NuR 1996, 589 = ZUR 1996, 320.
    (BVerwG, Urteil vom 12. August 2009 – 9 A 64/07 –, BVerwGE 134, 308-335).

26 BVerwG, U. v. 25.1.2012 - 9 A 6.10 - NVwZ 2012, 56 Rn. 14, 16 = UPR 2012, 304.

Der Richtliniengeber ist nicht immer entschlossen, prozessual über den Rechtsschutz nachzudenken. In RL 2002/42/EG (Umgebungslärm) stärkt er in Art. 8 Abs. 7 die Bedeutung der Öffentlichkeit. Sie soll über das Erstellen des Lärmaktionsplanes nicht nur informiert werden, sondern die effektive Möglichkeit erhalten, am Inhalt des Aktionsplanes mitzuwirken. Aber einen flankierenden Rechtsschutz überlässt der Richtliniengeber dem nationalen Prozessrecht.[27] Die neue Seveso-Richtlinie 2012/18/EU enthält in ihrem Art. 23 dagegen – unter Verweisung auf Art. 11 RL 2011/92/EU – eine Prozessnorm über den Zugang zu Gerichten.[28] Insgesamt wird man das unionsrechtliche Naturschutz- und Umweltschutzrecht derzeit als prozessual wenig dynamisch zu beurteilen haben. Dieses Defizit wird allerdings partiell durch die Århus-Konvention ausgeglichen.

b) Rechtsprechung als „Akteur"

aa) Maßgebende Akteure: BVerwG, OVG (auch als Tatsachengericht)

(1) Neue Entwicklungen des Rechtsschutzes im Naturschutzrecht werden außerhalb des sehr sparsam kodifizierenden Gesetzesrechtes fast ausschließlich durch die Rechtsprechung getragen. Hier sind es in erster Linie das BVerwG und die verwaltungsgerichtlichen Obergerichte. Bedeutsam ist auch die Judikatur des EuGH, indes praktisch nur im Verfahren des Vorlageverfahrens, nur zu einem geringen Anteil in einem von der Kommission eingeleiteten Vertragsverletzungsverfahren. Das Schrifttum kann meinungsbildend sein. Am Ende ist es indes entscheidend, ob es einen Kläger gibt. Denn nur dann kann es auch eine Gerichtsentscheidung geben.

(2) Die Entwicklung wird entscheidend von der Klagebereitschaft getragen. Sie ist Voraussetzung dafür, dass die angerufenen Gerichte überhaupt in die Lage versetzt werden, durch Auslegung und Ausdeutung des Natur- und Umweltschutzrechtes den Rechtsschutz im Naturschutzrecht zu effektuieren. Dabei ist es nicht leicht, zwischen materiell-rechtlichem Naturschutzrecht und seiner „prozessualen" Handhabung im Sinne des Rechtsschutzes zu unterscheiden. Diese Feststellung mag überraschen. Denn die Gerichte sind an sich gewohnt, zwischen Zulässigkeitsfragen und Begründetheitsfragen deutlich zu unterscheiden. Gerade im letzteren Bereich kommen indes prozessual gesteuerte, vielfach umfassende Ermittlungsprobleme hinzu.

Die Sentenz „da mihi factum, dabo tibi ius" gilt in mehrfacher Hinsicht im Naturschutzprozessrecht nicht. Der Grundsatz der Amtsermittlung (vgl. § 86 Abs. 1 VwGO) hat zu einer wesentlichen Veränderung des tatsächlichen Prozessgeschehens geführt. Ob ein Projekt z. B. zu einer erheblichen Beeinträchtigung eines FFH- oder Vogelschutzgebietes führen kann, erfordert zum einen eine Einzelfallbeurteilung, die zum anderen wesentlich von naturschutzfachlichen Feststellungen und Bewertungen abhängt. Wenn ein Tatsachengericht in diesem Zusammenhang bei seiner Begründung fachwissenschaftliche Erfahrungssätze heranzieht, stellt es nicht zugleich Rechtsgrundsätze auf, die einer revisionsgerichtlichen Klärung zugänglich gemacht werden könnten.[29] Man studiere etwa die Entscheidung des BVerwG aus dem Jahre 2006 zum Flughafen Berlin-Schönefeld und aus dem Jahre 2007 zur Westumfahrung von Hal-

---

27 Vgl. dazu OVG Lüneburg, B. v. 10.1.2014 - 12 LA 68/13 – juris. Das Gericht lässt offen, ob eine Gemeinde die Maßgeblichkeit ihres Lärmaktionsplanes gegen eine gegenläufige fachaufsichtliche Weisung verteidigen kann,

28 Vgl. *Klaus Ferdinand Gärditz*, Verwaltungsgerichtlicher Rechtsschutz im Umweltrecht, in: NVwZ 2014, 1-10.

29 Vgl. BVerwG, B. v. 7.2.2011 - 4 B 48.10 - NuR 2012, 188 = ZfBR 2011, 575 = BauR 2011, 1483 = BRS 78 Nr. 210 (2011).

le.[30] Dann bekommt man einen Eindruck, wo inzwischen ein ganz erheblicher Teil der gerichtlichen personellen und fachlichen Ressourcen verbraucht werden müssen.

bb) Erstinstanzliche Zuständigkeit des BVerwG

Die erstinstanzliche Zuständigkeit des BVerwG gemäß § 50 Abs. 1 Nr. 6 VwGO für bestimmte Straßenverkehrsprojekte begegnet nach Ansicht des BVerwG im Grundsatz keinen durchgreifenden verfassungsrechtlichen Bedenken.[31] Derzeit könne nicht festgestellt werden, dass mit der Zuweisung erstinstanzlicher Verfahren an das BVerwG durch das Gesetz zur Beschleunigung von Planungsverfahren für Infrastrukturvorhaben – zusätzlich zu den schon bislang bestehenden erstinstanzlichen Zuständigkeiten des Gerichts gemäß § 50 Abs. 1 Nr. 1 bis 5 VwGO – die Schranken in quantitativer oder qualitativer Hinsicht überschritten wären. Diese durchaus vorsichtige Sprache des Gerichtes will gleichwohl dem Gesetzgeber eine „rote Linie" zeigen.

cc) Statistische Hinweise

BNatSchG (2010 – 2014): Zahl der Judikate nach Abfrage bei Juris: BVerwG : 5 Judikate; OVG: 8 Judikate, insgesamt 18 Judikate. **UmwRG (2006-2014):** Zahl der Judikate der Abfrage nach Juris: BVerwG : 17 Judikate; OVG: 80 Judikate, insgesamt 149 Judikate. Davon sind nicht wenige, welche die Anwendung des UmwRG aus Tatbestandsgründen ausschließen. Hier gilt der Hinweis auf das UmwRG als interpretatorisches Argument. (3) **FFH-RL (1988-2014):** Zahl der Judikate nach Abfrage bei Juris: BVerwG : 46 Judikate; OVG: 117 Judikate, insgesamt 287 Judikate. (2006-2014): BVerwG : 25 Judikate; OVG: 86 Judikate, insgesamt 184 Judikate. **RL 2003/35/EG (2003-2014):** Zahl der Judikate nach Abfrage bei Juris: BVerwG : 28 Judikate; OVG: 137 Judikate, insgesamt 376 Judikate. Hier gilt der Hinweis auf die RL 2003/35/EG vielfach nur als interpretatorisches Argument.

dd) Rechtsprechung des EuGH

Eine spezifische „prozessuale" Judikatur des EuGH zum unionsrechtlichen Naturschutzrecht ist nicht erkennbar. Das dürfte unter anderem darauf beruhen, dass das unionsrechtliche Primärrecht ein Prozessrecht nur insoweit kennt, als es sich um den Gerichtshof selbst handelt.[32] Beherrschend ist der Gedanke, dass das Prozessrecht der Verfahrensautonomie der Mitgliedstaaten zuzuordnen ist.[33] Immerhin gibt es eine Ausnahme. Das IBA-Verzeichnis (Inventory of Important Bird Areas in the European Community) stellt für die Gebietsauswahl ein bedeutsames Erkenntnismittel dar. Die IBA-Liste hat zwar keinen Rechtsnormcharakter. Der

---

30 BVerwG, U. v. 16.03.2006 - 4 A 1075.04- BVerwGE 125, 116 (Ausbau des Flughafens Berlin-Schönefeld zum internationalen Verkehrsflughafen); BVerwG, U. v. 17.1.2007 - 9 A 20.05 - BVerwGE 128, 1 = NVwZ 2007, 1054 (Neubau der Bundesstraße A 143; Westumfahrung Halle). Vgl. auch BVerwG, U. v. 9.6.2010 - 9 A 20.08 - DVBl 2011, 36 = NVwZ 2011, 177 = NuR 2010, 870 = UPR 2011, 68 = ZUR 2011, 146 (Neubau der Autobahn 44 (A 44) im Stadtgebiet von Bochum – Artenschutz).

31 BVerwG, U. v. 9.7.2008 - 9 A 14.07 - BVerwGE 131, 274 Rn. 29 ff. = NVwZ 2009, 302 = UPR 2009, 142 = NuR 2009, 112 = ZUR 2009, 141 (Nordumfahrung von Bad Oeynhausen). Vgl. im Ergebnis ebenso BVerwG, U. v. 22.1.2004 - 4 A 4.03 - DVBl 2004, 655 = NVwZ 2004, 861 = UPR 2004, 266.

32 Vgl. allg. *Alexander Thiele*, Europäisches Prozessrecht, 2007; *K. F. Gärditz*, Europäisches Verwaltungsprozessrecht, in: JuS 2009, 385-393; vgl. ferner *Claus Dieter Classen*, Die Europäisierung der Verwaltungsgerichtsbarkeit, 1996.

33 Vgl. EuGH, U. v. 7.1.2004 – Rs. C-201/02 – EuGHE 2004 I-723 Rn. 65 = DVBl. 2004, 370 = NVwZ 2004, 593 - Delena Wells; EuGH, U. v. 14.12.1995 – Rs. C-312/93 – EuGHE 1995 I-4599 Rn. 12 = DVBl. 1996, 249 = NuR 1997, 344 – Peterbroeck; EuGH, U. v. 27.2.2003 – Rs. C-327/00 – EuGHE 2003 I-1877 Rn. 51 = NVwZ 2003, 709 – Santex SpA, *Rainer Wahl*, Das Verhältnis von Verwaltungsverfahren und Verwaltungsprozessrecht in europäischer Sicht, in: DVBl. 2003, 1285–1293.

EuGH wertet sie aber als ein für die Gebietsauswahl bedeutsames Erkenntnismittel.[34] Diese Auffassung ist einer der seltenen Fälle, in denen sich der Gerichtshof zur beweisprozessualen Lage äußert. Dem ist das BVerwG seit Jahren gefolgt.[35] Im Übrigen versteht der EuGH Art. 191 AEUV bislang nur materiell-rechtlich. Der Rechtsschutz gegen durch EU-Richtlinien determiniertes Gesetzesrecht ist unverändert problematisch.[36] Hier sind einstweilen keine Impulse aus der Rechtsprechung des EuGH vorhanden.

II. Prozessualer Ort der Rechtsschutzfragen

1. Naturschutzprozessrecht als prozessuales „Querschnittsrecht"?

Das Umweltrecht wird gerne als ein „Querschnittsrecht" bezeichnet. Das Umweltrecht hat sich zwar seit den 70er Jahren als originäres Rechtsgebiet entwickelt. Es ist gleichwohl ein Rechtsgebiet, das seine Maßgeblichkeit für die verschiedensten Gebiete beansprucht. Betrachtet man Naturschutzrecht als Teil des Umweltrechtes, dann liegt es nahe, auch das Naturschutzrecht selbst als ein Querschnittsrecht abzusehen.

Als Querschnittsrecht finden sich naturschutzrechtliche, d.h. den Schutzgütern des Naturschutzrechts dienende Regelungen auf allen Gebieten des Umweltrechts, z.B. im Baurecht, im Raumordnungsrecht, im Immissionsschutzrecht, Wasserrecht, Bodenschutzrecht usw. Als eigenständiges Rechtsgebiet umfasst das Naturschutzrecht demgegenüber diejenigen Regelungskomplexe, deren Hauptziel der Schutz und die Wiederherstellung von Natur und Landschaft in allen ihren Elementen Tier- und Pflanzenarten, Biotopen, Lebensräumen ist. Das schließt es nicht aus, von einem Naturschutzrecht „im engeren Sinne" zu sprechen. Erscheinungsformen der Natur sind die Umweltmedien, der Naturhaushalt, die Naturgüter wie Boden, Luft, Wasser, pflanzliches und tierisches Leben, der Naturhaushalt und die Landschaft. Ist beispielsweise über die bauplanungsrechtliche Zulässigkeit eines privilegierten Außenbereichsvorhabens zu entscheiden, hat die zuständige Behörde gemäß § 35 Abs. 3 Satz 1 Nr. 5 BauGB auch die naturschutzrechtliche Zulässigkeit des Vorhabens zu prüfen. Artenschutzrechtliche Verbote, die sich aus dem BNatSchG 2009 ergeben, stellen sich zugleich als ein nach § 35 Abs. 3 Satz 1 Nr. 5 BauGB beachtlicher Belang des Naturschutzes dar.[37]

Faktisch hat sich aus dem materiell-rechtlichen Querschnittsrecht ein jeweils fachspezifisch zugeordnetes Verwaltungsprozessrecht entwickelt. Mit Ausnahme des naturschutzrechtlichen Verbandsklagerechtes gibt es keine Sonderentwicklungen. Maßgebend bleiben mithin die allgemeinen Prozessformen der VwGO und deren Handlungs- und Entscheidungsrahmen.

---

34 Vgl. EuGH, U. v. 19.5.1998 - Rs. C-3/96 – EuGHE 1998 I-3031 Rn. 68 ff. = DVBl 1998, 888 = UPR 1998, 379 = ZUR 1998, 141.

35 Vgl. BVerwG, U. v. 19.5.1998 - 4 A 9.97 - BVerwGE 107, 1 = DVBl 1998, 900 = NVwZ 1998, 961 = UPR 1998, 384 = ZUR 1998, 203 = NuR 1998, 544;); BVerwG, U. v. 14.11.2002 - 4 A 15.02 - BVerwGE 117, 149 = DVBl 2003, 534 = NVwZ 2003, 485 = UPR 2003, 183 = NuR 2003, 360 = BauR 2003, 850; BVerwG, U. v. 22.1.2004 - 4 A 32.02 - BVerwGE 120, 87 = DVBl 2004, 649 = NVwZ 2004, 722 = UPR 2004, 187 = NuR 2004, 373 (Neubau der Bundesautobahn A 38 [Südharz-Autobahn]).

36 *Daniel Heck*, Rechtsschutz gegen durch EG-Richtlinien determiniertes Gesetzesrecht, in: NVwZ 2008, 523–526; *Wolfram Cremer*, Gemeinschaftsrecht und deutsches Verwaltungsprozessrecht – zum dezentralen Rechtsschutz gegenüber EG-Sekundärrecht, in: Verw 37, 165–192 (2004); *Johannes Masing*, Vorrang des Europarechts bei umsetzungsgebundenen Rechtsakten, in: NJW 2006, 264–268.

37 BVerwG, U. v. 27.6.2013 - 4 C 1.12 – NVwZ 2013, 1411 = ZfBR 2013, 685 Rn. 15 = BauR 2013, 1828 = ZUR 2013, 677 = NuR 2013, 891 Rn. 14.

2. Gibt es ein „eigenständiges" Naturschutzprozessrecht?

Beispiel: Einschätzungsprärogative

Immerhin kann man fragen, ob es „eigenständiges" Naturschutzprozessrecht kraft richterlicher Spruchpraxis gibt. Das ist in Ansätzen zu bejahen. Allerdings sind diese schwer zu erfassen. Eine derartige Praxis wird etwa dann erkennbar, wenn die Gerichte für Teilbereiche eine richterrechtliche Dogmatik entwickeln, auf die sie zitierend zurückgreifen.

Als Beispiel kann die Rechtsprechung des BVerwG zur naturschutzrechtlichen Einschätzungsprärogative dienen. Diese Rechtsprechung hat sich unabhängig von der jeweils anzuwendenden Rechtsnorm entwickelt. Sie hat sich zunächst im Planfeststellungsverfahren etabliert.[38] Bei der im Rahmen einer artenschutzrechtlichen Ausnahmeentscheidung vorzunehmenden Prüfung, ob sich der Erhaltungszustand der Populationen einer Art nicht verschlechtert, soll der Planfeststellungsbehörde auch für die Entscheidung, an welchem Standort Maßnahmen zum Ausgleich eines vorhabenbedingten Verlustes ergriffen werden, ein Beurteilungsspielraum zustehen.[39] Die Annahme einer naturschutzrechtlichen Einschätzungsprärogative wird gegenständlich inzwischen auf breiter Front praktiziert in der Anwendung des Gebietsschutzes der FFH-RL.[40] Die Auswahlkriterien für Vogelschutz- und FFH-Gebiete unterliegen nur einer eingeschränkten Kontrolle durch die Verwaltungsgerichte. Überprüfbar ist, ob eine Ausweisung als Vogelschutzgebiet oder eine Meldung als FFH-Gebiet aus fachfremden, etwa wirtschaftlichen Erwägungen unterblieben ist. Ansonsten eröffnen Vogelschutzrichtlinie und FFH-Richtlinie den Mitgliedstaaten einen fachlichen Beurteilungsspielraum in der Frage, welche Gebiete die europarechtlich maßgebenden Kriterien erfüllen.[41] Bei der Bewertung der Eingriffswirkungen eines Vorhabens steht der zuständigen Behörde ebenso wie bei der Bewertung und Quantifizierung der Kompensationswirkungen von Ausgleichs- und Ersatzmaßnahmen eine naturschutzfachliche Einschätzungsprärogative zu.[42]

---

38 Vgl. BVerwG, B. v. 30.10.1992 - 4 A 4.92 - NVwZ 1993, 565 Rn. 87 = UPR 1993, 62 = NuR 1993, 125 = ZUR 1993, 173 (Sachsendamm); vgl. ferner BVerwG, U. v. 14.7.2011 - 9 A 12.10 - BVerwGE 140, 149 Rn. 99 = NuR 2011, 866 = ZUR 2012, 95 (Ortsumgehung Freiberg); BVerwG, 3.3.2011 - 9 A 8.10 - BVerwGE 139, 150 Rn. 82 = DVBl 2011, 1021 = NVwZ 2011, 1256 = UPR 2011, 390 (Ausbau der Bundesautobahn A 3 im Abschnitt Anschlussstelle Würzburg) zu Fragen der Trinkwasserversorgung; BVerwG, B. v. 20.10.2010 - 9 VR 5.10 - ZfB 2011, 184 Rn. 7 (Neubau der Bundesautobahn A 14 - Teilstück Colbitz); BVerwG, U. v. 9.6.2010 - 9 A 20.08 – DVBl 2011, 36 Rn. 60 = NVwZ 2011, 177 = UPR 2011, 68 = NuR 2010, 870 = ZUR 2011, 146 (Neubau der Autobahn 44 (A 44) im Stadtgebiet von Bochum); BVerwG, U. v. 14.4.2010 - 9 A 5.08 - BVerwGE 136, 291 Rn. 131 = NVwZ 2010, 1225 = NuR 2010, 558 = ZUR 2010, 478 (Neubau der Bundesautobahn A 44 Kassel-Herleshausen im Teilabschnitt Hessisch Lichtenau-Ost bis Hasselbach); BVerwG, U. v. 12.8.2009 - 9 A 64.07 - BVerwGE 134, 308 Rn. 38 = UPR 2010, 193 = NuR 2010, 276 (Lückenschluss Abschnitt 6 Bielefeld-Steinhagen); BVerwG, U. v. 9.7.2009 - 4 C 12.07 - BVerwGE 134, 166 Rn. 28 = NVwZ 2010, 123 = UPR 2010, 33 = NuR 2009, 789 = ZUR 2010, 193; BVerwG, U. v. 9.7.2008 - 9 A 14.07 - BVerwGE 131, 274 Rn. 54 ff. = NVwZ 2009, 302 = UPR 2009, 142 = NuR 2009, 112 = ZUR 2009, 141 (Nordumfahrung von Bad Oeynhausen).
39 BVerwG, U. v. 6.11.2012 - 9 A 17.11 - BVerwGE 145, 40 Rn. 100 (Lückenschluss A 33); BVerwG, U. v. 9.6.2010 - 9 A 20.08 - DVBl 2011, 36 Rn. 60 = NVwZ 2011, 177 = NuR 2010, 870 = UPR 2011, 68 = ZUR 2011, 146 (Neubau der Autobahn 44 (A 44) im Stadtgebiet von Bochum – Artenschutz); ebenso BVerwG, U. v. 28.11.2013 - 9 B 14.13 - DVBl 2014, 237 Rn. 26; BVerwG, U. v. 21.6.2006 - 9 A 28.05 - BVerwGE 126, 166 Rn. 44 = DVBl 2006, 1309 = NVwZ 2006, 1161 = UPR 2006, 446 = ZUR 2006, 543 (Ortsumgehung Stralsund).
40 BVerwG, U. v. 14.7.2011 - 9 A 12.10 - BVerwGE 140, 149 Rn. 105 = NuR 2011, 866 = ZUR 2012, 95 (Ortsumgehung Freiberg).
41 Vgl. BVerwG, B. v. 24.2.2004 - 4 B 101.03 – juris Rn. 13.
42 BVerwG, U. v. 6.11.2012 - 9 A 17.11 - BVerwGE 145, 40 Rn. 145 (Lückenschluss A 33) zum ökologisch-fachlichen Beurteilungsspielraum.

Das BVerwG nimmt eine derartige Prärogative auch für den Artenschutz etwa des § 44 BNatSchG an.[43] Die auf fachgutachtliche Stellungnahmen gestützten Annahmen der Planfeststellungsbehörde unterliegen gerichtlicher Prüfung nur dahin, ob sie im Einzelfall naturschutzfachlich vertretbar sind und nicht auf einem Bewertungsverfahren beruhen, das sich als unzulängliches oder gar ungeeignetes Mittel erweist, um den gesetzlichen Anforderungen gerecht zu werden.[44] Der Tatbestand des artenschutzrechtlichen Tötungs- und Verletzungsverbots gemäß § 44 Abs. 1 Nr. 1 BNatSchG ist nach der Rechtsprechung des BVerwG nur dann erfüllt, wenn sich durch das Vorhaben das Kollisionsrisiko für die geschützten Tiere signifikant erhöht.[45] Hier mischen sich normative und empirische Aspekte. Man hat den Eindruck, dass das BVerwG vor einer weiteren Durchdringung zurückweicht. Auch im Rahmen der bauplanungsrechtlichen Zulässigkeit eines Vorhabens im Außenbereich kann es auf die naturschutzrechtliche Einschätzungsprärogative ankommen.[46] Das Gericht hat diese Rechtsprechung inzwischen – was naheliegend ist – auf (immissionsschutzrechtliche oder bauordnungsrechtliche) Genehmigungsverfahren übertragen.[47] Heute kann man sagen, dass das BVerwG in einem sehr breiten Maße die Figur der naturschutzfachlichen Einschätzungsprärogativen in einer großen Breite zugrunde legt.[48] Dafür gibt es zwei Begründungsstränge: Zum einen wird ein wissenschaftliches Erkenntnisdefizit angenommen, das prozessual nicht auflösbar sei: Wenn und solange die ökologische Wissenschaft sich insoweit nicht als eindeutiger Erkenntnisgeber erweise, fehle es den Gerichten an der auf besserer Erkenntnis beruhenden Befugnis, eine naturschutzfachliche Einschätzung der sachverständig beratenen Planfeststellungsbehörde als „falsch" und „nicht rechtens" zu beanstanden.[49] Zudem fehlten im Be-

43 BVerwG, U. v. 28.3.2013 - 9 A 22.11 - NuR 2013, 565 Rn. 114 (Teilabschnitt der Bundesautobahn A 44); BVerwG, B. v. 28.12.2009 - 9 B 26.09 - NVwZ 2010, 380 Rn. 19 = NuR 2010, 191 = SächsVBl 2010, 89; BVerwG, U. v. 9.6.2004 - 9 A 11.03 - BVerwGE 121, 72 [84] = DVBl 2004, 1546 = NVwZ 2004, 1486 = UPR 2005, 104 = NuR 2004, 795 = ZUR 2005, 150; BVerwG, U. v. 17.1.2007 - 9 C 1.06 - BVerwGE 128, 76 = DVBl 2007, 641 = NVwZ 2007, 581 = DÖV 2007, 656 = NuR 2007, 265 = ZUR 2007, 319; BVerwG, U. v. 12.3.2008 - 9 A 3.06 – BVerwGE 130, 299 = NuR 2008, 633 - Lichtenauer Hochland II.
44 BVerwG, U. v. 9.7.2008 - 9 A 14/07 - BVerwGE 131, 274 Rn.18 = NVwZ 2009, 302 = ZUR 2009, 141 = UPR 2009, 142 (Nordumfahrung von Bad Oeynhausen [Lückenschluss A 30]).
45 BVerwG, U. v. 27.6.2013 - 4 C 1.12 – NVwZ 2013, 1411 Rn. 11 = ZfBR 2013, 685 Rn. 15 = BauR 2013, 1828 = ZUR 2013, 677 = NuR 2013, 891; BVerwG, U. v. 12.3.2008 - 9 A 3.06 - BVerwGE 130, 299 Rn. 219 = NuR 2008, 633 (Neubau der Bundesautobahn A 44 durch FFH-Gebiet "Lichtenauer Hochland" bei Hessisch Lichtenau); BVerwG, U. v. 9.7.2009 - 4 C 12.07 - BVerwGE 134, 166 = NVwZ 2010, 123 = UPR 2010, 33 = NuR 2009, 789 = ZUR 2010, 193 (Einfluss von Kohärenzsicherungsmaßnahmen auf Integritätsinteressenberücksichtigung); OVG Lüneburg, B. v. 18.04.2011 – 12 ME 274/10 – NVwZ-RR 2011, 597 Rn. 5 = ZUR 2011, 384 = NordÖR 2011, 363 = NuR 2011, 431 = ZNER 2011, 358; OVG Magdeburg, U. v. 19.1.2012 - 2 L 124/09 - BImSchG-Rspr § 6 Nr. 59 Rn. 46.
46 BVerwG, U. v. 20.5.2010 - 4 C 7.09 - BVerwGE 137, 74 Rn. 35 = DVBl 2010, 1235 = NVwZ 2010, 1561 = UPR 2010, 391 = BayVBl 2011, 183 = NuR 2010, 640 = ZfBR 2010, 675 = BauR 2010, 1879 = BRS 75 Nr. 2 (2010).
47 Ausdrücklich BVerwG, U. v. 27.6.2013 - 4 C 1.12 – NVwZ 2013, 1411 Rn. 14 = ZfBR 2013, 685 Rn. 15 = BauR 2013, 1828 = ZUR 2013, 677 = NuR 2013, 891 Rn. 14.
48 Vgl.; BVerwG, U v. 9.6.2004 - 9 A 11.03 - BVerwGE 121, 72 = DVBl 2004, 1546 = NVwZ 2004, 1486 = UPR 2005, 104 = NuR 2004, 795 = ZUR 2005, 150 (Ortsumgehung Michendorf [B 2]) zur Eingriffsregelung nach dem BNatSchG; BVerwG, U. v. 21.6.2006 - 9 A 28.05 - BVerwGE 126, 166 = DVBl 2006, 1309 = NVwZ 2006, 1161 = ZUR 2006, 543 (Neubau der Ortsumgehung Stralsund) zum Störungs- und Verschlechterungsverbot gemäß Art. 5 Buchst. d und Art. 13 VRL; BVerwG, U. v. 12.3.2008 - 9 A 3.06 - BVerwGE 130, 299 = NuR 2008, 633 (Neubau der Bundesautobahn A 44 durch FFH-Gebiet "Lichtenauer Hochland" bei Hessisch Lichtenau) zur Bestandserfassung und -bewertung in der FFH-Verträglichkeitsprüfung bzw. zur Eignung von Kohärenzsicherungsmaßnahmen; BVerwG, B. v. 13.3.2008 - 9 VR 9.07 - Buchholz 451.91 Europ UmweltR Nr. 33 Rn. 14 und 45 zur Identifizierung europäischer Vogelschutzgebiete im Sinne von Art. 4 Abs. 1 UAbs. 4 VRL bzw. zum günstigen Erhaltungszustand i.S.v. Art. 16 Abs. 1 FFH-RL.
49 BVerwG, U. v. 9.7.2008 - 9 A 14.07 - BVerwGE 131, 274 Rn. 65 = NVwZ 2009, 302 = UPR 2009, 142 = NuR 2009, 112 = ZUR 2009, 141 (Nordumfahrung von Bad Oeynhausen).

reich des Naturschutzes regelmäßig normkonkretisierende Maßstäbe, um ökologische Bewertungen und Einschätzungen zu überprüfen. Bei zahlreichen Fragestellungen stehe jeweils vertretbare naturschutzfachliche Einschätzung gegen naturschutzfachliche Einschätzung, ohne dass sich eine gesicherte Erkenntnislage und anerkannte Standards herauskristallisiert hätten. Sind verschiedene Methoden wissenschaftlich vertretbar, bleibe die Wahl der Methode der Behörde überlassen.[50]

Die Einräumung einer naturschutzfachlichen Einschätzungsprärogative führt zu einer Rücknahme gerichtlicher Kontrolldichte. Daran ist nichts zu deuten. Das Gericht prüft weitgehend nur die Professionalität der behördlichen Arbeitsweise. Eine umfassende oder differenzierende Judikatur des EuGH zur naturschutzrechtlichen Einschätzungsprärogative gibt es dagegen bislang nicht. Es gibt allerdings pragmatisch ausgerichtete „Versatzstücke". Es mag indes zweifelhaft sein, ob sich aus der Entscheidung des EuGH vom 7. September 2004 herauslesen lässt, dass die „erhebliche Beeinträchtigung" im Sinne des Art. 6 Abs. 3 FFH-RL von Ökologieexperten zu beurteilen sei.[51] Die Mitgliedstaaten verfügen bei der Auswahl der besonderen Schutzgebiete nach der FFH-RL über einen Ermessensspielraum.[52] Die Ausweisung dieser Gebiete erfolgt gleichwohl nach bestimmten, in der FFH-RL festgelegten ornithologischen Kriterien.[53]

III.   Rechtsprechung für den deutschen Rechtsbereich

1.   Naturschutzrechtliches Prozessrecht im Rahmen des BNatSchG 2009

a)   Naturschutzrechtliche Verbandsklage – Präklusion

§ 64 Abs. 1 Nr. 3 BNatSchG 2009 enthält eine mittelbare Anordnung für die „Verwirkung" des Rechtsbehelfs (Präklusion).[54] Macht der Umweltverband von seinen Mitwirkungsrechten keinen Gebrauch, ist er insoweit materiell im Klageverfahren präkludiert.[55] Verwaltungsverfahrensrechtliche Präklusionsregelungen sind nicht anzuwenden.[56] Insoweit gilt gegenüber § § 73 Abs. 4 Satz 1 VwVfG die Regel der Spezialität. Die (materielle) Präklusion betrifft die vom Verband im Verwaltungsverfahren nicht vorgetragenen Einwendungen. Die Darlegungslast liegt beim Verband. Streitfragen entstehen immer wieder darüber, ob der Verband hinreichend konkret Einwendungen erhoben hatte. Im Regelfall ist auch die räumliche Zuordnung eines naturschutzrechtlich bedeutsamen Vorkommens oder einer Beeinträchtigung zu spezifizieren. Der entscheidenden Behörde muss die Nachprüfung des Vorbringens ermöglicht werden. Rügt ein Verband in seinen Einwendungen Ermittlungsdefizite, die aus seiner Sicht dem vom Vorhabenträger vorgelegten Landschaftspflegerischen Begleitplan anhaften, muss er diesen Vorwurf hinreichend substantiieren. Dazu gehören zumindest Angaben, die für die

---

50 Unter Bezugnahme auf BVerwG, U. v. 9.7.2008 - 9 A 14.07 - BVerwGE 131, 274 Rn. 66 = NVwZ 2009, 302 = UPR 2009, 142 = NuR 2009, 112 = ZUR 2009, 141 (Nordumfahrung von Bad Oeynhausen); ähnlich die Begründung in BVerwG, U. v. 18.3.2009 - 9 A 40.07 - NVwZ 2010, 66 = UPR 2010, 62 = NuR 2010, 41 = BRS 74 Nr. 227 (2009) (Neubau der Bundesautobahn A 44 zwischen Ratingen und Velbert).

51 So wohl *Willi Vallendar*, Erhebliche und nicht erhebliche Beeinträchtigungen im Sinne des Habitat- und Artenschutzes - Die Entwicklung in der Rechtsprechung des Bundesverwaltungsgerichts, in: EurUP 2011, 14-17 zu EuGH [GK], U. v. 7.9.2004 – Rs. C-127.02 EuGHE 2004 I-7405 = EuZW 2004, 730 = NuR 2004, 788 - Herzmuschelfischerei.

52 BVerwG, U. v. 27.2.2003 - 4 A 59.01 - BVerwGE 118, 15 = DVBl 2003, 1061 = NVwZ 2003, 1253 = UPR 2003, 353 = ZUR 2003, 416 = NuR 2003, 686 = BRS 66 Nr. 224 (2003) zur Auswahl von FFH-Gebieten.

53 EuGH, U. v. 2.8.1993 - Rs. C-355/90 – EuGHE 1993 I-4221 883 Rn. 26 ff. – Kommission vs. Spanien.

54 Vgl. *Schlacke*, in: dies. (Hrsg.), BNatSchG, 2012, § 64 Rn. 44.

55 Vgl. BVerwG, U. v. 22.1.2004 - 4 A 4.03 - DVBl 2004, 655 = NVwZ 2004, 861 = UPR 2004, 266 zu § 61 Abs. 3 BNatSchG 2002.

56 BVerwG, U. v. 27.2.2003 - 4 A 59.01 - BVerwGE 118, 15 = DVBl 2003, 1061 = NVwZ 2003, 1253 = UPR 2003, 353 zu § 17 Abs. 4 FStrG a.F.

Planfeststellungsbehörde erkennbar machen, welche örtlichen Vorkommen von Tier- oder Pflanzenarten – trotz der im Landschaftspflegerischen Begleitplan bereits geleisteten Vorarbeit – noch eine nähere Betrachtung verdienen.[57] Ein Naturschutzverband ist mit seinen Einwendungen z.b. präkludiert, wenn er erst im gerichtlichen Verfahren Trassenalternativen geltend macht, die der Vorhabenträger auch unter naturschutzfachlichen Gesichtspunkten untersucht und mit der als verträglich mit den Naturschutzbelangen angesehenen Plantrasse abgewogen hat.[58] Mit dem Vorbringen, es sei keine ordnungsgemäße FFH-Vorprüfung durchgeführt worden, ist der Verband gemäß § 2 Abs. 3 UmwRG ausgeschlossen, wenn er sich im Verfahren nach § 1 Abs. 1 S. 1 UmwRG nur aus artenschutzrechtlichen Gründen und wegen Verstoßes gegen die Vorschriften über die UVP gegen die Genehmigungserteilung gewandt hat.[59] Während der Artenschutz individuenbezogen ist, ist der Habitatschutz gebietsbezogen. Gegenstand der FFH-Verträglichkeitsprüfung ist zudem die Verträglichkeit eines Projekts mit den festgelegten Erhaltungszielen des betreffenden Gebiets.[60] Das muss ein Umweltverband unterscheiden können.

Der Einwendungsausschluss des § 64 Abs. 1 Nr. 3 BNatSchG im gerichtlichen Verfahren tritt nicht ein, wenn die Planfeststellungsbehörde ihre Entscheidungsgrundlage durch eine gutachtliche Ausarbeitung nachträglich ergänzt hat, ohne sie dem Verein noch zur Stellungnahme zuzuleiten.[61] § 64 Abs. 1 BNatSchG hat durch § 1 Abs. 3 UmwRG seine Bedeutung im Planfeststellungsrecht verloren. Maßgebend ist nunmehr die Präklusionsregelung des § 2 Abs. 3 UmwRG.

b) Beispiel: Prozessuale Kontrolltiefe: Artenschutz (§§ 44 ff. BNatSchG)

Das Tötungsverbot des § 44 Abs. 1 Nr. 1 BNatSchG 2009 bei revierbewohnenden Brutvögeln bereitet unverändert nicht geringe rechtliche und tatsächliche Schwierigkeiten. Das prägt den prozessualen Zugriff. Erörtert wird etwa, ob das artenschutzrechtliche Tötungsverbot individuen- oder populationsbezogen zu verstehen sei. Nach der Auffassung des BVerwG ist der Tatbestand des Tötungsverbots mit Blick auf die bei einem Bauvorhaben nie völlig auszuschließende Gefahr von Kollisionen geschützter Tiere mit Kraftfahrzeugen erst dann erfüllt, wenn das Vorhaben dieses Risiko in einer für die betroffene Tierart signifikanten Weise erhöht.[62] Eine „Feststellung", wann ein – bestehendes – Tötungs- oder Verletzungsrisiko „signifikant" erhöht ist, lässt sich nach dem derzeitigen Interpretationsansatz des BVerwG kaum im strengen Sinne „beweisen".[63] Das gilt erst recht, wenn man von einer Einschätzungspräroga-

---

57 Vgl. BVerwG, B. v. 23.11.2007 - 9 B 38.07 – UPR 2008, 112 = NuR 2008, 176 = UPR 2008, 112 (Ortsumgehung Celle).

58 BVerwG, U. v. 6.11.2012 - 9 A 17.11 - BVerwGE 145, 40 Rn. 75, 78 (Lückenschluss A 33)

59 OVG Magdeburg, B. v. 21.3.2013 - 2 M 154/12 - NuR 2013, 507 Rn. 18.

60 Vgl. BVerwG, U. v. 12.3.2008 - 9 A 3.06 - BVerwGE 130, 299 Rn. 72 = NuR 2008, 633; BVerwG, B. v. 14.4.2011 - 4 B 77.09 – juris Rn. 36; EuGH, U. v. 13.122007 - Rs. C-418/04 – EuGHE 2007,I-10947 Rn. 243 = NuR 2008, 101.

61 BVerwG, U. v. 13.5.2009 - NVwZ 2009, 1296 - UPR 2009, 451 Rn. 28 = NuR 2009, 711 zu § 61 Abs. 2 BNatSchG 2002. Vgl. auch bereits BVerwG, U. v. 12.12.1996 - 4 C 19.95 - BVerwGE 102, 358 [362] = DVBl 1997, 714 = NVwZ 1997, 905 = UPR 1997, 292 = NuR 1997, 345; BVerwG, U. v. 27.2.2003 - 4 A 59.01 - BVerwGE 118, 15 = DVBl 2003, 1061 = NVwZ 2003, 1253 = UPR 2003, 353.

62 BVerwG, U. v. 6.11.2012 - 9 A 17.11 - BVerwGE 145, 40 Rn. 98 (Lückenschluss A 33); BVerwG, U. v. 12.3.2008 - 9 A 3.06 – BVerwGE 130, 299 Rn. 219 = NuR 2008, 633 - Lichtenauer Hochland II; BVerwG, U. v. 9.7.2008 - 9 A 14.07 - BVerwGE 131, 274 Rn. 91 = NVwZ 2009, 302 = UPR 2009, 142 = NuR 2009, 112; BVerwGE 131, 274 Rn. 91; BVerwG, U. v. 12.8.2009 - 9 A 64.07 - BVerwGE 134, 308 Rn. 56. Vgl. ferner OVG Magdeburg, B. v. 4.6.2013 - 2 L 113/11 - NuR 2013, 905 Rn. 6, 9.

63 Vgl. OVG Magdeburg, U v. 16.5.2013 - 2 L 106/10 - ZNER 2013, 328 Rn. 20; OVG Magdeburg, U. v. 26.10.2011 – 2 L 6/09 – NuR 2012, 196 Rn. 60 bis 65; OVG Koblenz, U. v. 28.10.2009 – 1 A 10200/09 – NVwZ-RR 2010, 310 = NuR 2010, 348 Rn. 42, 52; OVG Koblenz, B. v. 20.04.2011 – 12 ME 274/10 – NVwZ-RR 2011, 597 = NuR 2011, 431 = EurUP 2011, 199.

tive der Behörde ausgeht. Eine unzureichende Berücksichtigung natur- und artenschutzrechtlicher Belange, insbesondere eine Missachtung der artenschutzrechtlichen Zugriffsverbote des § 44 Abs. 1 BNatSchG, kann von anerkannten Umweltverbänden zwar gerügt werden.[64] Die Obergerichte versuchen, da ihnen methodische Hilfen durch das BVerwG nicht zuteil wird, einige „praktische" Beweisregeln zu entwickeln.[65] So bleibt indes methodisch fraglich, ob und in welcher Hinsicht eine Aufklärungsrüge erhoben im Sinne der § 124 Abs. 2 Nr. 5, § 132 Abs. 2 Nr. 3 VwGO werden kann. Die prozessualen Grenzen zwischen Rechtsanwendung und Tatsachenfeststellung lassen sich kaum präzise ziehen (vgl. § 137 Abs. 2 VwGO).

c) Kein Sonderrecht für die Bundeswehr

Es gibt – sieht man von § 37 BauGB einmal ab – eine Tendenz der Rechtsprechung des BVerwG, der Bundeswehr keine (prozessualen) Sonderrechte außerhalb besonderer gesetzlicher Entscheidungen zuzugestehen.[66] So ist die Bundeswehr im Rahmen ihrer Befugnis, von den luftverkehrsrechtlich vorgegebenen Mindestflughöhen abzuweichen (§ 30 Abs. 1, Abs. 2 Satz 1 LuftVG), von den habitatschutzrechtlichen Verfahrensschritten gemäß § 34 Abs. 1 und Abs. 3 bis 5 BNatSchG nicht freigestellt.[67] Sie muss bauordnungsrechtliche Beseitigungsanordnungen hinnehmen.

2. Europäisches Habitatschutzrecht in prozessualer Sicht (BVerwG)

a) Bereich: Vogelschutz-RL

Die Zulassung eines Projekts, das geeignet ist, ein Vogelschutzgebiet erheblich zu beeinträchtigen, ist im Grundsatz nach den strengen Anforderungen des Art. 4 Abs. 4 Vogelschutz-RL ausgeschlossen (sog. Verschlechterungsverbot). Eine irgendwie geartete Kompensation ist nicht möglich. Nur Habitate, die unter Berücksichtigung dieser Maßstäbe für sich betrachtet in signifikanter Weise zur Arterhaltung beitragen, gehören allerdings zum Kreis der im Sinne des Art. 4 VRL geeignetsten Gebiete.[68] Unter Schutz zu stellen, sind nicht sämtliche Landschaftsräume, in denen vom Aussterben oder sonst bedrohte Vogelarten vorkommen, sondern nur die Gebiete, die sich am ehesten zur Arterhaltung eignen. Die Rechtsprechung hat frühzeitig die Figur des „faktischen" Vogelschutzgebietes entwickelt. Damit wollte die Judikatur den behördlichen Versuch, verfahrensrechtliche Anforderungen des Gemeinschaftsrechts zu umgehen, materiell-rechtlich und prozessual sanktionieren.[69] Das ist ihr gelungen. Ob eine Aus-

---

64 Vgl. OVG Münster, B. v. 8.7.2013 - 10 B 268/12.NE – juris Rn. 7.

65 Vgl. z.B. OVG Magdeburg, U. v. 16.5.2013 - 2 L 80/11 - NuR 2013, 514 Rn. 24: Kein Verstoß gegen das Tötungsverbot des § 44 Abs. 1 Nr. 1 BNatSchG, wenn hinreichende Anhaltspunkte für die Annahme bestehen, dass im Zeitraum eines Jahres an einer Windkraftanlage ein oder zwei Fledermäuse zu Tode kommen; OVG Magdeburg, U. v. 16.5.2013 - ZNER 2013, 328 Rn. 21: „Anfangsverdacht" einer signifikanten Erhöhung des Tötungsrisikos, wenn Windkraftanlagen in der Flugroute fern wandernder Fledermausarten liegen.

66 Vgl. BVerwG, U. v. 14.12.2000 - 4 C 13.99– BVerwGE 112, 274 = DVBl 2001, 395 = NVwZ 2001, 1030 ("Bombodrom" Wittstocker Heide); BVerwG, B. v. 21.11.2000 - 4 B 36.00 - NVwZ 2001, 557 (Kein Bestandsschutz für militärisch nicht mehr genutzte bauliche Anlagen [Radar]).

67 BVerwG, U. v. 10.4.2013 - 4 C 3.12 - BVerwGE 146, 176 = DVBl 2013, 1047 = NVwZ 2013, 1346 = NuR 2013, 656 = ZUR 2013, 541 = BauR 2013, 1660. Vgl. auch vgl. BVerwG, U. v. 14.12.1994 - 11 C 18.93 - BVerwGE 97, 203 = DVBl 1995, 242 = UPR 1995, 143.

68 Vgl. BVerwG, U. v. 31.1.2002 - 4 A 15.01 - DVBl 2002, 990 = NVwZ 2002, 1103 = UPR 2002, 344 = NuR 2002, 539 = BauR 2002, 1676 (Ostseeautobahn A 20 bei Lübeck); BVerwG, U. v. 14.11.2002 - 4 A 15.02 - BVerwGE 117, 149 = DVBl 2003, 534 = NVwZ 2003, 485 = UPR 2003, 183 = NuR 2003, 360 = BauR 2003, 850 (Ausbau und Verlegung Bundesstraße 173); BVerwG, U. v. 15.1.2004 - 4 A 11.02 - BVerwGE 120, 1 = DVBl 2004, 642 = NVwZ 2004, 732 = UPR 2004, 185 = ZUR 2004, 222 = NuR 2004, 366 = BauR 2004, 966 (Freigabe des Baus der Autobahn A 73 [Suhl-Lichtenfels]).

69 EuGH, U. v. 28.2.1991 - Rs. C-57/89 – EuGHE 1991 I-00883 Rn. 20, EuGH, U. v. 2.8.1993 – Rs. C-355/90 – EuGHE 1993 I-4221 Rn. 26 = NuR 1994, 521 (Santoña); EuGH, U. v. 23.3.2006 - Rs. C-209/04 –

weisung als Vogelschutzgebiet aus sachfremden Erwägungen unterblieben ist, ist gerichtlich voll überprüfbar.[70]

Die Rechtsprechung zur Vogelschutz-RL ist in der Tendenz insgesamt rückläufig. Das hat vor allem zwei Ursachen. Ist Vogelschutzgebiet ein „erklärtes" Gebiet, tritt gemäß Art. 7 FFH-RL ein Wechsel im Schutzregime ein. Nunmehr gilt Art. 6 Abs. 2 bis 4 FFH-RL auch für Vogelschutzgebiete. Der EuGH hat diese Regelung gebilligt.[71] Die Erklärung zum besonderen Schutzgebiet im Sinne von Art. 7 FFH-RL erfordert allerdings einen „förmlichen Akt".[72] Hieraus hat das BVerwG abgeleitet, dass die „Erklärung" zum besonderen Schutzgebiet nach Art. 4 Abs. 1 VRL, die nach Art. 7 FFH-RL den Wechsel des Schutzregimes auslöst, jedenfalls eine endgültige rechtsverbindliche Entscheidung mit Außenwirkung darstellen muss.[73] Die Meldung eines Gebiets an die EU-Kommission und die einstweilige naturschutzrechtliche Sicherstellung eines Gebiets lösen den Regimewechsel (noch) nicht aus. Inzwischen ist die förmliche Unterschutzstellung durchgehend geschehen. Nicht erklärte Gebiete dieser Art besitzen den Rechtsstatus eines „faktischen" Vogelschutzgebiets und unterliegen unverändert dem Rechtsregime des Art. 4 Abs. 4 VRL.[74] Der zweite Grund liegt in einer gerichtlichen Beweisverschärfung. An die Behauptung, die Abgrenzung eines faktischen Vogelschutzgebiets sei aus ornithologischer Sicht nicht vertretbar, stellen die Gerichte angesichts des fortgeschrittenen Standes des Melde- und Gebietsausweisungsverfahrens besondere und gesteigerte Anforderungen.[75] Dementsprechend verringert sich zugleich die gerichtliche Kontrolldichte. Das Parteivorbringen, es gebe ein faktisches Vogelschutzgebiet, das unberücksichtigt geblieben sei und eine „Lücke im Netz" schließe, unterliegt also besonderen Darlegungsanforderungen. Das gilt entsprechend für den Sachvortrag, dass die Abgrenzung des Vogelschutzgebietes aus ornithologischer Sicht nicht vertretbar sei.[76]

b) Bereich: FFH-Recht

Die Deutungshoheit über die FFH-Richtlinie liegt beim EuGH. Die umfangreiche Entscheidung des BVerwG zur Westumfahrung Halle (2007) bestätigt dieses nochmals eindrucksvoll.[77] Das BVerwG knüpft zu zahlreichen Problemen, die sich bei der Anwendung der naturschutzrechtlichen Umsetzungsregelungen stellten, an die entstandene EuGH-Rechtsprechung

EuGHE 2006, I-2755 Rn. 33; BVerwG, U. v. 19.5.1998 - 4 C 11.96 - NVwZ 1999, 528 = UPR 1998, 388 = NuR 1998, 649; BVerwG, U. v. 21.6.2006 - 9 A 28.05 - BVerwGE 126, 166 = DVBl 2006, 1309 = NVwZ 2006, 1161 = UPR 2006, 446 = ZUR 2006, 543; BVerwG, U. v. 14.11.2002 - 4 A 15.02 - BVerwGE 117, 149 [155] = DVBl 2003, 534 = NVwZ 2003, 485 = UPR 2003, 183 = NuR 2003, 360 = ZUR 2003, 287.

70 Vgl. z. B. BVerwG, U. v. 19.5.1998 - 4 C 11.96 - NVwZ 1999, 528 = UPR 1998, 388 = NuR 1998, 649;BVerwG, B. v. 13.3.2008 - 9 VR 11.07 - juris Rn. 16.

71 EuGH, U. v. 7.12.2000 – Rs. C-374/98 – EuGHE 2000 I-10799 Rn. 25, 26 = DVBl 2001, 359 = NVwZ 2001, 549.

72 EuGH, U. v. 6.3.2003 - Rs. C-240/00 – EuGHE 2003 I-2202 Rn. 21 (endgültigen und vollständigen Ausweisung besonderer Schutzgebiete); EuGH, U. v. 27.2.2003 - Rs. C-415/01 – EuGHE 2003 I-2089 Rn. 26 = NuR 2004, 516; EuGH, U. v. 13.6.2002 - Rs. C 117/00 – EuGHE 2002 I-5356 Rn. 25 = NVwZ 2002, 1228

73 BVerwG, U. v. 1.4.2004 - 4 C 2.03 - BVerwGE 120, 276 [285] = BVerwGE 120, 276 = DVBl 2004, 1115 = NVwZ 2004, 1114 = UPR 2004, 426 = ZUR 2004, 289 = NuR 2004, 524 = (Hochmoselquerung).

74 EuGH, U. v. 2.8.1993 - Rs. C-355/90 – EuGHE 1993 I-4272 Rn. 22 = NuR 1994, 521 (Santoña); ebenso BVerwG, B. v. 11.11.2009 - 4 B 57.09 - UPR 2010, 103 Rn. 12; BVerwG, B. v. 3.6.2010 - 4 B 54.09 - NVwZ 2010, 1289 Rn. 17 = UPR 2010, 394 = NuR 2010, 573.

75 BVerwG, U. v. 24.11.2011 - 9 A 24.10 - NuR 2013, 184 Rn. 41; BVerwG, B. v. 13.3.2008 - 9 VR 9.07 - Buchholz 451.91 Europ UmweltR Nr. 33 Rn. 16; BVerwG, U. v. 21.6.2006 - 9 A 28.05 - BVerwGE 126, 166 Rn. 44 = DVBl 2006, 1309 = NVwZ 2006, 1161 = UPR 2006, 446 = ZUR 2006, 543 (Ortsumgehung Stralsund); BVerwG, U. v. 14.11.2002 - 4 A 15.02 - BVerwGE 117, 149 = DVBl 2003, 534 = NVwZ 2003, 485 = UPR 2003, 183 = NuR 2003, 360 = BauR 2003, 850 (Ausbau und Verlegung Bundesstraße 173).

76 OVG Lüneburg, B. v. 10.3.2010 - 12 ME 176/09 - NuR 2010, 290 Rn. 20.

77 BVerwG, U. v. 17.1.2007 - 9 A 20.05 - BVerwGE 128, 1 Rn. 41 = NVwZ 2007, 1054 (Neubau der Bundesstraße A 143; Westumfahrung Halle).

an. Die Rechtsprechung des BVerwG betont unverändert, dass die Kontrolle der naturfachlichen Beurteilung eine Aufgabe des Tatrichters ist. Dieser kann sich bei der Frage der „FFH-Würdigkeit" eines Gebiets, gestützt auf fachliche Äußerungen über gegenteilige Wertungen, auch eines Naturschutzvereins, hinwegsetzen. Das IBA-Verzeichnis (Important Bird Area Programm) stellt für die Gebietsauswahl ein bedeutsames Erkenntnismittel dar. Die IBA-Liste hat zwar keinen Rechtsnormcharakter. Der EuGH wertet sie aber als ein für die Gebietsauswahl bedeutsames Erkenntnismittel.[78] Diese Auffassung ist einer der seltenen Fälle, in denen sich der Gerichtshof zur beweisprozessualen Lage äußert. Dem ist das BVerwG seit Jahren gefolgt.[79]

aa) Gebietserweiterung durch „Richterspruch"?

Lässt sich die Entscheidung für oder gegen die Aufnahme eines Landschaftsraumes in die nationale Gebietsliste aus fachwissenschaftlicher Sicht vertreten, so nimmt die FFH-Richtlinie und damit auch die Judikatur dieses Ergebnis hin.[80] Sind dem Gebietsschutz des Art. 6 FFH-RL unterfallende Vorkommen von Tierarten auf gebietsexterne Nahrungshabitate indes zwingend angewiesen, um in einem günstigen Erhaltungszustand zu verbleiben, so ist das FFH-Gebiet im Regelfall des Art. 4 Abs. 1 Satz 1 FFH-RL falsch abgegrenzt und muss auf diese Nahrungshabitate ausgedehnt werden. Dagegen wäre es systemwidrig, die Nahrungshabitate losgelöst von der Gebietsabgrenzung als durch die Erhaltungsziele des Gebiets mitumfasst zu behandeln.[81] Es ist zu berücksichtigen, dass das Konzept des Gebietsschutzes sich auf die Errichtung eines Schutzgebietsnetzes richtet. Der angestrebten Vernetzung liegt die Erkenntnis zugrunde, dass geschützte Arten in isolierten Reservaten insbesondere wegen des notwendigen genetischen Austauschs, oft aber auch wegen ihrer Lebensgewohnheiten im Übrigen nicht auf Dauer erhalten werden können. Deshalb ist der Schutz der Austauschbeziehungen zwischen verschiedenen Gebieten und Gebietsteilen unverzichtbar.

Hierüber zu befinden, dürfte der Entscheidung der EU-Kommission vorbehalten sein. Unionsrechtlich sind für derartige „externe" Gebiete ggf. „geeignete Schutzmaßnahmen" geboten, „um die ökologischen Merkmale dieser Gebiete zu erhalten".[82] Die Auswahlentscheidung der Kommission enthält nicht nur eine Entscheidung darüber, dass das aufgenommene Gebiet sich als Bestandteil des kohärenten europäischen ökologischen Netzes qualifiziert hat. Außerdem wird durch das Bündel von einzelnen Auswahlentscheidungen dieses Netz gerade konstituiert. Hier besteht derzeit eine prozessuale „Grauzone", wenn nationale Gerichte selbst judizieren, ob die Ausweisungen zutreffend sind. Gilt die Auswahlentscheidung unionsrechtlich insgesamt als abgeschlossen, hat es mit diesem Befund also sein Bewenden. Es besteht gleichsam kraft Unionsrechts wegen Zielerfüllung ein „Aufnahmestopp" für weitere Flächen. Das schließt die fehlende Kompetenz der nationalen Gerichte ein, den erreichten Status naturfachlich zu kritisieren und durch Richterspruch Erweiterungen vorzunehmen. Ob überhaupt eine gerichtliche Prüfung der Abgrenzung eines FFH-Gebietes nach dessen Aufnahme in die

---

78 Vgl. EuGH, U. v. 19.5.1998 - Rs. C-3/96 – EuGHE 1998 I - 3031 Rn. 68 ff. = DVBl 1998, 888 = UPR 1998, 379 = ZUR 1998, 141 = NuR 1998, 538.
79 Vgl. BVerwG, U. v. 19.5.1998 - 4 A 9.97 - BVerwGE 107, 1 = DVBl 1998, 900 = NVwZ 1998, 961 = UPR 1998, 384 = ZUR 1998, 203 = NuR 1998, 544;); BVerwG, U. v. 14.11.2002 - 4 A 15.02 - BVerwGE 117, 149 = DVBl 2003, 534 = NVwZ 2003, 485 = UPR 2003, 183 = NuR 2003, 360 = BauR 2003, 850; BVerwG, U. v. 22.1.2004 - 4 A 32.02 – BVerwGE 120, 87 = DVBl 2004, 649 = NVwZ 2004, 722 = UPR 2004, 187 = NuR 2004, 373 (Neubau der Bundesautobahn A 38 [Südharz-Autobahn]).
80 BVerwG, U. v. 22.1.2004 - 4 A 32.02 – BVerwGE 120, 87 Rn. 40 = DVBl 2004, 649 = NVwZ 2004, 722 = UPR 2004, 187 = NuR 2004, 373 Rn. 40; BVerwG, U. v. 31.1.2002 - 4 A 15.01 - DVBl 2002, 990 = NVwZ 2002, 1103 = UPR 2002, 344 = NuR 2002, 539 = BauR 2002, 1676.
81 BVerwG, U. v. 14.4.2010 - 9 A 5.08 - BVerwGE 136, 291 Rn. 107 f = NVwZ 2010, 1225 = NuR 2010, 558 = ZUR 2010, 478.
82 So wohl in Anlehnung an EuGH, U. v. 14.9.2006 - Rs. C-244/05 – EuGHE 2006 I-8445 Rn. 44.

„gemeinschaftliche Liste" möglich ist, hat das BVerwG in einem Verfahren des vorläufigen Rechtsschutzes 2008 ausdrücklich offen gelassen.[83] In einer jüngeren Entscheidung 2010 greift das BVerwG die Frage einer gerichtlichen Prüfung der Abgrenzung eines FFH-Gebietes nochmals auf.[84] Bei beiden Entscheidungen fällt auf, dass das Gericht die Frage der gemeinschaftsrechtlichen Verwerfungskompetenz unerwähnt lässt.

bb) Vorprüfung nach Art. 6 Abs. 3 FFH-RL

(1) Nach der Rechtsprechung des EuGH und des BVerwG ist grundsätzlich jede Beeinträchtigung von Erhaltungszielen „erheblich".[85] Art. 6 Abs. 3 FFH-RL enthält zudem nicht nur einen materiell-rechtlichen Prüfungsmaßstab, sondern ist auch eine Vorgabe für das behördliche Zulassungsverfahren. Kern des angeordneten Verfahrens ist die Einholung fachlichen Rats der Wissenschaft bei einer Risikoanalyse, -prognose und -bewertung. Art. 6 Abs. 3 FFH-RL hebt ebenso wie die zu seiner Umsetzung ergangene Vorschrift des § 34 BNatSchG 2009 für die Verträglichkeitsprüfung auf die Verträglichkeit des Plans oder Projekts mit den für das FFH-Gebiet festgelegten Erhaltungszielen ab. Pläne oder Projekte können im Sinne von Art. 6 Abs. 3 FFH-RL und der Umsetzungsregelungen des deutschen Naturschutzrechts das Gebiet erheblich beeinträchtigen, wenn sie drohen, die Erhaltungsziele zu gefährden. Eine qualifizierende Intensität der Beeinträchtigung der Erhaltungsziele ist mithin nicht erforderlich. Mustert man die Judikatur des EuGH durch, bestand bislang für den Gerichtshof kein erkennbarer Anlass, die naturfachliche Einschätzungs- und Beurteilungsprärogative zu problematisieren. Der EuGH geht in unterschiedlichen Zusammenhängen mehrfach von habitatschutzrechtlichen „Ermessensspielräumen" aus.[86]

Die nach Art. 6 Abs. 3 FFH-RL gebotene Vorprüfung braucht nicht formalisiert durchgeführt zu werden. Kann im Zeitpunkt des Erlasses eines Planfeststellungsbeschlusses eine Beeinträchtigung der Erhaltungsziele eines FFH-Gebiets ohne vertiefte Prüfung ausgeschlossen werden, so stellt der Verzicht auf eine Verträglichkeitsprüfung unabhängig davon, auf welche Weise die Planfeststellungsbehörde sich diese Gewissheit verschafft hat, keinen Rechtsfehler dar.[87] Ist der Planungsträger in der Lage, durch Schutzvorkehrungen sicherzustellen, dass der Grad der Beeinträchtigung, den die FFH-Richtlinie durch das Merkmal der Erheblichkeit kennzeichnet, nicht erreicht wird, so ist dem (planungsrechtlichen) Integritätsinteresse abwägungsbezogen Genüge getan.[88]

cc) „Vorgezogene" Verträglichkeitsprüfung

Ob ein Projekt ein FFH-Gebiet in seinen für die Erhaltungsziele maßgeblichen Bestandteilen erheblich beeinträchtigen kann, ist anhand seiner Auswirkungen auf den Erhaltungszustand der Gebietsbestandteile zu beurteilen. Das gemeinschaftsrechtliche Vorsorgeprinzip, das in

83 BVerwG, B. v. 13.3.2008 - 9 VR 9.07 - Buchholz 451.91 Europ. UmweltR Nr. 33 Rn. 22 (Neubautrasse der Bundesautobahn A 4 bei Jena).

84 BVerwG, U. v. 14.4.2010 - 9 A 5.08 - NuR 2010, 558 Rn. 39 (Neubau der Bundesautobahn A 44 Kassel-Herleshausen im Teilabschnitt Hessisch Lichtenau-Ost bis Hasselbach).

85 EuGH, U. v. 7.9.2004 - Rs. C-127/02 – EuGHE 2004 I-7405 Rn. 48; BVerwG, U. v. 17.1.2007 - 9 A 20.05 - BVerwGE 128, 1 Rn. 41 = NVwZ 2007, 1054 (Neubau der Bundesstraße A 143; Westumfahrung Halle); BVerwG, U. v. 14.7.2011 - 9 A 12.10 = BVerwGE 140, 149 = NuR 2011, 866 = ZUR 2012, 95.

86 Vgl. etwa EuGH, U. v. 23.3.2006 - Rs. C-209/04 – EuGHE 2006 I-2755 Rn. 33 = NuR 2006, 429; EuGH, U. v. 19.5.1998 – Rs. C‑3/96 – EuGHE 1998, I-3031 Rn. 61; EuGH, U. v. 11.7.1996 – Rs. C-44/95 – EuGHE 1996 I-3805 - DVBl 1997, 38; EuGH, U. v. 7.11.2000 – Rs. C-371/98 – EuGHE 2000 I-9235 = DVBl 2000, 1841 = NVwZ 2001, 1147.

87 BVerwG, U. v. 14.7.2011 - 9 A 12.10 - BVerwGE 140, 149 = NuR 2011, 866 = ZUR 2012, 95.

88 Vgl. BVerwG, U. v. 27.2.2003 - 4 A 59.01 - BVerwG, U. v. 27.2.2003 - 4 A 59.01 - BVerwGE 118, 15 = DVBl 2003, 1061 = NVwZ 2003, 1253 = UPR 2003, 353 = BRS 66 Nr. 224 (2003) = ZUR 2003, 416 = NuR 2003, 686 = (Autobahn A 17 [Dresden-Prag]).

Art. 6 Abs. 3 FFH-RL seinen Niederschlag gefunden hat, verlangt allerdings nicht, die Verträglichkeitsprüfung auf ein „Nullrisiko" auszurichten, weil hierfür ein wissenschaftlicher Nachweis nie geführt werden könnte. Ein Projekt ist vielmehr dann zulässig, wenn nach Abschluss der Verträglichkeitsprüfung aus wissenschaftlicher Sicht kein vernünftiger Zweifel verbleibt, dass erhebliche Beeinträchtigungen vermieden werden.[89] Daher können Maßnahmen zur Umsiedlung von Arten mit einem kleinen Aktionsradius bereits im Rahmen der Verträglichkeitsprüfung zu berücksichtigende Schadensvermeidungsmaßnahmen darstellen, wenn die funktionelle Verbindung zu einer Fortpflanzungs- oder Ruhestätte erhalten bleibt und diese nach Durchführung der Maßnahmen mindestens die gleiche (oder eine größere) Ausdehnung und eine gleiche (oder bessere) Qualität für die zu schützende Art hat.[90]

Auch die Kohärenzsicherungsmaßnahmen können das Gewicht des Integritätsinteresses mindern. Voraussetzung hierfür ist jedoch, dass sie einen Beitrag auch zur Erhaltung der Integrität des FFH-Gebiets leisten.[91] Wenn nämlich durch Schutz- und Kompensationsmaßnahmen gewährleistet sei, dass ein günstiger Erhaltungszustand der geschützten Lebensraumtypen und Arten stabil bleibt, bewegten sich die nachteiligen Wirkungen des Vorhabens (bereits) unterhalb der Erheblichkeitsschwelle. Das Schutzkonzept der FFH-RL erlaube dann die Zulassung des Vorhabens. Es mache aus der Sicht des geforderten Habitatschutzes nämlich keinen Unterschied, ob durch ein Vorhaben verursachte Beeinträchtigungen von vornherein als unerheblich einzustufen sind oder ob sie diese Eigenschaft erst dadurch erlangen, dass Schutzvorkehrungen angeordnet und getroffen werden.[92] Das klingt recht einleuchtend. Allerdings ist es Sache der Behörde, den Nachweis der Effektivität zu erbringen.[93] Gleichwohl verschiebt sich mit dieser Konstruktion prozessual mittelbar der Angriffsgegenstand. Daher haben in der FFH-*Vorprüfung* die möglichen Kompensationsmaßnahmen bei der Beurteilung der Frage, ob erhebliche Beeinträchtigungen eintreten können, grundsätzlich außer Betracht zu bleiben.[94] Aus einem weiteren Grund können Bedenken bestehen. Maßnahmen der Kohärenzsicherung müssen nach Art., 6 Abs. 4 UAbs. 1 Satz 2 FFH-RL der Kommission angezeigt werden. Damit soll dieser die Beurteilung der Effektivität von Ausgleichsmaßnahmen eröffnet werden. Dieses Kontrollsystem kann durch gebietsschutzbezogene oder auch artenschutzrechtliche „Vorabmaßnahmen" unterlaufen werden. Das BVerwG nimmt dies hin.[95]

---

89 BVerwG, U. v. 6.11.2012 - 9 A 17.11 - BVerwGE 145, 40; ebenso EuGH, U. v. 26.10.2006 – Rs. C-239/04 – EuGHE 2006, I-10183 Rn.20.
90 BVerwG, U. v. 28.3.2013 - 9 A 22.11 - BVerwGE 146, 145 Rn. 44 = UPR 2013, 434 = NuR 2013, 565.
91 BVerwG, U. v. 9.7.2009 - 4 C 12.07 - BVerwGE 134, 166 Rn. 28 = NVwZ 2010, 123 = UPR 2010, 33 = NuR 2009, 789 = ZUR 2010, 193.
92 BVerwG, U. v. 17.1.2007 - 9 A 20.05 - BVerwGE 128, 1 Rn. 53 = NVwZ 2007, 1054 (Neubau der Bundesstraße A 143; Westumfahrung Halle); vgl. ferner BVerwG, U. v. 27.2.2003 - 4 A 59.01 - BVerwGE 118, 15 [17 f.] = DVBl 2003, 1061 = NVwZ 2003, 1253 = UPR 2003, 353 = ZUR 2003, 416 = NuR 2003, 686 = BRS 66 Nr. 224 (2003); OVG Greifswald, U. v. 30.06.2010 - 3 K 19/06 - NuR 2011, 136 Rn. 126 = EurUP 2011, 40; OVG Koblenz, U. v. 10.3.2009 - 8 C 10435/08 -
93 BVerwG, U. v. 17.1.2007 - 9 A 20.05 - BVerwGE 128, 1 Rn. 54 = NVwZ 2007, 1054 (Neubau der Bundesstraße A 143; Westumfahrung Halle).
94 Wie hier OVG Greifwald, U. v. 30.06.2010 - 3 K 19/06 - NuR 2011, 136 Rn. 126 = EurUP 2011, 40; *Fischer-Hüftle*, in: Schumacher/Fischer-Hüftle, BNatSchG 2, Aufl., § 34 Rn. 28; *Gellermann*, Europäischer Gebiets- und Artenschutz in der Rechtsprechung, in: NuR 2009, 8-13, (10); im Ergebnis wohl ähnlich BVerwG, B. v. 26.11.2007 - 4 BN 46.07 - NVwZ 2008, 210 = UPR 2008, 113 = NuR 2008, 115; a.A. VGH Kassel, U. v. 05.07.2007 - 4 N 867/06 - NuR 2008, 258 = ZUR 2008, 40.
95 Vgl. BVerwG, B. v. 30.3.2012 - 9 VR 5.12 - NVwZ 2012, 1053 = NuR 2012, 332.

3. Verbandsklagerecht nach UmwRG

a) Klagebefugnisse (§ 2 Abs. 1 UmwRG)

(1) Ein Umweltverbandskläger war nach der ursprünglichen Fassung des § 2 Abs. 1 UmwRG nur klagebefugt, wenn eine Entscheidung einer Norm widersprach, die dem Umweltschutz diente und zugleich „Rechte Einzelner begründen" konnte. Der EuGH hat diesen schutznormakzessorischen Alleingang des deutschen Gesetzgebers für unionswidrig erklärt.[96] Seitdem hat sich die Szene an der Mauer der Klagebefugnis weitgehend beruhigt. Kritisch könnten die Zulässigkeit von Verbandsklagen gegen Flugrouten[97] und die Begründetheit bei Hochspannungsfreileitung sein (vgl. § 3 Abs. 2, § 7 Abs. 2, § 9 Ab. 6, § 20 Abs. 2, § 22 Abs. 1 NABEG). In beiden Bereichen kommen auch konkurrierende Klagen betroffener Gemeinden in Betracht (vgl. auch § 4 Abs. 3 UmwRG).

(2) Die Regelungen des Fehlerfolgeprogramms des § 4 UmwRG haben nach Ansicht des BVerwG keine Bedeutung für die „erweiterte" Klagebefugnis. Auf den Verfahrensfehler einer rechtswidrig unterbliebenen UVP-Prüfung oder UVP-Vorprüfung kann sich ein Einzelner nicht unabhängig von der Betroffenheit in eigenen Rechten berufen.[98] Aus § 4 Abs. 3 i.V.m. Abs. 1 UmwRG folgt nichts Abweichendes. Das BVerwG versteht § 4 Abs. 3 UmwRG in dem Sinne restriktiv, dass § 4 UmwRG insgesamt den Erfolg einer bereits zulässigen und auch inhaltlich begründeten Klage voraussetzt. Gleichwohl kann der Individualkläger in die Gunst des § 4 Abs. 1 UmwRG gelangen. Auch mittelbar Betroffene können eine zu Unrecht unterbliebene UVP oder eine zu Unrecht unterbliebene Vorprüfung des Einzelfalls über die UVP-Pflichtigkeit rügen, ohne dass es darauf ankommt, ob sich der Fehler auf ihre Rechtsposition ausgewirkt haben kann.[99]

b) Präklusionsrecht (§ 2 Abs. 3 UmwRG)

(1) Die Präklusionsvorschriften sind Teil eines dem gerichtlichen Verfahren vorgelagerten Einwendungsverfahrens. Hat die Vereinigung im Verfahren nach § 1 Absatz 1 Satz 1 UmwRG Gelegenheit zur Äußerung gehabt, ist sie im Verfahren über den Rechtsbehelf mit allen Einwendungen ausgeschlossen, die sie im Verfahren nach § 1 Absatz 1 Satz 1 UmwRG nicht oder nach den geltenden Rechtsvorschriften nicht rechtzeitig geltend gemacht hat, aber hätte geltend machen können. Das BVerwG bewertet diese Regelung als unionsrechtskonform.[100]

---

96   EuGH, Urt. v. 12.5.2011 – Rs. C-115/09 - DVBl 2011, 757 = NVwZ 2011, 801 = UPR 2011, 268 = NuR 2011, 423 = EuZW 2011, 510 = EuGRZ 2011, 273 = EurUP 2011, 145 = ZUR 2011, 368 = ZNER 2011, 286 = NJW 2011, 2779 = NWVBl 2011, 342 = BayVBl 2011, 628 - Bund für Umwelt und Naturschutz Deutschland, Landesverband Nordrhein-Westfalen e.V. vs. Bezirksregierung Arnsberg.

97   Verneinend OVG Bautzen, U. v. 9.5.2012 - 1 C 20.08 - NuR 2013, 126 = ZUR 2013, 36; bejahend, wenngleich nicht entscheidungserheblich OVG Berlin-Brandenburg, U. v. 14.6.2013 - OVG 11 A 10.13 - LKV 2013, 513.

98   BVerwG, U. v. 20.12.2011 - 9 A 30.10 - DVBl 2012, 501 = NVwZ 2012, 573 = UPR 2012, 267 = ZUR 2012, 308; BVerwG, U. v. 17.12.2013 - 4 A 1.13 – juris Rn. 41; vgl. auch OVG Schleswig, U. v. 8.3.2013 - 1 LB 5/12 - NordÖR 2013, 437 Rn. 65.

99   BVerwG, U. v. 24.11.2011 - 9 A 24.10 - NuR 2013, 184 Rn. 16; ähnlich bereits, allerdings nach damaliger Prozesslage ohne Rückgriff auf das UmwRG BVerwG, U. v. 20.8.2008 - 4 C 11.07 - BVerwGE 131, 352 Rn. 26 = DVBl 2008, 1445 = NVwZ 2008, 1349 = UPR 2009, 32 = BayVBl 2009, 248 = ZUR 2009, 25 = NuR 2008, 857 = ZfBR 2008, 790 = BauR 2009, 68 = BRS 73 Nr. 173 (2008) – Putenmastfall (§ 35 BauGB).

100 Vgl. BVerwG, U. v. 29.9.2011 - 7 C 21.09 - NVwZ 2012, 176 Rn. 31 = NuR 2012, 119 = UPR 2012, 144; BVerwG, B. v. 11.11.2009 - 4 B 57.09 - UPR 2010, 103 = NuR 2010, 339 = ZUR 2010, 382; BVerwG, U. v. 14.4.2010 - 9 A 5.08 - BVerwGE 136, 291 Rn. 107 f = NVwZ 2010, 1225 = NuR 2010, 558 = ZUR 2010, 478; BVerwG, B. v. 14.9.2010 - 7 B 15.10 - NVwZ 2011, 364 = NuR 2011, 53 = ZUR 2011, 85; BVerwG, B. v. 17.6.2011 - 7 B 79.10 - Buchholz 406.254 URG Nr. 3 Rn. 10 bis 21; BVerwG, U. v.

Es hält diese Frage für zweifelsfrei und entscheidet sich daher gegen ein Vorlageverfahren zum EuGH.[101] Die Präklusionsregelungen im deutschen Recht stünden grundsätzlich in Einklang mit dem Richtlinienrecht sowie dem unionsrechtlichen Effektivitätsgebot. Daran kann man für Teilbereiche – etwa das Immissionsschutzrecht – zweifeln. Tatsächlich gibt es im Unionsgebiet kein einheitliches „nationales" Präklusionsrecht.

(2) Welche Anforderungen an ihre Substantiierung zu stellen sind, hat das BVerwG für Einwendungen Privater und Einwendungen von Verbänden in Abhängigkeit von den unterschiedlichen Funktionen der Betroffenen- und der Verbändebeteiligung differenzierend bestimmt. Die Anforderungen an die Substantiierung von Einwendungen durch Naturschutzverbände gelten entsprechend für Umweltschutzverbände nach dem Umwelt-Rechtsbehelfsgesetz. Sie sind auch mit Blick auf die kurz bemessene Einwendungsfrist nicht überspannt.[102] Die Beteiligung der Vereinigungen dient der Mobilisierung natur- oder umweltschutzfachlichen Sachverstandes. Mit der Präklusionsregelung sollen die Verbände „angehalten" werden, bereits im Verwaltungsverfahren ihre Sachkunde einzubringen und mit dem Ziel nutzbar zu machen, dass für Konflikte zwischen Infrastrukturplanung bzw. industriellen Großvorhaben einerseits und Natur- und Umweltschutz andererseits eine Problembewältigung erzielt wird, bei der die Belange des Natur- und Umweltschutzes nicht vernachlässigt werden.[103] Das BVerwG versteht dies als Mitwirkungslast (Obliegenheit) der Verbände. Daneben formuliert das Gericht noch eine weitere Zielsetzung. Durch diese Mitwirkungslast sollen zugleich die von der Verwaltungsentscheidung Begünstigten vor einem überraschenden Prozessvortrag der Verbände geschützt werden.[104] Dieses Ziel würde verfehlt, wenn die Verbände eine eigenständige, auf den von der Behörde ermittelten Tatsachen „beruhende" naturschutzfachliche Bewertung erst im Klageverfahren vorbringen könnten.

Ausgehend von diesen Funktionen der für Natur- und Umweltschutzvereinigungen maßgeblichen Beteiligungs- und Präklusionsregelungen muss nach Ansicht des BVerwG eine solche Vereinigung in ihren Einwendungen zumindest Angaben dazu machen, welches Schutzgut durch ein Vorhaben betroffen wird und welche Beeinträchtigungen ihm drohen. Von den Vereinigungen, die ausweislich der gesetzlichen Anerkennungsvoraussetzungen nach Mitgliederkreis und eigener Leistungsfähigkeit die Gewähr für eine sachgerechte Aufgabenerfüllung bieten müssen, könne erwartet werden, dass sie über ihre regionalen oder örtlichen Untergliederungen sicherstellen, die immerhin einmonatige Auslegungsfrist zur Sichtung und Auswertung der Planunterlagen effektiv auszuschöpfen.[105] Je umfangreicher und intensiver die vom Vorhabenträger bereits geleistete Begutachtung und fachliche Bewertung in den Planunterlagen ausgearbeitet ist, desto intensiver muss – jedenfalls grundsätzlich – auch die

---

14.7.2011 - 9 A 14.10 - NVwZ 2012, 180 Rn. 21 bis 26 = UPR 2012, 66 = NuR 2012, 52; ebenso zur naturschutzrechtlichen Präklusion BVerwG, U. v. 14.7.2011 - 9 A 12.10 - BVerwGE 140, 149 Rn. 25 f. = NuR 2011, 866 = ZUR 2012, 95 (Ortsumgehung Freiberg); BVerwG, U. v. 6.11.2012 - 9 A 17.11 - BVerwGE 145, 40 Rn. 76 (Lückenschluss A 33).

101 Vgl. BVerwG, U. v. 29.9.2011 - 7 C 21.09 - NVwZ 2012, 176 Rn. 31 = NuR 2012, 119 = UPR 2012, 144;
102 Vgl. BVerwG, U. v. 29.9.2011 - 7 C 21.09 - NVwZ 2012, 176 Rn. 36 = NuR 2012, 119 = UPR 2012, 144 mit Bezug auf BVerwG, B. v. 9.8.2010 - 9 B 10.10 - Buchholz 406.400 § 61 BNatSchG 2002 Nr. 12.
103 BVerwG, U. v. 29.9.2011 - 7 C 21.09 - NVwZ 2012, 176 Rn. 34 = NuR 2012, 119 = UPR 2012, 144.
104 Vgl. BVerwG, B. v. 11.11.2009 - 4 B 57.09 - UPR 2010, 103 Rn. 6 = NuR 2010, 339 = ZUR 2010, 382; BVerwG, U. v. 27.2.2003 - 4 A 59.01 - BVerwGE 118, 15 [17 f.] = DVBl 2003, 1061 = NVwZ 2003, 1253 = UPR 2003, 353 = ZUR 2003, 416 = NuR 2003, 686 = BRS 66 Nr. 224 (2003); BVerwG, U. v. 22.1.2004 - 4 A 4.03 - DVBl 2004, 655 = NVwZ 2004, 861 = UPR 2004, 266; BVerwG, B. v. 23.11.2007 - 9 B 38.07 - UPR 2008, 112 = NuR 2008, 176 = UPR 2008, 112 (Ortsumgehung Celle); BVerwG, U. v. 9.7.2009 - 4 C 12.07 - BVerwGE 134, 166 Rn. 46 = NVwZ 2010, 123 = NuR 2009, 789 = ZUR 2010, 193, in BVerwGE 134, 166 insoweit nicht abgedruckt.
105 BVerwG, U. v. 22.1.2004 - 4 A 4.03 - DVBl 2004, 655 = NVwZ 2004, 861 = UPR 2004, 266.

Auseinandersetzung mit dem vorhandenen Material ausfallen.[106] Dabei geht es allerdings nicht um die zutreffende rechtliche Einordnung nach Landes-, Bundes- oder europäischem Recht. Das Einwendungsverfahren zielt nicht auf eine rechtliche Auseinandersetzung, sondern auf eine zutreffende fachliche Sachverhaltsermittlung. Erforderlich ist daher eine kritische Auseinandersetzung mit dem bereits vorhandenen Material gerade unter natur- und umweltschutzfachlichen Gesichtspunkten.[107] Diese Anforderungen gelten unabhängig davon, in welchem Maße ein Umweltverband tatsächlich über naturschutz- und umweltschutzfachlichen Sachverstand in den Reihen seiner Mitglieder tatsächlich verfügt. Die Obliegenheit zur hinreichenden Substantiierung von Einwendungen gilt allgemein und betrifft alle anerkannten Vereinigungen gleichermaßen.[108]

Bei einem „Laien" ist die Rechtsprechung übrigens etwas milder. Aber auch hier gilt: Hat ein planbetroffener Bürger Beeinträchtigungen von Naturgütern durch das Vorhaben in seinem Einwendungsschreiben nicht ansatzweise thematisiert, so ist er mit dem Einwand, die Bestandserfassung und -bewertung des Planungsraums sei defizitär, unabhängig davon präkludiert, ob die behaupteten Defizite für einen Laien aus den Planunterlagen erkennbar waren. Wenn der Eindruck nicht täuscht, ist das BVerwG in seinen erstinstanzlichen Verfahren etwas nachsichtiger als die Rechtsprechung der Obergerichte.

(3) Die EU-Kommission hat mit Schreiben vom 27.9.2012 ein Vertragsverletzungsverfahren wegen der fehlerhaften Umsetzung von Artikel 11 RL 2011/92/EU (UVP-Richtlinie) und von Artikel 25 RL 2010/75/EU (IE-Richtlinie) eingeleitet (Verfahren Nr. 2007/4267). In dem Verfahren wird unter anderem geltend gemacht, dass § 2 Abs. 3 UmwRG unionswidrig sei. Die Begründung der EU-Kommission stützt sich im Wesentlichen auf den Grundsatz des effet utile: Die Fristen – zum Teil nur zwei Wochen – seien zu kurz. Die Kommission hat unter dem beim EuGH die Vertragsverletzungsklage eingereicht.

c)   Begründetheitsfragen (§ 2 Abs. 5 UmwRG 2013)

Rechtsbehelfe nach § 2 Abs. 1 UmwRG sind gemäß § 2 Abs. 5 S. 1 Nr. 1 UmwRG begründet, soweit die Entscheidung nach § 1 Absatz 1 Satz 1 UmwRG oder deren Unterlassen gegen Rechtsvorschriften verstößt, die dem Umweltschutz dienen und für die Entscheidung von Bedeutung sind und der Verstoß Belange des Umweltschutzes berührt, die zu den Zielen gehören, die der Verband nach seiner Satzung fördert. Bei der Entscheidung muss zudem eine Pflicht zur Durchführung einer Umweltverträglichkeitsprüfung bestehen. § 2 Abs. 5 UmwRG ist erkennbar § 113 Abs. 1 Satz 1 VwGO nachgebildet. Nach dem Wortlaut des § 2 Abs. 5 Satz 1 Nr. 1 UmwRG können danach solche Rügen, die keinen Bezug zu umweltrechtlichen Belangen aufweisen, der Verbandsklage nicht zum Erfolg verhelfen. Die Einbindung des § 2 Abs. 1 S.1 Nr. 1 UmwRG auf Individualkläger lässt der Wortlaut schwerlich zu.[109]

Bislang hat sich eine umfassende Judikatur zu § 2 Abs. 5 UmwRG noch nicht entwickelt. Der Begriff des Umweltschutzes ist extensiv zu verstehen.[110]

---

106 Vgl. BVerwG, B. v. 12.4.2005 - 9 VR 41.04 - DVBl 2005, 916 Rn. 31 = NVwZ 2005, 943 = UPR 2006, 26; BVerwG, B. v. 9.8.2010 - 9 B 10.10 - Buchholz 406.400 § 61 BNatSchG 2002 Nr. 12 Rn. 8.

107 BVerwG, U. v. 29.9.2011 - 7 C 21.09 - NVwZ 2012, 176 Rn. 35 = NuR 2012, 119 = UPR 2012, 144; BVerwG, U. v. 22.1.2004 - 4 A 4.03 - DVBl 2004, 655 = NVwZ 2004, 861 = UPR 2004, 266 zu § 61 Abs. 3 BNatSchG 2002; BVerwG, B. v. 12.4.2005 - 9 VR 41.04 - DVBl 2005, 916 Rn. 31 = NVwZ 2005, 943 = UPR 2006, 26; BVerwG, B. v. 9.8.2010 - 9 B 10.10 - Buchholz 406.400 § 61 BNatSchG 2002 Nr. 12 Rn. 8; BVerwG, B. v. 23.11.2007 - 9 B 38.07 - UPR 2008, 112 Rn. 31.

108 OVG Münster, U. v. 20.1.2012 - 2 D 141/09.NE – juris Rn. 61 = AbfallR 2012, 139 (L).

109 So OVG Münster, B. v. 29.8.2012 - 2 B 940/12 – juris Rn. 48 f.

110 Vgl. BVerwG, U. v. 10.10.2012 - A 18.11 - BVerwGE 144, 243 Rn. 12 =NVwZ 2013, 642 = NuR 2013, 64.

Streitfragen sind in dieser Hinsicht kaum zu erwarten. Sie liegen an anderer Stelle, nämlich in Vorschriften, die nicht zumindest „auch" dem Umweltschutz dienen. Nach Ansicht des BVerwG (9. Senat [2012]) spricht „einiges dafür, dass auch Art. 11 Abs. 1 der UVP-RL bei zulässigen Klagen von Vereinigungen gegen Entscheidungen über die Zulassung von Vorhaben, die einer Umweltverträglichkeitsprüfung zu unterziehen sind, keine umfassende gerichtliche Kontrolle der Rechtmäßigkeit gebietet".[111] Ein anderer Senat des BVerwG (7. Senat [2013]) ist dezidierter.[112] Er meint, dass im Rahmen der UmwRG-Verbandsklage die Prüfung ausschließlich auf Rechtsvorschriften beschränkt sei, die dem Umweltschutz dienten. Das entspricht ohne Frage dem Gesetzestext. In Frage steht indes, ob dieser mit Art. 11 Abs. 1 RL 2011/92/EU vereinbar ist. Dort gibt es – zumindest textuell – keine Eingrenzung auf Umweltschutzrecht, gerade im Gegensatz zu Art. 9 Abs. 3 AK. Darf man annehmen, dass das BVerwG, jedenfalls sein 7. Senat, eine Vorlage des belgischen Conseil d'État vom Frühjahr 2009 an den EuGH nicht bemerkt hat? Dort fragt der Conseil d'État zur Auslegung des Art. 10a Abs. 2 RL 85/337/EWG, ob die Rechtmäßigkeit von Entscheidungen, Handlungen oder Unterlassungen hinsichtlich *jeder* materiell-rechtlichen oder verfahrensrechtlichen Frage angefochten werden könne.[113] Die Generalanwältin Sharpston stimmt dieser Sichtweise zu: „Die Antwort lässt sich aus dem Wortlaut der Art. 9 des Aarhus-Übereinkommens und 10a der UVP-Richtlinie ableiten und lautet, dass diese Vorschriften den Mitgliedstaaten auferlegen, Zugang zu einer gerichtlichen Überprüfung der Rechtmäßigkeit von Entscheidungen, Handlungen oder Unterlassungen, die in den Geltungsbereich dieser Instrumente fallen, zu gewähren hinsichtlich *aller materiell-rechtlichen oder verfahrensrechtlichen Regelungen* der Genehmigung von Projekten, die einer Umweltverträglichkeitsprüfung unterworfen sind."[114]

---

111 BVerwG, U. v. 10.10.2012 - 9 A 18.11 - BVerwGE 144, 243 Rn. 18 = NVwZ 2013, 642 = NuR 2013, 640 unter Bezug auf VGH Mannheim, U. v. 20.7.2011 - 10 S 2102/09 - ZUR 2011, 600 Rn. 68 unter Bezugnahme auf Jeanine Greim, Anmerkung zu EuGH, Urt. v. 12.5.2011, Az.: C-115/09, in: UPR 2011, 271-273, (272), ebenso wohl *Martin Gellermann*, Europäisierte Klagerechte anerkannter Umweltverbände, in: NVwZ 2006, 7-14, (9); *Wolfgang Durner*, Direktwirkung europäischer Verbandsklagerechte? - Überlegungen zum Ablauf der Umsetzungsfrist der Richtlinie 2003/35/EG am 25 Juni 2005 und zur unmittelbaren Anwendbarkeit ihrer Vorgaben über den Zugang zu Gerichten, in: ZUR 2005, 285-290, (290); nunmehr ablehnend auch OVG Münster, U. v. 20.1.2012 - 2 D 141/09.NE – juris Rn. 46 ff.; *Frank Fellenberg/Gernot Schiller*, Rechtsbehelfe von Umweltvereinigungen und Naturschutzvereinigungen nach dem "Trianel-Urteil" des EuGH (Rs. C-115/09), in: UPR 2011, 321-329 (324 f.); *Annette Kleinschnittger*, Auswirkungen des EuGH-Urteils vom 12.5.2011 zum Verbandsklagerecht für Umweltverbände, in: I+E - Zeitschrift für Immissionsschutzrecht und Emissionshand 2011, 280-287 (286); a. A. *Dietrich Murswiek*, Ausgewählte Probleme des allgemeinen Umweltrechts. Vorsorgeprinzip, Subjektivierungstendenzen am Beispiel der UVP, Verbandsklage, in: Verw 38, 243-279 (2005); jetzt auch *Thomas Bunge*, Die Klagemöglichkeiten anerkannter Umweltverbände aufgrund des Umwelt-Rechtsbehelfsgesetzes nach dem Trianel-Urteil des Europäischen Gerichtshofs, in: NuR 2011, 605-614, (608); offen gelassen OVG Magdeburg, U. v. 10.10.2013 - 2 K 98/12 – juris Rn. 122 zur Frage der Planrechtfertigung.

112 BVerwG, U. v. 24.10.2013 - 7 C 36.11 – juris Rn. 23. Es ist nicht ohne Reiz zu lesen, wie der eine Senat den Urteilstext des anderen interpretiert.

113 Conseil d'État (Belgien), Beschl. v. 27.3.2009, eingereicht beim EuGH am 6.4.2009, betr. Flughäfen Lüttich-Bierset und Charleroi-Brüssel-Süd; publiziert in ABl. C 153 vom 4.7.2009. Das Verfahren betraf verschiedene wallonische Projekte, die durch Gesetzesdekrete der Region genehmigt wurden. Der kursiv gesetzte Text stammt vom Autor. Von der Vorlage nichts bemerkt u.a. VGH Mannheim, U. v. 20.7.2011 - 10 S 2102/09 - NuR 2012, 204; nicht entscheidungserheblich OVG Münster, U. v. 12.6.2012 - 8 D 38/08.AK - NuR 2012, 722 Rn. 339 = ZUR 2012, 678; OVG Bautzen, U. v. 10.10.2013 - 2 K 98/12 – juris Rn. 122 problematisiert die Frage des Prüfungsumfanges aus anderen Gründen (Frage der Planrechtfertigung). Auf diese Vorlage an den EuGH war zweimal im Fachschrifttum hingewiesen worden, erstmals *Christoph Sobotta*, in: ZUR 2009, 450-452 (450 mit Fußn. 7), nochmals, wenngleich verkürzend ders., in: ZUR 2010, 496-499, (496 mit Fußn. 3).

114 GAin Sharpston, Schlussanträge vom 19.5.2011 – Rs. C 128/09 – juris, Rn. 95, 97, der kursiv gesetzte Text vom Autor.

d) Fehlerfolgenprogramm (§ 4 UmwRG)

aa) Maßgeblichkeit des Fehlerfolgenprogramms

Die Umweltverbandsklage hat in § 4 UmwRG ein „eigenes" Fehlerfolgenprogramm normiert. Der Kern der Regelung liegt in der Aufgabe einer „deutschen" Kausalitätsfrage (vgl. etwa § 46 VwVfG) zu Gunsten der Maßgeblichkeit eines schwerwiegenden Verfahrensfehlers. Für den Gesetzgeber war bestimmend die 2004 entstandene Rechtsprechung des EuGH.[115] Nach § 4 Abs. 1 Satz 1 UmwRG kann die Aufhebung einer Entscheidung über die Zulässigkeit eines Vorhabens nach § 1 Abs. 1 Satz 1 UmwRG verlangt werden, wenn eine nach den Bestimmungen des Umweltverträglichkeitsprüfungsgesetzes erforderliche Umweltverträglichkeitsprüfung nicht durchgeführt und nicht nachgeholt worden ist. Ein solcher Fall liegt nach § 4 Abs. 1 Satz 2 UmwRG auch vor, wenn eine durchgeführte Vorprüfung des Einzelfalls über die UVP-Pflichtigkeit nicht dem Maßstab von § 3a Satz 4 UVPG genügt. Die Vorschrift gilt nach § 4 Abs. 3 UmwRG für Rechtsbehelfe von Beteiligten nach § 61 Nr. 1 VwGO. Der Verfahrensfehler führt zur Begründetheit der Klage, unabhängig von den sonst nach § 113 Abs. 1 Satz 1 VwGO geltenden einschränkenden Maßgaben.[116]

Die Exklusivität der Regelung ist nicht ganz sicher. So soll die Fehlerfolgenregelung des § 43e Abs. 4 Satz 2 EnWG a.f. als speziellere Regelung der allgemeinen Regelung des § 4 Abs. 1 Satz 1 UmwRG vorgehen.[117] Das ist bedeutsam, da Mängel bei der Abwägung der von dem Vorhaben berührten öffentlichen und privaten Belange nur erheblich sind, wenn sie offensichtlich und auf das Abwägungsergebnis von Einfluss gewesen sind. Der eingetretene Verfahrensfehler kann in einem ergänzenden Verfahren behoben werden (vgl. nunmehr § 75 Abs. 1a VwVfG 2013).

bb) Neue und offene Fragen

Der prozessuale „Charme" des § 4 Abs. 1 UmwRG besteht in der gerichtlichen „Entlastung", die Kausalität des Verfahrensverstoßes auf das Ergebnis entscheiden zu müssen. Gerade die Judikatur zu den Fehlerprogrammen in § 214 Abs. 3 Satz 2 BauGB, § 75 Abs. 1a S. 1 VwVfG zeigt deutlich, in welche Gefahr des Spekulativen ein Gericht geraten kann, wenn es entscheiden soll, ob ein administrativer Fehler, der sogar offenkundig ist, auf das Ergebnis von Einfluss gewesen sei. Die Starrheit der deutschen Lösung hat der EuGH (2013) beseitigt.[118] Das wird neue Frage aufwerfen. Unverändert ist kritisch die Frage, wie eine unterlassene Alternativenprüfung zu behandeln ist.[119] Nach wiederholter Ansicht des BVerwG ist mangels entsprechender Rechtsgrundlage weder der Vorhabenträger noch die Behörde zu einer UVP-bezogenen Alternativenprüfung verpflichtet.[120] Soweit Gegenstand der gerichtlichen Überprü-

---

115 Vgl. EuGH, U. v. 7.1.2004 – Rs. C-201/02 – EuGHE 2004 I-723 Rn. 65 = DVBl. 2004, 370 = NVwZ 2004, 593 - Delena Wells; vgl. erneut EuGH, U. v. 7.11.2013 – Rs. C-72/12 - DVBl 2013, 1597 = NVwZ 2014, 49 = EurUP 2013, 306 (Altrip).

116 BVerwG, B. v. 27.6.2013 - 4 B 37.12 - UPR 2013, 447 Rn. 10 = BauR 2013, 2014 = NuR 2014, 117

117 BVerwG, U. v. 17.12.2013 - 4 A 1.13 – juris Rn. 42; ebenso BVerwG, U. v. 20.12.2011 - 9 A 31.10 - BVerwGE 141, 282 Rn. 34 = NVwZ 2012, 575 = NuR 2012, 403 = ZUR 2012, 303.

118 EuGH, U. v. 7.11.2013 – Rs. C-72/12 - DVBl 2013, 1597 = NVwZ 2014, 49 = EurUP 2013, 306 (Altrip), vgl. dazu unten gesondert.

119 Vgl. dazu *Thomas Groß*, Die Alternativenprüfung in der Umweltverträglichkeitsprüfung, in: NVwZ 2001, 513-519; *Thomas Siems*, Alternativprüfungen durch die neue Strategische UVP: Auf dem Weg zur UVP amerikanischen Maßstabes?, in: EurUP 2005, 27-32; *Martin Kment*, Suche nach Alternativen in der Strategischen Umweltprüfung, in: DVBl 2008, 364-369.

120 Vgl. etwa BVerwG, B. v. 14.5.1996 - 7 NB 3.95 - BVerwGE 101, 166 [173 ff.] = DVBl 1997, 48 = NVwZ 1997, 494 = UPR 1996, 444 = NuR 1996, 594; BVerwG, B. v. 11.8.2006 - 9 VR 5.06 - DVBl 2006, 1300 = NVwZ 2006, 1170 = UPR 2006, 451.

fung Bebauungspläne sind, gelten abweichend von § 4 Abs. 1 UmwRG die §§ 214 und 215 BauGB. Auch § 2 Abs. 5 S. 1 Nr. 2 UmwRG begründet für Bebauungspläne ein Sonderrecht (vgl. auch § 17 UmwRG). Die Verweisung in das Fehlerfolgenprogramm der §§ 214, 215 BauGB und entsprechender landesrechtlicher Vorschriften ist pauschal. Die Verweisung auf §§ 214, 215 BauGB hat den Zweck, für Bebauungspläne unabhängig von dem gerichtlichen Verfahren gerade der Umweltverbandsklage ein einheitliches Fehlerfolgenprogramm zugrunde zu legen. Das ist gewiss verständlich. Indes ist zu bezweifeln, ob Art. 9 Abs. 2 AK und damit auch Art. 11 Abs. 1 RL 2011/92/EU derartige gegenständliche Ausgrenzungen zulassen. Naheliegend ist, die durch den EuGH zu § 4 Abs. 1 UmwRG geöffnete „Wesentlichkeit" des Verstoßes[121] in §§ 214, 215 BauGB unionsrechtskonform zu „implementieren".

4. Die „kommunale" Umweltverbandsklage

Über die Zulässigkeit von Vorhaben nach den §§ 31, 33 bis 35 wird gemäß § 36 Abs. 1 Satz 1 BauGB im bauaufsichtlichen Verfahren von der Baugenehmigungsbehörde im Einvernehmen mit der Gemeinde entschieden. Das Einvernehmen der Gemeinde darf nur aus den sich aus den §§ 31, 33, 34 und 35 ergebenden Gründen versagt werden. Die nach Landesrecht zuständige Behörde kann ein rechtswidrig versagtes Einvernehmen der Gemeinde ersetzen. Die Ersetzungsentscheidung ist für die Gemeinde ein anfechtbarer Verwaltungsakt. Nach § 35 Abs. 3 Satz 1 BauGB können öffentliche Belange dem Außenbereichsvorhaben entgegenstehen, auch sog. privilegierten Vorhaben im Sinne des § 35 Abs. 1 BauGB. Der in § 35 Abs. 3 Satz 1 BauGB formulierte Bereich „öffentlicher Belange" ist nicht abgeschlossen, sondern exemplarisch. Die Voraussetzungen des § 35 BauGB sind auf das Rechtsmittel einer Gemeinde hin in vollem Umfang nachzuprüfen.[122] Die Gemeinde ist also nicht darauf beschränkt, mit der Klage nur einen Eingriff in ihre Planungshoheit abzuwehren. Das heißt auch: Verpflichtet ein Gericht eine Verwaltungsbehörde zur Erteilung einer Genehmigung zur Errichtung und zum Betrieb eines Außenbereichsvorhabens und ersetzt dabei ein versagtes gemeindliches Einvernehmen, sind auf das Rechtsmittel der Gemeinde die Voraussetzungen des § 35 BauGB in vollem Umfang nachzuprüfen. Eine Beschränkung der Prüfung auf diejenigen Gründe, auf die die Gemeinde die Versagung ihres Einvernehmens gestützt hat, ist nicht zulässig.[123] Damit kann die Gemeinde alle „öffentlichen" Belange im Verfahren des gemeindlichen Einvernehmens prüfen und geltend machen, also auch das sog. Planerfordernis, die UVP-Pflicht des Vorhabens oder die Verletzung des Naturschutz- und unionsrechtlichen Habitatschutzes. Ist über die bauplanungsrechtliche Zulässigkeit eines privilegierten Außenbereichsvorhabens zu entscheiden, hat nicht nur die zuständige Behörde, sondern auch die Gemeinde gemäß § 35 Abs. 3 Satz 1 Nr. 5 BauGB die naturschutzrechtliche Zulässigkeit des Vorhabens zu prüfen. Artenschutzrechtliche Verbote nach §§ 44 ff. BNatSchG stellen sich zugleich als ein nach § 35 Abs. 3 Satz 1 Nr. 5 BauGB beachtlicher Belang des Naturschutzes dar.[124]

IV. Europäische Rechtsprechung (EuGH)

Die Europäisierung des Umweltrechtsschutzes schreitet mit kräftigen Schritten voran. Der EuGH hilft dabei. Wenn nicht alles täuscht, hat er sich mit der Entscheidung zum „slowakischen Braunbären" (2011) für eine stärkere Prozesssualisierung des unionsrechtlichen Um-

---

121 EuGH, U. v. 7.11.2013 – Rs. C-72/12 - DVBl 2013, 1597 = NVwZ 2014, 49 = EurUP 2013, 306 (Altrip), vgl. dazu unten gesondert.
122 BVerwG, U. v. 1.7.2010 - 4 C 4.08 - BVerwGE 137, 247 Rn. 32 = DVBl 2010, 1377 = NVwZ 2011, 61.
123 BVerwG, Urteil vom 20.5.2010 - 4 C 7.09 - BVerwGE 137, 74 = DVBl 2010, 1235 = NVwZ 2010, 1561 = UPR 2010, 391 = NuR 2010, 640 = ZfBR 2010, 675 (Prüfungsumfang im Rechtsmittelverfahren bei ersetztem gemeindlichen Einvernehmen).
124 BVerwG, U. v. 27.6.2013 - 4 C 1.12 – NVwZ 2013, 1411 = ZfBR 2013, 685 = BauR 2013, 1828 = ZUR 2013, 677 = NuR 2013, 891.

weltrechtes entschieden. Er benutzt das Verfahren der Vorabentscheidung, um deutliche Worte zu finden.

1. Womit zu rechnen ist: Fehlerhafte „deutsche" Übersetzung

Man kann nicht ausschließen, dass eine deutsche „amtliche" Übersetzung der Gründe einer Entscheidung des EuGH fehlerhaft ist. Angesichts der Fülle von Entscheidungen des EuGH muss mit Übersetzungsfehlern gerechnet werden („luxemburgische Sprachverwirrung").[125] Der Übersetzungsdienst des Gerichtshofs ist mit Dolmetschern besetzt, die sowohl über sprachliche als auch über juristische Kompetenz verfügen. Man darf daher annehmen, dass Fehlleistungen wohl sehr selten sind. Immerhin kann es bei mutmaßlich „kryptischen" Wendungen naheliegend sein, sich zumindest die englische und französische Urteilsfassung anzusehen. Außerdem gibt das Urteil selbst an, welche Verfahrenssprache galt. Das bedeutet indes nicht, dass der berichterstattende Richter diese Sprache in seinem Entscheidungsvorschlag auch benutzt hat. Auch das BVerfG vergleicht Textfassungen der EuGH-Urteile.[126]

2. Slowakischer Braunbär – Art. 9 Abs. 3 Århus-Konvention

Die Rechtsschutzregelung des Art. 9 Abs. 3 AK statuiert eine allgemeine umweltrechtsbezogene Verbandsklage. Klagebefugt sind nach dieser Vorschrift „Mitglieder der Öffentlichkeit", also nicht nur die betroffene Öffentlichkeit, sondern jedermann. Des Weiteren ist der Klagegenstand des Art. 9 Abs. 3 AK sehr umfassend. Der Konventionstext ist mit der parlamentarischen Ratifizierung seit Anfang 2007 in Deutschland völkerrechtsgebundenes Recht. Legislatorische Konsequenzen haben der Bund oder die Länder aus diesem Status allerdings bislang nicht gezogen.

a) EuGH – Urteil vom 8.3.2011 (Slowakischer Braunbär)

Der EuGH hat sich in seinem Urteil vom 3. März 2011 erstmals mit der Auslegung des Art. 9 Abs. 3 AK befasst. Der Gerichtshof hat die Bestimmung – durchaus überraschend – unionsrechtlich und damit innergemeinschaftlich „aktiviert". Die Klägerin ist eine Personenvereinigung, die in der Slowakischen Republik im Bereich des Umweltschutzes tätig ist. Sie entspricht einem deutschen Umweltverein. Die Klägerin versuchte vergeblich, im Verfahren der Ausnahmegenehmigung für den Abschuss des streng geschützten Braunbären beteiligt zu werden. Die Slowakei hat Art. 9 Abs. 3 AK nicht in innerstaatliches Recht umgesetzt. Der EuGH entschied, die Gerichte hätten das Verfahrensrecht „so weit wie möglich" im Einklang sowohl mit den Zielen von Art. 9 Abs. 3 AK auch mit dem Ziel eines effektiven gerichtlichen Rechtsschutzes für die durch das Unionsrecht verliehenen Rechte auszulegen, um es einer Umweltschutzvereinigung zu ermöglichen, eine behördliche Entscheidung, die möglicherweise im Widerspruch zum Umweltrecht der Union steht, vor einem Gericht anzufechten.[127] Die Entscheidung des EuGH ist unerwartet „unionsfreundlich". Sie verlangt große Aufmerksamkeit. Diese hat sie auch bereits weitgehend gefunden. Die benutzte Wendung „soweit wie möglich" („to the fullest extent possible") liest sich zunächst nur als eine vorsichtige Ermunterung für das vorlegende Gericht. Tatsächlich greift der Gerichtshof weit in die prozessuale Verfahrensautonomie der Mitgliedstaaten ein. Eine Beteiligung der Öffentlichkeit ist in der RL 92/43/EG nicht einmal im Ansatz angelegt. Mit dem Judikat liegt vielmehr eine rechts-

125 BVerwG, B. v. 17.4.2010 – 9 B 5.10 – NJW 2010, 2534 = NuR 2010, 492 zu EuGH, U. v. 14.6.2007 – Rs. C-342/05 – EuGH 2007 I-4713 Rn. 29 = NuR 2007, 477 – „Wolfsjagd" (Art. 16 Abs. 1 der Richtlinie 92/43).

126 BVerfG, B. v. 6.7.2010 – 2 BvR 2661/06 – BVerfGE 126, 286 = DVBl. 2010, 1229 = NJW 2010, 3422 = juris Rn. 70 – (Mangold-Urteil EuGH).

127 EuGH, U. v. 11.3.2011 - Rs. C-240/09 – EuGHE 2011, I-1255 = NVwZ 2011, 673 = EurUP 2011, 139;

schöpferische Entscheidung vor, für deren Ergebnis eine Begründung kaum gegeben wird.[128] Im Kern hat der Gerichtshof die Vorgabe des Art. 191 AEUV „prozessualisiert".

b) Umsetzungsentscheidung des BVerwG (Urteil vom 5. September 2013)

Das BVerwG hat aus der Entscheidung des EuGH zu Art. 9 Abs. 3 AK inzwischen prozessuale Folgerungen gezogen.[129] Eine unmittelbare Übertragung der Leitgedanken des Urteils des EuGH vom 8.3.2011 hat das BVerwG abgelehnt. Das Gericht hat aber – fallbezogen – aufgrund einer unionsrechtlichen Interpretation des § 47 Abs. 1 BImSchG angenommen, dass einem anerkannten Umweltverband eigene Rechte im Sinne des § 42 Abs. 2 VwGO gewährt seien. Aus dem vom BImSchG bezweckten Schutz der menschlichen Gesundheit folge ein Klagerecht für die von den Immissionsgrenzwertüberschreitungen unmittelbar betroffenen natürlichen Personen. Zwar könne der Verbandskläger als juristische Person in seiner Gesundheit nicht betroffen sein. Das Unionsrecht gebiete jedoch eine erweiternde Auslegung der aus dem Luftqualitätsrecht folgenden subjektiven Rechtspositionen. Die in dieser Weise vom Unionsrecht zugebilligte Rechtsmacht sei in unionsrechtskonformer Auslegung des § 42 Abs. 2 Halbs. 2 VwGO im Interesse des aus Art. 4 Abs. 3 EUV folgenden Effektivitätsgebots als subjektives Recht anzuerkennen. Allein ein solches Verständnis trage der Entwicklung des Unionsrechts Rechnung. Zu den unmittelbar betroffenen juristischen Personen, denen durch § 47 Abs. 1 BImSchG ein Klagerecht eingeräumt ist, gehörten auch die nach § 3 UmwRG anerkannten Umweltverbände. Das BVerwG will hier eher einem Urteil des EuGH vom 25.7.2008 als dessen erwähnter Entscheidung vom 11.3.2011 folgen.[130] Das sind aus der Sicht des Art. 9 Abs. 3 AK noch etwas umständliche Konstruktionen. Man darf hoffen, dass sich hier die dogmatischen Nebel alsbald lichten.

3. EuGH - Urteil vom 12. Mai 2011 (Trianel)

Mit Beschluss vom 5. März 2009 legte das OVG Münster dem EuGH mehrere Fragen zur Auslegung der RL 2003/35/EG vor.[131] Nach der Einschätzung des vorlegenden Gerichtes widersprachen die Regelungen in dem angefochtenen Bescheid den innerstaatlichen Vorgaben des Naturschutzrechts, mit denen die FFH-RL 92/43/EWG umgesetzt wird. An einer Sachentscheidung sah sich das Gericht gehindert. Dem klagenden Umweltverband fehle die in § 2 Abs. 1 Nr. 1 UmwRG normierte Klagebefugnis. Das maßgebende Habitatschutzrecht vermitt-

---

128 Vgl. dazu u.a. *Jörg Berkemann*, Die unionsrechtliche Umweltverbandsklage des EuGH - Der deutsche Gesetzgeber ist belehrt „so nicht" und in Bedrängnis, in: DVBl 2011, 1253-1262; ders., Der slowakische Braunbär im deutschen Prozessrecht - Eine Analyse von EuGHE 2011 I-1255, in: DVBl 2013, 1137-1148; zur Entstehungsgeschichte ders., Kohlekraftwerke und slowakische Braunbären – Wie geht es weiter mit der (deutschen) Umweltverbandsklage?, in: Jan Ziekow (Hrsg.), Aktuelle Probleme des Luftverkehrs-, Planfeststellungs- und Umweltrechts 2012, Berlin 2013, S. 63-126.

129 BVerwG, U. v. 5.9.2013 - 7 C 21.12 - NVwZ 2014, 64 Rn. 38 = NuR 2014, 37 = UPR 2014, 26 = ZUR 2014, 52 mit Bespr. Bunge, in: ZUR 2014, 3-13; Frenz, in: UPR 2014, 1-3; Schlacke, in: NVwZ 2014, 11-18; *Porsch*, in: NVwZ 2013, 1393-1396. Zuvor waren bereits einige Gerichte dem EuGH, allerdings recht unterschiedlich, gefolgt, vgl. etwa VGH Kassel, B. v. 14.5.2012 - 9 B 1918/11 - NuR 2012, 493 Rn. 35 (Windenergieanlagen innerhalb des EU-Vogelschutzgebiets im Rahmen des Raumordnungsrechts); OVG Koblenz, B. v. 6.2.2013 - 1 B 11266/12 - ZUR 2013, 293 = UPR 2013, 233 (gestuftes bergrechtliches Zulassungsverfahren), zunächst ablehnend VGH Kassel, B. v. 20.3.2013 - 2 B 1716/12 – juris Rn. 77; OVG Lüneburg, B. v. 9.7.2013 - 4 MN 155/13 - NVwZ-RR 2014, 178 = NuR 2013, 752; OVG Koblenz, B. v. 27.2.2013 - 8 B 10254/13 – NVwZ 2013, 881 Rn. 11 = UPR 2013, 197 = ZUR 2013, 291; OVG Münster, U. v. 12.6.2012 - 8 D 38/08.AK - NuR 2012, 722 Rn. 204; OVG Schleswig, U. v. 8.3.2013 – 1 LB 5/12 – NordÖR 2013, 437 Rn. 68.

130 Vgl. EuGH, U. v. 25.7.2008 - Rs. C-237/07 - EuGHE 2008 I-6221 Rn. 42 - Janecek – NVwZ 2008, 984 = EurUP 2008, 297, vgl. BVerwG, U. v. 29.3.2007 - 7 C 9.06 - BVerwGE 128, 278 = EurUP 2008, 93; BVerwG, U. v. 27.9.2007 - 7 C 36.07 - BVerwGE 129, 296 = EurUP 2008, 96 (Luftreinhaltung).

131 OVG Münster, Beschluss vom 5.3.2009 - 8 D 58/08.AK – DVBl 2009, 654-658 = NVwZ 2009, 987 = NuR 2009, 369 = ZNER 2009, 57 = EurUP 2009, 153 = NWVBl 2009, 322 = UPR 2009, 276 = ZUR 2009, 380.

le keinen Drittschutz. Zahlreich waren diejenigen Autoren, welche das „deutsche" System der schutznormakzessorischen Umweltverbandsklage entweder ganz oder doch teilweise als gemeinschaftswidrig beurteilten. Der EuGH entschied am 12.5.2011 im Sinne der Vorlage, auch wenn diese äußerlich ergebnisoffen formuliert worden war.[132] Die Entscheidung des EuGH beendet den „deutschen" Interpretationsstreit. Der deutsche Gesetzgeber habe Art. 10a Abs. 2 RL 85/338/EWG nicht hinreichend umgesetzt. Umweltverbände hätten unabhängig davon, welches Kriterium für die Zulässigkeit von Rechtsbehelfen ein Mitgliedstaat wählt, ein Recht auf Zugang zu einem Überprüfungsverfahren vor einem Gericht oder einer anderen auf gesetzlicher Grundlage geschaffenen unabhängigen und unparteiischen Stelle, um die materiell-rechtliche und verfahrensrechtliche Rechtmäßigkeit von Entscheidungen, Handlungen oder Unterlassungen im Sinne dieses Artikels anzufechten. Wiederum werden die erwähnten Grundsätze der Äquivalenz und der Effektivität angeführt. Der EuGH zitiert ferner Art. 10a Abs. 3 Sätze 2 und 3 RL 85/338/EWG (nunmehr Art. 11 Abs. 1 RL 2011/92/EU), also die übernommene Vermutungsregelung des Art. 9 Abs. 2 AK. Auch Art. 10a Abs. 3 S. 3 RL 85/337 sei in dem Sinne zu verstehen, dass zu den „Rechten, die verletzt werden können", als deren Träger die Umweltverbände gelten, „zwingend die nationalen Rechtsvorschriften, die die Rechtsvorschriften der Union im Bereich der Umwelt umsetzen, sowie die unmittelbar anwendbaren Vorschriften des Umweltrechts der Union gehören müssen". Das war der Todesstoß gegen den Versuch, die deutsche Schutznormtheorie durch die Hintertür zu retten. Der Bundesgesetzgeber hat durch die Novellierung des UmwRG 2013 die gebotenen Folgerungen gezogen.

4. EuGH – Urteil vom 7. November 2013 (Gemeinde Altrip)

In einem Vorabentscheidungsverfahren hatte das BVerwG (7. Senat) den EuGH über zahlreiche Probleme in der Anwendung des Fehlerprogramms des § 4 UmwRG befragt.[133] Die Entscheidungserheblichkeit der Vorlage war nicht ganz eindeutig. Der EuGH geht darüber hinweg.[134] Er antwortet in der Sache. Die ihm gestellte Frage, ob sich Art. Art. 10a RL 85/337/EWG auf den Fall einer zwar durchgeführten, aber fehlerhaften UVP erstreckt, wird bejaht. Der Mitgliedstaat dürfe sich nicht auf das Unterbleiben einer UVP oder einer Vorprüfung beschränken. Das ist indes das gesetzgeberisch gewollte Konzept des § 4 Abs. 1 UmwRG. Dem deutschen Gesetzgeber wird der Sache nach vorgehalten, er habe die seinerzeitige Entscheidung des EuGH in Sachen „Delana Wells" nicht wirklich verstanden. Besonders interessant ist die Auffassung des EuGH zu den ihm des Weiteren vorgelegten Fragen, was zu geschehen habe, wenn die Öffentlichkeit nicht beteiligt worden war und welche inhaltlichen Anforderungen an Verfahrensfehler im Übrigen zu stellen seien.

Der EuGH nutzt die Gelegenheit, um dem vorlegenden Gericht ein anderes Fehlerfolgenprogramm nahezubringen. Der Mitgliedstaat könne zwar im Grundsatz eine innerstaatliche Regelung vorsehen, nach der eine Rechtsverletzung nicht vorliege, „wenn nach den Um-ständen des konkreten Falls nachweislich die Möglichkeit besteht, dass die angegriffene Entscheidung ohne den vom Rechtsbehelfsführer geltend gemachten Verfahrensfehler nicht anders ausgefal-

---

132 EuGH, Urt. v. 12.5.2011 – Rs. C-115/09 - DVBl 2011, 757 = NVwZ 2011, 801 = UPR 2011, 268 = NuR 2011, 423 = EuZW 2011, 510 = EuGRZ 2011, 273 = EurUP 2011, 145 = ZUR 2011, 368 = ZNER 2011, 286 = NJW 2011, 2779 = NWVBl 2011, 342 = BayVBl 2011, 628 - Bund für Umwelt und Naturschutz Deutschland, Landesverband Nordrhein-Westfalen e.V. vs. Bezirksregierung Arnsberg.

133 BVerwG, B. v. 10.1.2012 - 7 C 20.11 - NVwZ 2012, 448 = NuR 2012, 264 = ZUR 2012, 248 = EurUP 2012, 154; a. A. BVerwG, U. v. 24.11.2011 - 9 A 23.10 - BVerwGE 141, 171 = DVBl 2012, 443 = NVwZ 2012, 557: Fehler bei der Durchführung der UVP begründen keinen Verfahrensmangel nach § 4 Abs. 1 Satz 1 in Verb. mit Abs. 3 UmwRG; ebenso VGH Kassel, U. v. 16.9.2009 - 6 C 1005/08.T - ZUR 2010, 46 Rn. 89 = NuR 2010, 428.

134 EuGH, U. v. 7.11.2013 – Rs. C-72/12 - DVBl 2013, 1597 = NVwZ 2014, 49 = EurUP 2013, 306 (Altrip).

len wäre." Diese unionsrechtliche „Öffnungsklausel" verbindet der Gerichtshof allerdings mit einer recht präzisen Argumentations- oder Beweislastregel.[135] Liegt ein Verfahrensverstoß als Befund vor, dann ist es Sache der Behörde, dessen Irrelevanz für die gefundene Entscheidung darzulegen. Dabei sei u. a. der Schweregrad des geltend gemachten Fehlers zu berücksichtigen und insbesondere zu prüfen, ob dieser Fehler der betroffenen Öffentlichkeit eine der Garantien genommen hat, die geschaffen wurden, um ihr im Einklang mit den Zielen der RL 85/337/EWG Zugang zu Informationen und die Beteiligung am Entscheidungsprozess zu ermöglichen. Der EuGH entscheidet sich also weitgehend für eine vollumfängliche gerichtliche Überprüfung von Verfahrensfehlern. Sein gefundenes Ergebnis ist ungemein flexibel, ja richterpragmatisch durchdacht. Man kann den Gerichtshof also loben. Bei Lichte besehen hat er daran erinnert, dass Art. 9 Abs. 4 S. 1 Halbs. 1 AK einen „effektiven Rechtsschutz" ausdrücklich auch für Verfahren nach Art. 9 Abs. 2 AK vorsieht. Das lässt sich leicht auf die ausführende RL 2003/35/EG und nunmehr Art. 11 Abs.1 2011/92/EU übertragen. So kommt der EuGH zu dem naheliegenden Schluss, dass der Unionsgesetzgeber die Möglichkeit, einen Verfahrensfehler geltend zu machen, jedenfalls nicht an die Voraussetzung knüpfen wollte, dass dieser Fehler Auswirkungen auf den Inhalt der angegriffenen endgültigen Entscheidung habe. Das ist interpretatorisch präzise und textnah formuliert. Überraschend ist diese Interpretation nicht. Im strategischen Ansatz entspricht sie der Grundauffassung.

Die die Lösung des EuGH ähnelt im Ergebnis stark dem seinerzeitigen ersten Referentenentwurf zum UmwRG (Stand Februar 2015).[136] Damals hatte der Referent formuliert: „Abweichend von § 46 VwVfG oder den entsprechenden landesrechtlichen Bestimmungen kann die Aufhebung einer Entscheidung über die Zulässigkeit eines Vorhabens nach § 1 Abs. 1 Satz 1 Nr. 1 verlangt werden, wenn wesentliche Verfahrensvorschriften verletzt worden sind." Dazu waren beispielhaft als „wesentliche" Verfahrensschritte das gänzliche Unterbleiben einer UVP oder einer erforderlichen Vorprüfung des Einzelfalles. Außerdem waren mehrere im UVPG vorgeschriebene Verfahrensschritte bezeichnet, so die Vorlage der entscheidungserheblichen Unterlagen über die Umweltauswirkungen des Vorhabens (vgl. § 6 Abs. 1 S. 1 UVPG); die Beteiligung anderer Behörden (vgl. § 7 S.1 UVPG); grenzüberschreitende Behördenbeteiligung (vgl. 8 Abs. 1 S. 1 UVPG), Beteiligung der Öffentlichkeit (vgl. § 9 UVPG), grenzüberschreitende Beteiligung der Öffentlichkeit (§ 9a Abs.1) und die Bewertung der Umweltauswirkungen nach § 12 des UVPG. Der Entwurf ist dann Opfer der vorzeitigen Beendigung der Legislaturperiode geworden. Die neue Bundesregierung sah die Dinge anders. Es hat der Arbeit des vorlegenden BVerwG und des fernab von deutschen Querelen stehenden EuGH bedurft, die simple Wahrheit des Art.9 Abs. 4 AK in Erinnerung zu rufen. Der Grundsatz der Äquivalenz und der Effektivität sind die klassischen prozessualen Bausteine des Gerichtshofes In seiner bisherigen Rechtsprechung hat der EuGH solche Form- oder Verfahrensvorschriften als „wesentlich" angesehen, die geeignet sind, den Inhalt der Entscheidung zu beeinflussen oder die dem Schutz des Entscheidungsadressaten dienen. Der EuGH legt – cum grosso modo – bei der Frage, was als „wesentlich" anzusehen sei, einen gegenüber dem deutschen Recht deutlich engeren Prüfungsmaßstab zugrunde.

5. Anhängige Vertragsverletzungsverfahren

Gegenwärtig bereitet die EU-Kommission ein Vertragsverletzungsverfahren unter anderem hinsichtlich der Präklusionsregelung des § 2 Abs. 3 UmwRG vor. Ihre mit Gründen versehene Stellungnahme datiert vom 23.4.2013 (vgl. Art. 258 AEUV). Zur Frage der UVP-Pflicht einer

---

135 Vgl. dazu *Wienhues*, Drei Antworten und eine offengebliebene Frage: Die Altrip-Entscheidung des Gerichtshofs der Europäischen Union, in: NuR 2013, 875-877.
136 Entwurf (G I 4-42120-6/0), Bundesministerium für Umwelt, Naturschutz und Reaktorsicherheit Referat G I 4 Berlin, 21.2.2005, abgedruckt z.B. bei Wolfgang Durner/Christian Walter (Hrsg.), Rechtspolitische Spielräume bei der Umsetzung der Åarhus-Kovention, Berlin 2005, S. 171-195.

Flugroutenfestlegung hat die Kommission ein erstes Mahnverfahren durchgeführt, zögert aber auch hier, das Verfahren fortzusetzen. Dem Vernehmen nach plante die BReg. eine UVP für Flugrouten gesetzlich einzuführen. Allerdings soll in der UVP-Prüfung der Lärmschutz für Flughafen-Anwohner ausgenommen sein.

V.   Århus-Beschwerdeverfahren

Kommt eine Konventionspartei den sich aus der Århus-Konvention ergebenden Verpflichtungen nicht oder nicht ordnungsgemäß nach, können Betroffene eine Beschwerde (communication) an das Aarhus Convention Compliance Committee (ACCC) richten. Das Verfahren stützt sich auf Art. 15 AK. Der deutsche Umweltverein NABU (Berlin) erhob am 1. Dezember 2008 im Verfahren nach Art. 15 AK eine Beschwerde zum ACCC (Beschwerdeverfahren ACCC/C/2008/31). Der Verband hat geltend gemacht, Deutschland habe unter anderem Art. 9 Abs. 3 AK nicht in innerstaatliches Recht umgesetzt. Das Committee hat den Beteiligten unter dem 11.11.201 folgenden Hinweis gegeben:

a) NGOs can challenge both the substantive and procedural legality of any decision, act or omission subject to article 6 of the Convention, without having to assert that the challenged decision contravenes a legal provision "serving the environment";

b) Criteria for NGOs standing to challenge acts or omissions by private persons or public authorities which contravene national law relating to the environment under article 9, paragraph 3, of the Convention be revised and specifically laid down in sectoral environmental laws, in addition to any existing criteria for NGO standing in the EAA and the Nature Protection Act.

Das Committee beabsichtigt, eine abschließende Entscheidung in seiner Sitzung vom 27./30.6.2014 zu treffen.

Matthias Herbert, Bundesamt für Naturschutz, Leiter Außenstelle Leipzig

Perspektiven der Landschaftsplanung – Bestandsaufnahme und Zukunftsprognose

I. Einführung

Das Bundesnaturschutzgesetz hat von Anfang an dem Naturschutz und der Landschaftspflege eine Fachplanung zugewiesen, die sich ebenenspezifisch und schutzgutübergreifend der Konkretisierung von Zielen, Erfordernissen und Maßnahmen widmet. Landschaftsplanungen wirken von je her durch ihre Fachargumentation in die räumliche Steuerung von Entwicklungen, die Planung von Projekten und die Siedlungsentwicklung hinein. Gelegentliche Anwürfe der Unwirksamkeit lassen sich durch statistische Erhebungen, die das Bundesamt für Naturschutz regelmäßig durchführt sowie durch gute und gelungene Beispiele widerlegen.

Angesichts des erheblichen Landnutzungswandels, den verschiedene Treiber unterschiedlich stark beschleunigen, wird die Notwendigkeit immer deutlicher, neben landschaftsplanerischen Zielaussagen und Bewertungen auch thematische Bedürfnisse der Weiterentwicklung aufzugreifen. Dazu gehören u.a. der Ausbau der erneuerbaren Energien, die naturschutzverträgliche Hochwasservorsorge oder die Wiedervernetzung von Lebensräumen und Landschaften. Auch auf den Naturschutz und die Landschaftspflege im besiedelten Bereich kommen zusätzliche Herausforderungen durch kumulative Effekte des Klimawandels, des demografischen Wandels und der ungebremsten Flächeninanspruchnahme zu. Darauf müssen landschaftsplanerische Aussagen zum Freiraum- und Grünflächenverbund, zum Biotop- und Artenschutz, zur Erholungsvorsorge und zur Naturerfahrung reagieren.

Landschaftsplanungen stehen auf allen Ebenen vor gesellschaftlichen und inhaltlichen Herausforderungen. Ausführlich hat sich dazu ein Expertenkreis in der Internationalen Naturschutzakademie Insel Vilm verständigt (vgl. dazu „Perspektiven für die Landschaftsplanung als Beitrag zu einer nachhaltigen Kulturlandschaftsentwicklung", Vilmer Visionen 2012). Ergänzend dazu soll im Folgenden auf ausgewählte Aspekte näher eingegangen werden.

II. Bestandsaufnahme

Das Bundesnaturschutzgesetz hatte schon 1976 die Landschaftsplanung als das zentrale Planungsinstrument des Naturschutzes und der Landschaftspflege verstanden. Ausgelöst durch die Föderalismusreform im Jahre 2006 und die dadurch erforderliche Neujustierung des Rechtes von Naturschutz und Landschaftspflege wurde im Bundesnaturschutzgesetz 2009 den Einzelregelungen zur Landschaftsplanung nun ein abweichungsfester Grundsatz vorangestellt. Zudem sind Aufgaben, Inhalte und Funktionen der Landschaftsplanung bundesweit normiert. Organisatorische und verfahrensbezogene Regelungen bleiben weiter dem Landesrecht überantwortet. Zunächst ist die Aufgabe von Landschaftsplanung die räumliche Zielkonkretisierung für Naturschutz und Landschaftspflege. Dazu flankierend sind die Erfordernisse und Maßnahmen zur Zielverwirklichung zu bestimmen. Ausgehend von dieser fachplanerischen Grundlage sind aber auch inhaltliche und planerische Beiträge so zu konkretisieren, dass in der räumlichen Gesamtplanung, in der Strategischen Umweltprüfung, in verschiedenen Fachplanungen (z. B. in den Bereichen Wasserwirtschaft, Landwirtschaft) oder in Zulassungsverfahren darauf zurückgegriffen werden kann. Diese Konkretisierung der Stellung von Landschaftsplanung zu den raumrelevanten Instrumenten ist von besonderer Bedeutung, da hierüber die Ziele und Inhalte des Naturschutzes und der Landschaftspflege in die Entscheidungen über die Raumentwicklung transportiert werden können.

Zum Status der Landschaftsplanung ist festzuhalten, dass alle Bundesländer Landschaftsprogramme aufgestellt haben bzw. sich die Aufstellung in Bearbeitung befindet (Landschaftsplanverzeichnis des BfN, 2013).

Landschaftsprogramm	Letzter Planabschluss	Fortschreibung
Bayern [1]	2013	
Baden-Württemberg [2]	1986	Teilfortschreibungen 1990 – 1999 [3]
Berlin	1994	Laufende inhaltliche und räumliche Teilfortschreibungen [4]
Brandenburg	2001	sachlicher Teilplan "Biotopverbund Brandenburg" i. B.
Bremen	1991	Fortschreibung i. B.
Hamburg	1997	Teil-Fortschreibungen i. B. [5]
Hessen	Erstaufstellung i. B.	
Mecklenburg-Vorpommern	2003	
Niedersachsen	1989	Fortschreibung i. B.
Nordrhein-Westfalen	Erstaufstellung i. B.	
Rheinland-Pfalz	2008	
Saarland	2009	
Sachsen [6]	2013	
Sachsen-Anhalt	1994	Teilfortschreibung: Beschreibungen und Leitbilder der Landschaftseinheiten 2001
Schleswig-Holstein	1999	Fortschreibung i.V.
Thüringen	1996	

[1] als Teil des Landesentwicklungsprogramms (Art 3 BayNatschG)

[2] als Landschaftsrahmenprogramm bezeichnet (§ 17 Abs. 2 NatschG);

[3] Kartenatlas, Naturraumsteckbriefe und das Zielartenkonzept

[4] u.a. Ausgleichsflächenkonzeption, Natura 2000, laufende Aktualisierung räumlicher Teilpläne

[5] seit 1997 ca. 100 laufende bedarfsorientierte Änderungen (u.a. bei Änderungen des FNP, derzeit umfassende Teilfortschreibungen mit Bezug zum Biotopverbund, Arten- und Biotopschutz und Stadtklima)

[6] als Teil des LEP, Anhang 1: Fachplanerische Inhalte des LAPRO

Die Auswertung der durch Landschaftsrahmenplanung überplanten Fläche in Deutschland zeigt, dass die Bundesfläche bis auf einen Landkreis abgedeckt ist. Mit dem Blick darauf, dass fast die Hälfte dieser Landschaftsrahmenpläne nach 2006 aufgestellt oder aktualisiert wurden oder sich noch in Bearbeitung befinden, lässt auf die Aktualität der Planwerke auf dieser Ebene schließen.

Der Stand der örtlichen Landschaftsplanung lässt eine zuversichtliche Sichtweise zu, auch wenn die Bearbeitungsstände unterschiedlich sein mögen. Auf über zwei Drittel der Bundesfläche sind Landschaftspläne abgeschlossen (47 % der Bundesfläche), befinden sich in Bearbeitung (19 %) oder befinden sich in Vorbereitung (9 %). Lediglich auf einem Viertel der Bundesfläche gibt es derzeit keine örtliche Landschaftsplanung.

III. Herausforderungen

Auf Bundesebene stehen verschiedene programmatische Aussagen und konzeptionelle Herausforderungen im Raum. Das nationale Hochwasserschutzprogramm, der vorgesehene Bundesraumordnungsplan zum Hochwasserschutz sowie das Bundesprogramm „Blaues Band" greifen aktuelle Ereignisse der jüngsten Vergangenheit auf. Diese Programme und Pläne sollen vorsorgend und vorausschauend die Hochwasservorsorge und die Auenentwicklung aus einem bundesweiten Blickwinkel strukturieren. Das Bundesprogramm Wiedervernetzung, der Bundesbedarfsplan für den Ausbau der Energienetze sowie das geplante Bundeskonzept „Grüne Infrastruktur" verdeutlichen, dass es für Programme und Maßnahmen des Bundes die Anforderung gibt, ein gewisses Maß an Daten und Informationen des Naturschutzes und der Landschaftspflege auf Bundesebene vorzuhalten und in die relevanten Entscheidungsprozesse aktiv einzubringen.

Auf Landesebene steht die landesweite Konkretisierung von Leitbildern und Zielen des Naturschutzes und der Landschaftspflege im Vordergrund. Nicht zuletzt im Lichte des Klimawandels und der Klimaanpassung ist es notwendig, Aussagen zu landesweit bedeutsamen Lebensräumen, Verantwortungsarten oder Fließgewässern vorzuhalten. Aber auch Schwerpunkträume für bestimmte Funktionen (z. B. für naturverträgliche Erholung oder für einen naturverträglichen Ausbau der erneuerbaren Energien) sind auf der Landesebene am besten auszumachen und festzulegen.

Durch das Bundesnaturschutzgesetz 2009 wurde die regionale Ebene deutlich gestärkt. Landschaftsrahmenpläne sind gemäß § 10 Absatz 2 BNatSchG verbindlich flächendeckend aufzustellen. Diese Bedeutung der regionalen Ebene erfordert, dass die naturschutzfachlichen Konzeptaussagen und Inhalte unabhängig von den unterschiedlichen Trägerschaften der Landschaftsrahmenplanung und der Integrationsform als eigenständiger, innerfachlich abgestimmter Fachbeitrag vorliegen. Als ein Beispiel sei auf den Landschaftswandel durch Windkraftnutzung seit etwa fünfzehn Jahren hingewiesen. Der naturschutzverträgliche Ausbau der Windkraft kann auf der regionalen Ebene am wirksamsten räumlich gesteuert werden und dabei weitreichende Auswirkungen, wie z. B. auf Großvögel, auf Vogel- und Fledermauszug oder auf das Landschaftsbild, frühzeitig berücksichtigen und bewältigen.

Die örtliche Ebene der Landschaftsplanung sollte vor allem die Problem- und Handlungsschwerpunkte der Kommune aufgreifen sowie zu Partizipation und umsetzungsorientierten Planungsprozessen beitragen. Der letztgenannte Aspekt bekommt vor dem Hintergrund, dass zwei Drittel der deutschen Bevölkerung in Städten und Ballungsräumen lebt, besondere Bedeutung. Auf der örtlichen Ebene ist nicht zwingend ein Vollprogramm einzuhalten, sondern Wert auf die Umsetzung von Anforderungen des Naturschutzes und der Landschaftspflege in allen kommunalen Entscheidungen zu legen. Dazu können die Grün- und Freiraumentwicklung, die Erholungsvorsorge, die Klimaanpassung oder der Gebiets- und Artenschutz gehören.

Die soeben geschilderten Herausforderungen veranschaulichen den ebenenspezifischen Bedarf an Zielaussagen, Konkretisierungen und thematischen Vertiefungen. Auf ausgewählte Beispiele, die die thematische Weiterentwicklung verdeutlichen, soll im folgenden Kapitel eingegangen werden.

IV.   Thematische Weiterentwicklungen

Der bundesweite Überblick zeigt sehr gut, wo Bedarf für thematische Weiterentwicklungen besteht und wie dieser aktiv aufgegriffen wird. So wird beispielsweise auf Ebene des Landschaftsprogramms Hamburg ein modularer Aufbau gewählt, der auf die konkreten Module „Grüne Stadt, Gesamtstädtische Entwicklung, Vernetzung und Stadtklima/Klimawandel" vertiefend eingeht. Das Landschaftsprogramm Berlin einschließlich Artenschutzprogramm enthält thematische Programmpläne unter anderem zu „Naturhaushalt und Umweltschutz, Biotop- und Artenschutz, Landschaftsbild, Erholung und Freiraumnutzung und die Gesamtstädtische Ausgleichskonzeption". Innerhalb des Landschaftsprogramms Brandenburg wird ein sachlicher Teilplan „Biotopverbund Brandenburg" neu eingestellt.

Auf der Ebene der Landschaftsrahmenplanung sollen zwei Beispiele die Weiterentwicklung aufgrund aktueller Entwicklungen aufzeigen. Zum einen greift der Gutachtliche Landschaftsrahmenplan Vorpommern das Thema „Wiedervernetzung über Verkehrswege", das im Bundesprogramm Wiedervernetzung 2012 bundesweit verankert wurde, proaktiv auf und benennt prioritäre Korridore für Wiedervernetzungsmaßnahmen im Straßenbestand. Zum anderen enthält der Landschaftsrahmenplan Donauwald Potenzialkarten und Raumwiderstandsdarstellungen für die Nutzung von Wind- und Sonnenenergie. So wird eine viel geäußerte Forderung, den Ausbau der erneuerbaren Energien vorteilhafterweise auf der regionalen Ebene zu steuern, vorausschauend umgesetzt.

Moderne Landschaftsplanungen auf der örtlichen Ebene greifen sowohl Kernkompetenzen des Naturschutzes und der Landschaftspflege als auch handlungsorientierte Ergänzungsmodule im besiedelten Bereich auf. So liefert der Landschaftsplan der Stadt Leipzig Ergänzungen für thematischen Bedarf (Ausgleichsflächenkonzeption) und für gesellschaftlichen Bedarf (Erholungs- und Grünflächenkonzepte). Aufgrund ihres integrierten und partizipativen Ansatzes können örtliche Landschaftspläne auch neue Möglichkeiten der Problembewältigung aufzeigen. Der integrierte Hochwasserrahmenplan Traun konnte im akuten Gefahrenfall nur deswegen vorgezogen umgesetzt werden, weil im Rahmen des Landschaftsplans bereits umfangreiche Vorarbeiten und Diskussionen erfolgt waren. Ein anderes Beispiel zeigt, wie globale Entwicklungen auf der örtlichen Ebene ankommen und bewältigt werden. Der 2008 beschlossene Landschaftsplan der Stadt Lübeck wurde 2013 zum Thema „Klimawandel in Lübeck" fortgeschrieben. Dazu wurden bspw. geeignete flächenbezogene Maßnahmen zur Minimierung von Überschwemmungen formuliert oder die Erhaltung von Feuchtgebieten und Wäldern als Klimaausgleichsflächen konkretisiert.

Das Bundesamt für Naturschutz widmet sich mit eigenen Beiträgen aus Forschungs- und Entwicklungsvorhaben der methodischen Weiterentwicklung von Landschaftsplanungen. So wurden in einem Forschungsvorhaben die inhaltlichen und planungspraktischen Rahmenbedingungen für einheitliche Planzeichen in der Landschaftsplanung geklärt und konkretisiert. Im Mittelpunkt der Entwicklung des „Interaktiven Landschaftsplans" stand die Erprobung eines multimedialen Informations- und Kommunikationssystems zur Unterstützung der örtlichen Landschaftsplanung. Das bereits in über 40 Planverfahren auf unterschiedlichen Ebenen eingesetzte System befindet sich aktuell in der Nachevaluierung im Auftrag des BfN.

Die Beispiele aus unterschiedlichen Zusammenhängen und Planungsebenen zeigen, auf welche aktuelle Entwicklungen Landschaftsplanungen reagieren und wie sie diese vorausschauend aufgreifen.

V.   Zukunftsprognose

Ein Zitat aus den 1980er Jahren aufgreifend, ist zusammenfassend festzuhalten, dass es „Opas Landschaftsplanung" nicht mehr gibt. Landschaftsplanung erfindet sich auch nicht jeden Tag neu. Die regelmäßige Erhebung des BfN im Landschaftsplanverzeichnis zeigt, dass auf allen Planungsebenen ein hohes Maß an Aktualität erreicht und vielfältige Aktivitäten entfaltet werden. Zugleich wird durch den hohen Nutzungsdruck auf unsere Kulturlandschaften von allen Seiten ein hohes Bedürfnis nach einer aktuellen fachplanerischen Grundlage des Naturschutzes und der Landschaftspflege geäußert.

Landschaftsplanungen bedienen aus den Kernkompetenzen des Naturschutzes und der Landschaftspflege heraus vielfältige und komplexe Handlungsfelder, die je nach Planungsebene thematisch vertieft werden. Das zeigen die Beispiele aus dem Ausbau der erneuerbaren Energien, aus dem Hochwasserschutz und aus der Anpassung an den Klimawandel. Strukturierende, konzeptionelle und räumlich steuernde Funktionen der Planwerke werden dabei immer wichtiger, was die Entwicklung regionaler Energiekonzepte deutlich zeigt. Aber auch die konzeptionellen Vorarbeiten in Landschaftsplänen für die Erfüllung europarechtlicher Normen, wie beispielsweise bezogen auf die Kulisse des strengen Gebiets- und Artenschutzes oder auf Maßnahmen zum Kohärenzausgleich, werden an Bedeutung zunehmen.

Der hohe Nutzungsdruck auf unsere Kulturlandschaften erfordert das Einbeziehen aller landschaftsrelevanten Akteure. Partizipation, Interaktion sowie Transparenz von Planungsprozessen werden den Bürgern unserer Gesellschaft immer wichtiger. Das eindeutige Bekenntnis von 92 % der Befragten, dass die Natur zu einem guten Leben gehört, führt zum Engagement für diese Lebensumwelt und zur Forderung nach Teilhabe an Entscheidungen darüber. Interaktive Landschaftsplanung kann hier als Modell und Plattform durchaus dienen.

Die Instrumente der Landschaftsplanung werden ständig weiterentwickelt. Das zunehmend modulare Herangehen reagiert auf aktuelle Bedarfe und Herausforderungen. Damit ist Landschaftsplanung gleichermaßen nahe an Naturschutz und Landschaftspflege sowie an gesellschaftlichen Prozessen – eine deutlich optimistische Zukunftsprognose.

VI. Verwendete Literatur

BUNDESMINISTERIUM FÜR UMWELT, NATURSCHUTZ, BAU UND REAKTORSICHERHEIT UND BUNDESAMT FÜR NATURSCHUTZ (2014): „Naturbewusstsein 2013 – Bevölkerungsumfrage zu Natur und biologischer Vielfalt". Berlin/Bonn. Publikationsversand der Bundesregierung.

BUNDESAMT FÜR NATURSCHUTZ (2013): „Landschaftsplanverzeichnis". unter: http://www.bfn.de/0312_lpv.html

BUNDESAMT FÜR NATURSCHUTZ UND BUNDESINSTITUT FÜR BAUWESEN, STADT- UND RAUM-FORSCHUNG (2011): „Kulturlandschaften gestalten! Zum zukünftigen Umgang mit Transformationsprozessen in der Raum- und Landschaftsplanung". Broschüre. Selbstverlag.

HAAGE, GOTTFRIED ET AL. (2012): „Vilmer Visionen 2012- Perspektiven und Herausforderungen für die Landschaftsplanung als Beitrag zu einer nachhaltigen Landschaftsentwicklung". Ergebnis des Expertenworkshops vom 14. bis 16.05.2012 im Bundesamt für Naturschutz – Internationale Naturschutzakademie Insel Vilm. http://www.bfn.de/0312_workshopberichte.html

HACHMANN, ROLAND ET AL. (2010): „Planzeichen für die Landschaftsplanung – Untersuchung der Systematik und Darstellungsgrundlagen von Planzeichen". BfN-Skripten Nr. 266.

HÜBLER, KARL-HERMANN (1988): „Ein Plädoyer gegen Opas Landschaftsplanung". Garten und Landschaft – 98 (1988), H. 2, S. 47-49.

SCHMIDT, CATRIN ET AL. (2010): „Kulturlandschaft gestalten – Grundlagen und Arbeitsmaterial Kulturlandschaft". Naturschutz und Biologische Vielfalt, Nr. 103 (2 Bände), Bonn-Bad Godesberg, 208 + 158 S.

WILKE, CHRISTIAN ET AL. S. (2011): „Planungs- und Managementstrategien des Naturschutzes im Lichte des Klimawandels". Naturschutz und Biologische Vielfalt, Nr. 109, Bonn-Bad Godesberg, 235 S.

WILKE, TORSTEN UND MATTHIAS HERBERT (2006): „Naturschutz und seine Fachplanung: Entwicklungslinien des Instruments Landschaftsplanung im Licht gesellschaftlicher Rahmenbedingungen". Natur und Landschaft – 81 (2006), H. 1, S. 32-38.

Univ.-Prof. Dr.-Ing. habil. Stephan Mitschang

§ 1a Abs. 3 S. 5 BauGB – die dritte Stufe zur Reduzierung der Flächenneuinanspruchnahme

I. Die naturschutzrechtliche Agrarklausel in § 15 Abs. 3 BNatSchG

1. Ausgestaltung und gesetzliche Einbettung

Anlässlich der Neuordnung der Gesetzgebungszuständigkeiten hat der Bundesgesetzgeber mit dem Inkrafttreten des BNatSchG[1] im Rahmen des „Gesetzes zur Neuregelung des Rechts des Naturschutzes und der Landschaftspflege"[2] von seiner ihm uneingeschränkt zur Verfügung stehenden Kompetenz gemäß Art. 74 Abs. 1 Nr. 29 GG[3] im Bereich der konkurrierenden Gesetzgebung auf dem Gebiet des Naturschutzes und der Landschaftspflege Gebrauch gemacht. Von den Neuregelungen dieses Gesetzes wurden auch die Bestimmungen über die naturschutzrechtliche Eingriffsregelung[4] erfasst, neu nummeriert und mit dem Ziel der Berücksichtigung insbesondere praktischer Bedürfnisse, auch inhaltlich modifiziert und teilweise neu gefasst. Darunter fällt die in § 15 Abs. 3 BNatSchG enthaltene sog. „naturschutzrechtliche Agrarklausel". Sie lautet: „Bei der Inanspruchnahme von land- oder forstwirtschaftlich genutzten Flächen für Ausgleichs- und Ersatzmaßnahmen ist auf agrarstrukturelle Belange Rücksicht zu nehmen, insbesondere sind für die landwirtschaftliche Nutzung besonders geeignete Böden nur im notwendigen Umfang in Anspruch zu nehmen. Es ist vorrangig zu prüfen, ob der Ausgleich oder Ersatz auch durch Maßnahmen zur Entsiegelung, durch Maßnahmen zur Wiedervernetzung von Lebensräumen oder durch Bewirtschaftungs- oder Pflegemaßnahmen, die der dauerhaften Aufwertung des Naturhaushalts oder des Landschaftsbildes dienen, erbracht werden kann, um möglichst zu vermeiden, dass Flächen aus der Nutzung genommen werden." Aufgrund von Art. 72 Abs. 3 S. 2 GG ist die Vorschrift allerdings erst am 1. März 2010 in Kraft getreten.

Wenngleich im Gesetzgebungsverfahren zum BNatSchG an der Struktur der eingriffsrechtlichen Bestimmungen nur wenig verändert worden ist, so ist dennoch darauf hinzuweisen, dass sich der Eingriffsbegriff nunmehr in § 14 BNatSchG, das Folgenbewältigungsprogramm in § 15 BNatSchG befindet. Darüber hinaus finden sich neben der Neuregelung in § 15 Abs. 3 BNatSchG noch weitere wesentliche Neuerungen im Zusammenhang mit der naturschutzrechtlichen Eingriffsregelung:

– In § 13 BNatSchG wird ein allgemeiner Grundsatz des Naturschutzrechts normiert, mit dem das Ziel verfolgt wird, die Abweichungsgesetzgebung der Länder einzuschränken.

– Nach § 15 Abs. 2 S. 1 BNatSchG sind Ausgleichsmaßnahmen gegenüber Ersatzmaßnahmen nicht mehr ausdrücklich „vorrangig".

– In § 15 Abs. 6 BNatSchG wird die Ersatzgeldzahlung nunmehr bundesrechtlich verpflichtend ausgestaltet.

---

1 Vom 29.07.2009 (BGBl. I S. 2542), zul. geänd. durch Gesetz vom 07.08.2013 (BGBl. I S. 3154).
2 Vom 29.07.2009 (BGBl. I S. 2542).
3 Grundgesetz für die Bundesrepublik Deutschland vom 23.05.1949 (BGBl. I S. 1), zul. geänd. durch Gesetz vom 11.07.2012 (BGBl I S. 1478).
4 Vgl. §§ 13 bis 18 BNatSchG.

– In § 17 Abs. 6 BNatSchG wird auch die Einrichtung von Kompensationsflächenkatastern bundesrechtlich verpflichtend ausgestaltet.

– Außerdem werden in § 16 Abs. 1 BNatSchG die Anforderungen an die behördliche Anerkennung von vorgezogenen Kompensationsmaßnahmen bundesrechtlich normiert.

– Schließlich werden in § 15 Abs. 7 und 11 BNatSchG noch eine größere Zahl an Verordnungsermächtigungen für Bund und Länder festgelegt und eine landesrechtliche Öffnungsklausel in § 16 Abs. 2 BNatSchG im Hinblick auf die Flächen- und Maßnahmenbevorratung, Ökokonten sowie in Bezug auf den Übergang der Verantwortung bei der rechtlichen Sicherung und Unterhaltung von Kompensationsmaßnahmen auf Dritte neu geschaffen.

2. Zielsetzung

Soweit mit der Realisierung baulicher Maßnahmen der Siedlungsentwicklung oder der Infrastruktur Eingriffe in Natur und Landschaft verbunden und hierfür Ausgleichs- und Ersatzmaßnahmen durchzuführen sind, bedarf es dazu regelmäßig auch der Verfügbarkeit entsprechender Flächen. Landwirtschaftlich oder als Wald genutzte Flächen[5] bieten sich dann in erster Linie an, nicht nur weil sie die im planerischen Außenbereich am ehesten anzutreffende Bodennutzung aufnehmen, sondern auch und vor allem weil sie ökologisch aufwertungsfähig sowie darüber hinaus am leichtesten, bei meistens auch noch geringen Grundstückskosten, verfügbar gemacht werden können. Insbesondere der nach wie vor hohe Bodenverbrauch von derzeit rund 77 Hektar pro Tag[6] für Bau- und Verkehrsflächen führt zu einer kontinuierlichen Verringerung noch naturhafter Flächen, und zwar einerseits für die baulichen Vorhaben und die durch sie beanspruchten Flächen selbst sowie darüber hinaus andererseits für die insoweit gegebenenfalls erforderlich werdenden naturschutzrechtlichen Ausgleichs- und Ersatzmaßnahmen auf den hierfür notwendigen Kompensationsflächen. Vor diesem Hintergrund verfolgt § 15 Abs. 3 BNatSchG das Ziel, der in derartigen Eingriffskonstellationen sich ergebenden Konfliktlage zwischen Kompensationserfordernissen und Ansprüchen der land- oder forstwirtschaftlichen Bodennutzung durch ein ausdrückliches Rücksichtnahmegebot und einen besonderen Prüfauftrag zu begegnen.[7] Interessanterweise spielen weder das neu normierte Rücksichtnahmegebot sowie auch der ebenfalls neu ausgestaltete Prüfauftrag des § 15 Abs. 3 BNatSchG für den durch das bauliche Vorhaben selbst verursachten Flächenverbrauch keine Rolle, mit der Folge, dass etwa privilegierte Außenbereichsvorhaben sogar auf wertvollsten landwirtschaftlichen Böden realisiert werden können.[8] Nur soweit sie auch die Durchführung von Ausgleichs- und Ersatzmaßnahmen erfordern, greift § 15 Abs. 3 BNatSchG und die mit ihm verfolgte Zielsetzung der Schonung land- und forstwirtschaftlich genutzter Flächen im Zusammenhang mit der Eingriffskompensation.

---

5   Der zunehmende Verbrauch von land- und forstwirtschaftlichen Flächen ist bereits seit dem Baurechtskompromiss im Jahr 1993, insbesondere von den Vertretern der Landwirtschaft beklagt worden.

6   Vgl. *Bundesinstitut für Bau-, Stadt- und Raumforschung* (Hrsg.), Raumordnungsbericht 2011, Bonn, 2012, 120 ff.

7   So BT-Drs. 16/12274, 57.

8   Zu Recht: *Fischer-Hüftle/A. Schumacher*, in: Schumacher/Fischer-Hüftle (Hrsg.), Bundesnaturschutzgesetz, Kommentar, 2. Aufl., Stuttgart, 2011, § 15 Rn. 91.

II. Die Integration der naturschutzrechtlichen Agrarklausel in die planerische Eingriffsregelung

Noch vor zwei Jahrzehnten hat das Verhältnis der Bestimmungen über „Eingriffe in Natur und Landschaft" zu den Regelungen des Städtebaurechts umfangreiche fachliche Diskussionen über die Berücksichtigung der Belange von Natur und Landschaft bei der räumlichen Planung hervorgerufen.[9] Mit den Gesetzesinitiativen zum Investitionserleichterungs- und Wohnbaulandgesetz[10] und dem Bau- und Raumordnungsgesetz 1998[11] wurde dann im Großen und Ganzen eine Neuordnung des Verhältnisses von naturschutzrechtlicher Eingriffsregelung und Städtebaurecht herbeigeführt. Im Folgenden werden zunächst die Grundstrukturen der naturschutzrechtlichen sowie planerischen Eingriffsregelung dargelegt und sodann die im Zuge der Innenentwicklungsnovelle 2013 vorgenommene Integration der naturschutzrechtlichen Agrarklausel in die planerische Eingriffsregelung in ihren inhaltlichen und methodischen Implikationen beleuchtet.

1. Die naturschutzrechtliche Eingriffsregelung

Mit den eingriffsrechtlichen Bestimmungen nach den §§ 13 ff. BNatSchG wird ein allgemeiner Schutzstatus für Natur und Landschaft normiert, und zwar außerhalb des naturschutzrechtlichen Flächen- und Objektschutzes.[12] Während § 14 BNatSchG bestimmt, wann ein eingriffsrechtlich relevanter Tatbestand vorliegt, enthält § 15 BNatSchG für den Fall der Zulassung eines Eingriffs in Natur und Landschaft ein gestuftes Folgenbewältigungsprogramm (vgl. nachstehende Abbildung 1), das, den Tatbestand eines Eingriffs vorausgesetzt, sich über das Ergreifen von Vermeidungs-, Ausgleichs- oder Ersatzmaßnahmen sowie eine dann zutreffende Abwägungsentscheidung bis hin zur Erhebung einer Ersatzzahlung erstreckt:[13]

Stufe 1: Der Eingriffsverursacher ist zunächst verpflichtet, vermeidbare Beeinträchtigungen von Natur und Landschaft zu unterlassen (vgl. § 15 Abs. 1 BNatSchG).

Stufe 2: Sind die Beeinträchtigungen unvermeidbar, sind sie vom Verursacher des Eingriffs vorrangig durch Maßnahmen des Naturschutzes und der Landschaftspflege auszugleichen (Ausgleichsmaßnahmen) oder zu ersetzen (Ersatzmaßnahmen). Geregelt ist dies in § 15 Abs. 2 S. 1 BNatSchG.

Stufe 3: Soweit im Rahmen einer vorzunehmenden Abwägung aller Anforderungen an Natur und Landschaft die Belange des Naturschutzes und der Landschaftspflege im Range vorgehen, darf ein unvermeidbarer oder nicht in angemessener Frist auszugleichender oder ersetzender Eingriff in Natur und Landschaft nicht zugelassen oder durchgeführt werden (vgl. § 15 Abs. 5 BNatSchG).

Stufe 4: Wird ein Eingriff zugelassen oder durchgeführt, obwohl die Beeinträchtigungen nicht zu vermeiden oder nicht in angemessener Frist auszugleichen oder zu ersetzen sind, hat der Verursacher des Eingriffs nach § 15 Abs. 6 S. 1 BNatSchG Ersatz in Geld zu leisten (sog. „Ersatzzahlung").

---

9 Zurückblickend: *Schumacher*, NuR 2012, 31 ff. und *Wolf*, NuR 2013, 1 ff.

10 Vgl. „Gesetz zur Erleichterung von Investitionen und der Ausweisung und Bereitstellung von Wohnbauland" (InvWobaulG) vom 22.04.1993 (BGBl. I S. 466).

11 Vgl. „Gesetz zur Änderung des Baugesetzbuchs und zur Neuregelung des Rechts der Raumordnung" (Bau-ROG 1998) vom 18.08.1997 (BGBl. I S. 2081).

12 Vgl. *Lau*, NuR 2011, 680 (681). Zur Entwicklung: *Wolf* (Fn. 9), 1 ff.

13 Siehe hierzu insbesondere: *Gaentzsch*, NuR 1986, 89 ff.; *Mitschang*, Die Belange von Natur und Landschaft in der kommunalen Bauleitplanung, 2. Aufl., Berlin, 1996; *Kuchler*, Naturschutzrechtliche Eingriffsregelung und Bauplanungsrecht, Berlin, 1989.

Dieses Folgenbewältigungsprogramm wird ergänzt durch weitere gesetzliche Maßgaben, etwa wann ein Eingriff in Natur und Landschaft vermeidbar ist. Dies ist dann möglich, wenn zumutbare Alternativen, den mit dem Eingriff verfolgten Zweck am gleichen Ort ohne oder mit geringeren Beeinträchtigungen von Natur und Landschaft zu erreichen, gegeben sind (vgl. § 15 Abs. 1 S. 2 BNatSchG). Außerdem wird geregelt, wann ein Eingriff ausgeglichen oder ersetzt ist. Hiernach ist eine Beeinträchtigung ausgeglichen, wenn und sobald die beeinträchtigten Funktionen des Naturhaushalts in gleichartiger Weise wiederhergestellt sind und das Landschaftsbild landschaftsgerecht wiederhergestellt oder neu gestaltet ist (§ 15 Abs. 2 S. 2 BNatSchG). Ersetzt ist eine Beeinträchtigung, wenn und sobald die beeinträchtigten Funktionen des Naturhaushalts in dem betroffenen Naturraum in gleichwertiger Weise hergestellt sind und das Landschaftsbild landschaftsgerecht neu gestaltet ist (vgl. § 15 Abs. 2 S. 3 BNatSchG). Die durch die Innenentwicklungsnovelle 2013 neu eingefügte Bestimmung in § 15 Abs. 3 BNatSchG regelt, unter welchen Voraussetzungen land- oder forstwirtschaftlich genutzte Flächen für Ausgleichs- und Ersatzmaßnahmen herangezogen werden dürfen. Um bei der Anwendung der eingriffsrechtlichen Bestimmungen Vollzugsdefizite zu vermeiden, enthält § 15 Abs. 4 BNatSchG Maßgaben zur Unterhaltung und zur rechtlichen Sicherung von Ausgleichs- und Ersatzmaßnahmen. In § 15 Abs. 6 BNatSchG sind außerdem ergänzende Bestimmungen über Ersatzzahlungen zu finden und § 15 Abs. 7 BNatSchG birgt eine Ermächtigung zum Erlass einer Rechtsverordnung,[14] um Näheres zur Kompensation von Eingriffen zu regeln.

Mit dem dargestellten Folgenbewältigungsprogramm werden den fachrechtlichen, für die Zulassung eines bestimmten Vorhabens heranzuziehenden Bestimmungen, auf die Bedürfnisse des Naturschutzes und der Landschaftspflege zugeschnittene Anforderungen zur Seite gestellt.[15] Dadurch wird verhindert, dass die nachteilige Inanspruchnahme von Natur und Landschaft eines nach den jeweiligen fachrechtlichen Bestimmungen zulässigen Vorhabens zu Lasten von Natur und Landschaft sanktionslos bleibt.[16] In diesem Sinne werden alle Vorhaben, die potenziell eine Beeinträchtigung von Natur und Landschaft zur Folge haben, einer spezifisch eingriffsrechtlichen Prüfung unterzogen mit einer klaren Abfolge der Entscheidungsfindung (vgl. Abbildung 1).[17]

---

14 Derzeit liegt ein von der Bundesregierung beschlossener Entwurf einer Bundeskompensationsverordnung (BKompV-E vom 19.04.2013) vor.
15 Vgl. BVerwG, Urt. v. 21.03.1996 – 4 C 19.94, BVerwGE 100, 370.
16 Vgl. BVerwG, Urt. v. 07.03.1997 – 4 C 10.96, BVerwGE 104, 144.
17 Siehe auch *Ekardt/Hennig*, NuR 2013, 694 ff.

Abbildung 1: Folgenbewältigungsprogramm der naturschutzrechtlichen Eingriffsregelung

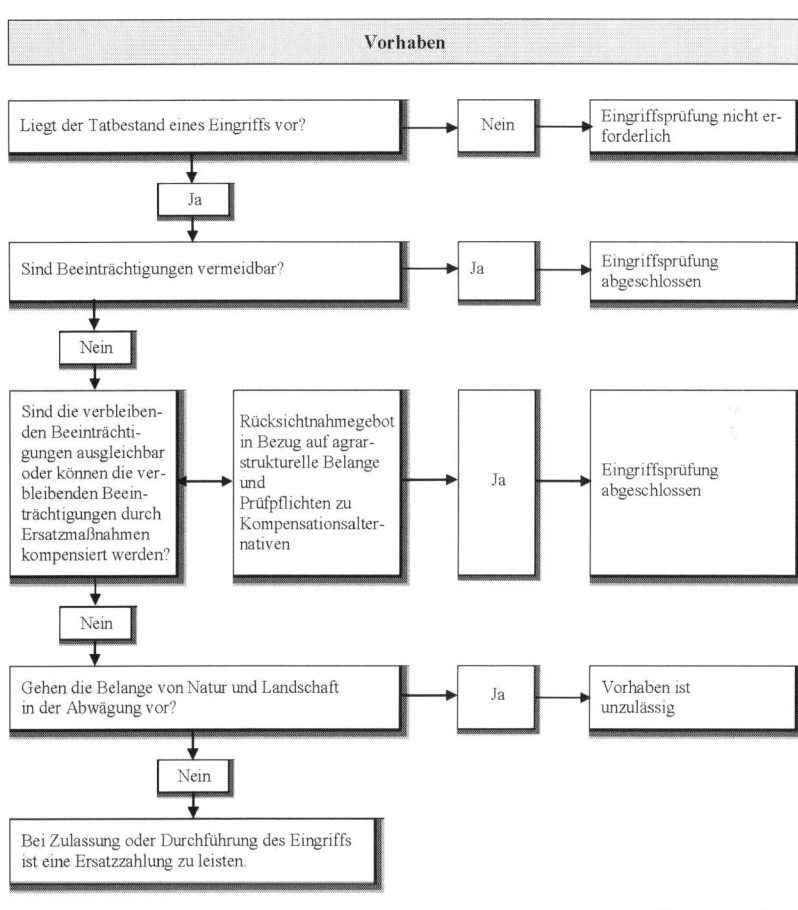

©Eigene Darstellung

2. Die planerische Eingriffsregelung

Die planerische Eingriffsregelung stellt sich heute als eine logische Weiterentwicklung der mit dem Baurechtskompromiss[18] im Jahr 1993 angestoßenen Vorverlagerung der Verpflichtung zur Bewältigung der Eingriffs- und Ausgleichsproblematik von den Zulassungs- oder Genehmigungsebenen auf die Stufen der Planung und der nachfolgenden Überführung der bauleitplanungsbezogenen Sachverhalte unmittelbar in das Städtebaurecht dar. Gleichwohl besteht nach wie vor die Notwendigkeit grundsätzlich zwischen einer naturschutzrechtlichen

---

18 Ausführlich hierzu: *Runkel*, NVwZ 1993, 1136 ff.; *Schink*, NuR 1993, 365 ff.; *Krautzberger*, NVwZ 1993, 520 ff; *Kuschnerus*, NVwZ 1996, 235 ff.; *Mitschang*, Die Belange von Natur und Landschaft in der kommunalen Bauleitplanung, 1. Aufl., Berlin, 1993 sowie *ders.*, ZfBR 1993, 259 ff.; *Lüers*, ZfBR 1993, 106 ff.

Eingriffsregelung einerseits und einer eigens für Bauleitpläne und Ergänzungssatzungen kon-
zipierten „planerischen Eingriffsregelung" andererseits zu differenzieren, da nicht alle eingriffsrechtlichen Bestimmungen in die Bauleitplanung integriert werden. So verbleiben etwa
die grundlegenden Bestimmungen über „Eingriffe in Natur und Landschaft" sowie die diesbezüglich maßgeblichen Legaldefinitionen weiterhin im BNatSchG.[19]

Der planerischen Eingriffsregelung lagen vor diesem Hintergrund und bis zum Inkrafttreten
der Innenentwicklungsnovelle 2013 folgende Bestimmungen zu Grunde:

- Nach § 1a Abs. 3 S. 1 BauGB sind die eingriffsrechtlichen Elemente der Vermeidung
  und des Ausgleichs in der bauleitplanerischen Abwägung nach § 1 Abs. 7 zu berücksichtigen.
- Der Ausgleich erfolgt durch geeignete Darstellungen und Festsetzungen nach den §§ 5
  und 9 BauGB als Flächen oder Maßnahmen zum Ausgleich (vgl. § 1a Abs. 3 S. 2
  BauGB).
- Soweit dies mit einer geordneten städtebaulichen Entwicklung und den Zielen der
  Raumordnung sowie des Naturschutzes und der Landschaftspflege vereinbar ist, können die Darstellungen und Festsetzungen nach § 1a Abs. 3 S. 2 BauGB auch an anderer Stelle als am Ort des Eingriffs erfolgen (vgl. § 1a Abs. 3 S. 3 BauGB).
- Hierzu kann § 9 Abs. 1a S. 1 BauGB entnommen werden, dass Flächen oder Maßnahmen zum Ausgleich im Sinne des § 1a Abs. 3 BauGB auf den Grundstücksflächen,
  auf denen Eingriffe in Natur und Landschaft zu erwarten sind, oder an anderer Stelle
  sowohl im sonstigen Geltungsbereich des Bebauungsplans als auch in einem anderen
  Bebauungsplan festgesetzt werden können. Durch diese sog. „planexterne Kompensation" wird den Gemeinden die Gelegenheit zur Aufstellung eines sog. „Ausgleichs-
  oder Kompensationsbebauungsplans" eingeräumt.
- In diesem Zusammenhang ist darauf hinzuweisen, dass durch § 200a BauGB der eigentlich zwischen Ausgleichs- und Ersatzmaßnahmen bestehende Unterschied im Hinblick auf die räumliche Komponente für die Bauleitplanung sowie für Ergänzungssatzungen aufgegeben wird, denn § 200a S. 1 BauGB bestimmt insoweit, dass „Darstellungen für Flächen zum Ausgleich und Festsetzungen für Flächen oder Maßnahmen
  zum Ausgleich im Sinne des § 1a Abs. 3 BauGB auch Ersatzmaßnahmen" umfassen.
- Nach § 1a Abs. 3 S. 3 BauGB ist ein unmittelbarer räumlicher Zusammenhang zwischen Eingriff und Ausgleich nicht erforderlich, soweit dies mit einer geordneten städtebaulichen Entwicklung und den Zielen der Raumordnung sowie des Naturschutzes
  und der Landschaftspflege vereinbar ist (vgl. auch § 200a S. 2 BauGB).
- § 135a Abs. 2 S. 2 BauGB ermöglicht gleichzeitig eine zeitliche Loslösung von Eingriff und Ausgleich. In diesem Sinne können Maßnahmen zum Ausgleich bereits vor
  den Baumaßnahmen und der Zuordnung durchgeführt werden.
- Zur Gewährleistung der Refinanzierbarkeit der bei der Verwirklichung des Ausgleichs
  an anderer Stelle entstehenden Kosten, können sowohl die Ausgleichsflächen als auch
  die entsprechenden Ausgleichsmaßnahmen den Grundstücken, auf denen Eingriffe zu
  erwarten sind, ganz oder teilweise zugeordnet werden (Zuordnungsfestsetzung). Dies
  gilt auch für Maßnahmen auf von der Gemeinde bereit gestellten Flächen (§ 9 Abs. 1a
  S. 2 BauGB).
- Nach § 5 Abs. 2a BauGB können Flächen zum Ausgleich im Sinne des § 1a Abs. 3
  BauGB auch im Geltungsbereich des Flächennutzungsplans den Flächen, auf denen

---

19 So sind etwa die als widerlegliche Vermutungen ausgebildeten landesrechtlichen Positiv- und Negativlisten
    über Eingriffe in Natur und Landschaft bei der planerischen Eingriffsregelung nicht weiter zu beachten.

Eingriffe in Natur und Landschaft zu erwarten sind, ganz oder teilweise zugeordnet werden (Zuordnungsdarstellung).
–   Nach § 1a Abs. 3 S. 4 BauGB können an Stelle von Darstellungen und Festsetzungen auch vertragliche Vereinbarungen gemäß § 11 BauGB oder sonstige geeignete Maßnahmen zum Ausgleich auf von der Gemeinde bereit gestellten Flächen getroffen werden.
–   Bei der Überplanung bereits beplanter bzw. bebauter Gebiete ist ein Ausgleich nicht erforderlich (vgl. § 1a Abs. 3 S. 6 BauGB).
–   Für den Vollzug der Eingriffs- und Ausgleichsregelungen sind ergänzend die Vorschriften des Vorkaufsrechts (vgl. § 24 Abs. 1 Nr. 1 BauGB), des Sanierungs- und Entwicklungsmaßnahmenrechts[20] (vgl. § 147 S. 2 BauGB und § 148 Abs. 2 S. 2 BauGB sowie § 154 Abs. 1 S. 4 BauGB und § 156 Abs. 1 S. 2 BauGB) sowie des Umlegungsrechts[21] (vgl. § 55 Abs. 2 S. 2 und 3 BauGB und § 55 Abs. 5 BauGB, § 57 S. 2 BauGB, § 59 Abs. 1 und 9 BauGB und § 61 Abs. 1 S. 2 BauGB) von Bedeutung.
–   Mit der Durchführung und Refinanzierung der festgesetzten Ausgleichsmaßnahmen befassen sich die an die Bestimmungen über die Erschließung angefügten §§ 135a bis c BauGB.
–   Nach § 243 Abs. 2 BauGB kann bei Bauleitplanverfahren, die vor dem 01.01.1998 förmlich eingeleitet worden sind, die naturschutzrechtliche Eingriffsregelung in der bis zum 31.12.1997 geltenden Fassung des BNatSchG-alt weiter angewendet werden.

Was den Anwendungsbereich der planerischen Eingriffsregelung angeht, so werden neben dem Flächennutzungsplan und dem klassischen Bebauungsplan auch der vorhabenbezogene Bebauungsplan sowie der einfache Bebauungsplan von den eingriffsrechtlichen Bestimmungen erfasst. Dabei spielt es keine Rolle, ob das klassische Verfahren nach den §§ 3 ff. BauGB oder vereinfachte Verfahren nach § 13 BauGB zur Anwendung kommt. Nur beim beschleunigten Verfahren nach § 13a BauGB findet die planerische Eingriffsregelung keine Anwendung, soweit es sich jedenfalls um die Fallgestaltungen des § 13a Abs. 1 S. 1 Nr. 1 BauGB handelt, in denen eine zulässige Grundfläche von weniger als 20 000 qm festgesetzt wird. Ebenfalls nicht anwendbar sind die eingriffsrechtlichen Bestimmungen nach § 18 Abs. 2 S. 1 BNatSchG auf Klarstellungssatzungen nach § 34 Abs. 4 S. 1 Nr. 1 BauGB und Entwicklungssatzungen gemäß § 34 Abs. 4 S. 1 Nr. 2 BauGB, denn Vorhaben in ihrem Geltungsbereich sind nach § 34 BauGB zu beurteilen.[22] Mit den für Naturschutz und Landschaftspflege zuständigen Behörden ist gemäß § 18 Abs. 3 S. 1 BNatSchG bei Entscheidungen über die Zulässigkeit von Vorhaben im Geltungsbereich von Entwicklungssatzungen das Benehmen herzustellen. Äußern sich diese nicht binnen eines Monats, so kann nach § 18 Abs. 3 S. 2 BNatSchG die für die Entscheidung zuständige Behörde davon ausgehen, dass die Belange des Naturschutzes und der Landschaftspflege von dem betreffenden Vorhaben nicht berührt werden.

Zwar werden Vorhaben im Geltungsbereich von Ergänzungssatzungen nach § 34 Abs. 4 S. 1 Nr. 3 BauGB bei der Beurteilung ihrer Zulässigkeit dem bauplanungsrechtlichen Innenbereich im Sinne von § 34 BauGB zugerechnet, doch ist hinsichtlich ihrer eingriffsrechtlichen Wirkung eine Unterscheidung zu den sonstigen Innenbereichssatzungen (Klarstellungs- und Entwicklungssatzung) erforderlich. So bestimmt § 34 Abs. 5 S. 4 BauGB, dass auf Ergänzungssatzungen § 1a Abs. 2 BauGB (Bodenschutzklausel), § 1a Abs. 3 BauGB (planerische Eingriffsregelung) und § 9 Abs. 1a BauGB (Zuordnungsfestsetzung) entsprechend anzuwenden

20 Hierzu ausführlich: *Molitor*, ZfBR 1998, 72 ff. sowie *Gerstinger*, ZfBR 1998, 65 ff.
21 Genauer: *Müller-Jökel*, VR 1997, 333 ff. sowie *Stadler*, ZfBR 1998, 12 ff.
22 Dazu neuerdings: *Schink*, BauR 2013, 861 (868).

sind, mit der Folge, dass für sie materiell die gleichen Eingriffs- und Ausgleichsforderungen gelten, wie für Bauleitpläne. Eine Anwendung der eingriffsrechtlichen Bestimmungen kommt in diesen Fällen für die einbezogenen Außenbereichsflächen in Betracht, da dort Eingriffe in Natur und Landschaft zu erwarten sind. Außerdem ist Ergänzungssatzungen eine Begründung mit den Angaben gemäß § 2a S. 2 Nr. 1 BauGB beizufügen.

Regelungen zur Außenbereichs-Bausatzung enthält § 35 Abs. 6 BauGB. Danach können Wohnzwecken dienende sonstige Vorhaben im Sinne von § 35 Abs. 2 BauGB durch den Erlass einer solchen Satzung den Status von begünstigten Vorhaben im Sinne von § 35 Abs. 4 BauGB erlangen. Allerdings ändert dies nichts an der Zuordnung dieser Vorhaben zum planungsrechtlichen Außenbereich. Auf sie sind die weitreichenden Bestimmungen über Eingriffe in Natur und Landschaft und ihren Ausgleich im Sinne der §§ 13 ff. BNatSchG und die entsprechenden landesrechtlichen Regelungen in vollem Umfange anzuwenden. Zwar können in einer solchen Satzung „nähere Bestimmungen über die Zulässigkeit" getroffen und insoweit auch Ausgleichsmaßnahmen festgesetzt werden, die im Rahmen des Baugenehmigungsverfahrens bei der Eingriffs- und Ausgleichsprüfung zu berücksichtigen sind und so dazu beitragen, Ersatzzahlungen gering zu halten oder ganz hinfällig werden zu lassen (vgl. § 35 Abs. 6 S. 3 BauGB). Was die Beteiligung der für Naturschutz und Landschaftspflege zuständigen Behörden angeht, ist lediglich die Herstellung des Benehmens erforderlich, da Wohnzwecken dienende Vorhaben im Geltungsbereich von Außenbereichs-Bausatzungen der Status von begünstigten Vorhaben zukommt.

Bebauungspläne, die eine Planfeststellung ersetzen, sind in vollem Umfang ausgleichspflichtig, denn nach § 18 Abs. 2 S. 2 BNatSchG bleiben die Vorschriften über die Eingriffsregelung bei Bebauungsplänen, soweit diese eine Planfeststellung ersetzen, unberührt.[23]

Bei einfachen Bebauungsplänen nach § 30 Abs. 3 BauGB sind die im Plan getroffenen Festsetzungen für die Anwendbarkeit der planerischen Eingriffsregelung maßgeblich. Soweit der einfache Bebauungsplan also durch entsprechende Festsetzungen eine Ausgleichsbewältigung vorgenommen hat, dürfte auch den Anforderungen der planerischen Eingriffsregelung Rechnung getragen worden sein. Ansonsten richtet sich die Ausgleichsverpflichtung ergänzend nach den §§ 34 und 35 BauGB.[24] Bestehen Unklarheiten, ob eine Beurteilung nach § 34 oder doch nach § 35 BauGB vorzunehmen ist, empfiehlt sich, von der Möglichkeit der Aufstellung eines Bebauungsplans Gebrauch zu machen (oder einen Bauvorbescheid einzuholen).[25]

Bei Änderungen, Ergänzungen sowie auch bei der Aufhebung von Bauleitplänen (vgl. § 1 Abs. 8 BauGB) ist die planerische Eingriffsregelung ebenfalls anzuwenden, unabhängig davon, wann der betreffende Bauleitplan aufgestellt wurde und ob dabei die eingriffsrechtlichen Regelungen anzuwenden waren.[26] Allerdings sind die Anforderungen der Eingriffsbewältigung in diesen Fällen nur auf die geänderten oder ergänzten Bestimmungen zu beziehen. Auch bei der Aufhebung eines Bebauungsplans kann es zu einer Anwendung der planerischen Eingriffsregelung kommen, insbesondere wenn durch die Aufhebung der Festsetzungen[27] eines Bebauungsplans Innenbereichssituationen geschaffen werden, in deren Rahmen dann eine Anwendung von § 1a Abs. 3 S. 6 BauGB in Frage kommt.

---

23 Die Wahl des Planungsinstruments wirkt sich insoweit nicht auf die Pflicht zur Bewältigung der Eingriffsanforderungen aus. Auch *Krautzberger/Wagner*, in: Ernst/Zinkahn/Bielenberg/Krautzberger (Hrsg.), BauGB, Loseblattsammlung Stand: Juni 2013, § 1a Rn. 73.

24 Sehr gut nachvollziehbar für eine Gerätehütte im Landschaftsschutzgebiet, vgl. OVG Rheinland-Pfalz, Beschl. v. 05.06.2012 – 8 A 10594.12, NuR 2012, 568.

25 Vgl. hierzu Bayerischer VGH, Urt. v. 25.03.2011 – 1 N 08.1708, NuR 2011, 72 (73).

26 Vgl. BVerwG, Urt. v. 20.05.2003 – 4 BN 57.02, DVBl 2003, 1462

27 Z. B. bei Grünflächen oder bei Flächen und Maßnahmen zum Schutz, zur Pflege und zur Entwicklung von Boden, Natur und Landschaft.

3. Integration der naturschutzrechtlichen Agrarklausel

Im Rahmen der Innenentwicklungsnovelle 2013 wird die planerische Eingriffsregelung als Regelungskomplex erneut aufgegriffen und um eine Neuregelung in § 1a Abs. 3 S. 5 BauGB ergänzt, nach der § 15 Abs. 3 BNatSchG entsprechend gilt. Die vormals also allein im Naturschutz- und Landschaftspflegerecht herangezogene naturschutzrechtliche Agrarklausel wird dadurch in die planerische Eingriffsregelung integriert und findet damit auch Anwendung in der kommunalen Bauleitplanung. Hierdurch ergeben sich Auswirkungen, die sich einerseits an der methodischen Einbindung der naturschutzrechtlichen Agrarklausel in die Struktur der planerischen Eingriffsregelung festmachen lassen, andererseits aber auch in der Bewältigung der eingriffsrechtlichen Anforderungen ihren Niederschlag finden.

a) Methodische Einbindung

Im Rahmen der planerischen Eingriffsregelung findet die methodische Einbindung der Anforderungen des § 1a Abs. 3 S. 5 BauGB bei der Bestimmung der Ausgleichsmaßnahmen statt. Insoweit ist zu berücksichtigen, dass zwischen der naturschutzrechtlichen und der in die Bauleiplanung integrierten planerischen Eingriffsregelung strukturelle Unterschiede[28] bestehen. Vorliegend ist insoweit auf zwei wesentliche Entscheidungsmerkmale hinzuweisen:

– So ist zu berücksichtigen, dass nach § 1a Abs. 3 S. 1 BauGB die eingriffsrechtlichen Elemente der Vermeidung und des Ausgleichs, bei voraussichtlich erheblichen Beeinträchtigungen des Landschaftsbildes sowie der Leistungs- und Funktionsfähigkeit des Naturhaushalts in seinen in § 1 Abs. 6 Nr. 7a BauGB bezeichneten Bestandteilen (Eingriffsregelung nach dem Bundesnaturschutzgesetz), in der bauleitplanerischen Abwägung nach § 1 Abs. 7 BauGB zu berücksichtigen sind. Für die Frage, ob ein Eingriff in Natur und Landschaft vorliegt ist insoweit § 14 BNatSchG heranzuziehen, für die Elemente der Vermeidung und des Ausgleichs sind gemäß § 18 Abs. 1 S. 1 BNatSchG die Vorschriften des BauGB maßgeblich.[29] In der Rechtsprechung[30] ist mittlerweile der Stellenwert der naturschutzrechtlichen Elemente in der bauleitplanerischen Abwägung geklärt, und zwar dergestalt, dass es sich bei ihnen um abwägungsrelevante Belange handelt, denen ein abstrakter Vorrang nicht zukommt, sondern deren Gewicht sich aus der konkreten planerischen Situation ableitet.[31] Dabei ist auch die ökologische Gesamtsituation in der Gemeinde zu berücksichtigen.

– Außerdem wird bei der planerischen Eingriffsregelung – anders als im Naturschutz- und Landschaftspflegerecht – auf den Begriff des „Ersatzes" verzichtet, weil im Einzelfall eine Unterscheidung Fragen aufwirft. Deshalb bestimmt § 200a S. 1 BauGB, dass Darstellungen und Festsetzungen für Flächen und Maßnahmen zum Ausgleich auch Ersatzmaßnahmen umfassen.[32] Ergänzend dazu bestimmt dann § 200a S. 2 BauGB, dass ein unmittelbarer räumlicher Zusammenhang zwischen Eingriff und Ausgleich nicht erforderlich ist, soweit dies mit einer geordneten städtebaulichen Entwicklung und den Zielen der Raumordnung sowie des Naturschutzes und der Landschaftspflege vereinbar ist. Bei der Kompensation von durch die Bauleitplanung vorbereiteten Eingriffen in Natur und Landschaft wird damit auf die räumliche Komponente als Unterscheidungsmerkmal zwischen Ausgleich und Ersatz verzichtet.

28 Vgl. *Mitschang*, in: Schlichter / Stich / Driehaus / Paetow (Hrsg.), Berliner Kommentar zum BauGB, Köln, 2014, § 1a Rn. 237 ff.

29 Eindeutig auch: *Krautzberger/Wagner* (Fn. 23), § 1a Rn. 74.

30 Vgl. BVerwG, Beschl. v. 31.01.1997 – 4 NB 27.96, BVerwGE 104, 68.

31 Vgl. *Battis*, in: Battis/Krautzberger/Löhr (Hrsg.), BauGB, 12. Aufl., München, 2014, § 1a Rn. 23; *W. Schrödter*, in: Schrödter (Hrsg.), BauGB, 7. Aufl., München, 2006, § 1a Rn. 67.

32 Bei § 200a S. 1 BauGB handelt es sich um eine bundesrechtlich abschließend geregelte Bestimmung.

Als Ansatzpunkt für die Einbeziehung von § 15 Abs. 3 BNatSchG in die planerische Eingriffsregelung ist die Bestimmung der Ausgleichsmaßnahmen zu sehen (vgl. unten Abbildung 2). An dieser Stelle verlangen das aus der naturschutzrechtlichen Agrarklausel resultierende Rücksichtnahmegebot auf agrarstrukturelle Belange nach § 15 Abs. 3 S. 1 BNatSchG sowie die umfangreichen Prüfpflichten im Hinblick auf mögliche Kompensationsalternativen nach § 15 Abs. 3 S. 2 BNatSchG die Berücksichtigung ihrer Anforderungen. Bei der Bestimmung der Ausgleichsmaßnahmen ist zu klären, ob und in welchem Umfang Kompensationsalternativen zur Verfügung stehen und inwieweit dann noch auf land- und forstwirtschaftlich genutzte Flächen zurückgegriffen werden muss. Im Rahmen der bauleitplanerischen Abwägung ist dann eine Entscheidung nicht nur darüber zu treffen, welche Kompensationsmaßnahmen herangezogen werden, sondern vor allem auch inwieweit dabei land- oder forstwirtschaftlich genutzte Flächen in Anspruch genommen werden müssen.

Abbildung 2:   Integration von § 15 Abs. 3 BNatSchG in die Struktur der planerischen Eingriffsregelung

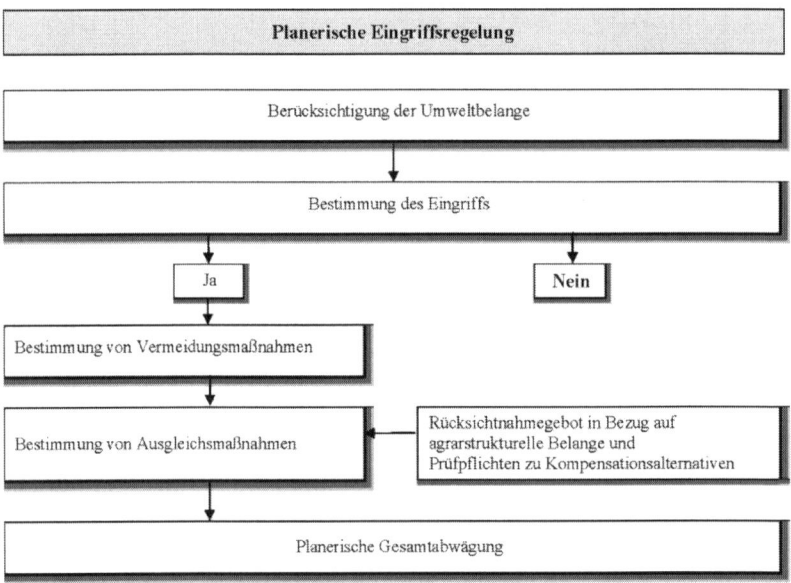

©Eigene Darstellung

b) Neue Anforderungen an die Bauleitplanung

Mit der Integration der naturschutzrechtlichen Agrarklausel in die planerische Eingriffsregelung wird die Schonung von land- oder forstwirtschaftlich genutzten Flächen bezweckt, soweit diese für die Durchführung von Kompensationsmaßnahmen in Anspruch genommen werden sollen.[33] Das Ziel dieser neu geschaffenen Bestimmung besteht daher in erster Linie im Abbau des Spannungsverhältnisses bei der Heranziehung von land- oder forstwirtschaftlich genutzten bzw. geeigneten Flächen für Ausgleichs- und Ersatzmaßnahmen. Deshalb wird nunmehr auch in der Bauleitplanung verlangt, dass bei der Inanspruchnahme von land- oder forstwirtschaftlich genutzten Flächen für Ausgleichs- und Ersatzmaßnahmen auf agrarstrukturelle Belange Rücksicht zu nehmen ist, insbesondere sind für die landwirtschaftliche Nutzung besonders geeignete Böden nur im notwendigen Umfang in Anspruch zu nehmen (§ 15 Abs. 3 S. 1 BNatSchG). Außerdem ist vorrangig zu prüfen, ob der Ausgleich oder Ersatz auch durch Maßnahmen zur Entsiegelung, durch Maßnahmen zu Wiedervernetzung von Lebensräumen oder durch Bewirtschaftungs- oder Pflegemaßnahmen, die der dauerhaften Aufwertung des Naturhaushalts oder des Landschaftsbildes dienen, erbracht werden kann, um möglichst zu vermeiden, dass Flächen aus der Nutzung genommen werden (§ 15 Abs. 3 S. 2 BNatSchG).

Außer in Bezug auf die dargelegte methodische Komponente[34] ergeben sich auch neue Anforderungen im Hinblick auf die inhaltlichen Facetten dieser Bestimmung im Rahmen ihrer Bewältigung in der planerischen Eingriffsregelung. Im Folgenden soll daher, ausgehend vom Anwendungsbereich der Vorschrift, zunächst auf die in der Vorschrift neu ausgestalteten Rücksichtnahme- und Prüfpflichten sowie das Einstellen der insoweit ermittelten Ergebnisse in die bauleitplanerische Abwägung eingegangen werden. Außerdem ist auch darauf hinzuweisen, dass die neu geschaffene Bestimmung in § 1a Abs. 3 S. 5 unmittelbar zwar die planerische Eingriffsregelung ergänzt, überdies und mittelbar aber auch im Kontext zur ebenfalls mit der Innenentwicklungsnovelle 2013 verschärften Umwidmungssperrklausel in § 1a Abs. 2 S. 2 und S. 4 BauGB zu sehen ist. Anders als § 1a Abs. 2 S. 4 BauGB, bezieht sich 1a Abs. 3 S. 5 BauGB nämlich nicht auf die Schonung von land- oder forstwirtschaftlich genutzten Flächen durch eine in erster Linie bauliche Inanspruchnahme, sondern weitergehend auf die sich hieraus ergebenden Verpflichtungen zum Ausgleich.[35]

aa) Anwendungsbereich

Der Anwendungsbereich des § 15 Abs. 3 BNatSchG wird bei städtebaulichen Satzungen einerseits durch die Vorschriften über Eingriffe in Natur und Landschaft nach den §§ 13 ff. BNatSchG, andererseits über die Regelungen der planerischen Eingriffsregelung in § 1a Abs. 3 BauGB bestimmt.[36] Hervorzuheben ist in diesem Zusammenhang allerdings, dass § 1a Abs. 3 S. 5 BauGB keine Rolle für Bebauungspläne der Innenentwicklung spielt, soweit sich diese jedenfalls als eine Fallgestaltung des § 13a Abs. 1 S. 2 Nr. 1 BauGB darstellen, also eine zulässige Grundfläche von weniger als 20 000 qm festsetzen. Dies ergibt sich einerseits aus § 13a Abs. 2 Nr. 4 BauGB, wonach in diesen Fällen Eingriffe, die auf Grund der Aufstellung eines Bebauungsplans zu erwarten sind, als im Sinne des § 1a Abs. 3 S. 6 BauGB vor der planerischen Entscheidung erfolgt oder zulässig gelten. Das bedeutet, dass das Folgenbewältigungsprogramm, wie es bei der Aufstellung von Bebauungsplänen auf der „grünen Wiese" Anwendung findet, in den Fällen des § 13a Abs. 1 S. 2 Nr. 1 BauGB auf die bloße Berücksichtigungspflicht zu erwartender Eingriffe reduziert ist und zwingende Rechtsfolgen insoweit

---

33 Vgl. oben I. 1.
34 Vgl. oben II. 3.1.
35 Vgl. *Reidt*, in: Bracher/Reidt/Schiller (Hrsg.), Bauplanungsrecht, 8. Aufl., Berlin, 2014, Rn. 763.
36 Vgl. oben II. 2.

nicht bestehen. Gleichwohl darf das beschleunigte Verfahren nach § 13a BauGB aber nur dann zur Anwendung gebracht werden, wenn es sich um einen Bebauungsplan der Innenentwicklung handelt.[37] Dann ist aber auch der Zielsetzung der Vorschrift in § 1a Abs. 5 S. 3 BauGB, nämlich die Inanspruchnahme von land- oder forstwirtschaftlich genutzten Flächen für die Durchführung von Ausgleichs- und Ersatzmaßnahmen zurückzuschrauben, entsprochen. Weil die eingriffsrechtlichen Bestimmungen nach § 18 Abs. 2 S. 1 BNatSchG auf Klarstellungssatzungen nach § 34 Abs. 4 S. 1 Nr. 1 BauGB und Entwicklungssatzungen gemäß § 34 Abs. 4 S. 1 Nr. 2 BauGB nicht anwendbar sind, kann § 1a Abs. 3 S. 5 BauGB auch für diese Satzungen nicht herangezogen werden.

Demgegenüber kann die Bestimmung bei Bauleitplänen, also Flächennutzungsplänen, klassischen und vorhabenbezogenen Bebauungsplänen sowie auch bei den bebauungsplanähnlichen Ergänzungssatzungen nach § 34 Abs. 4 S. 1 Nr. 3 BauGB, soweit sie im Regelverfahren oder vereinfachten Verfahren aufgestellt werden, in vollem Umfange zur Anwendung gebracht werden. Für Vorhaben im Geltungsbereich von Außenbereichs-Bausatzungen nach § 35 Abs. 6 BauGB gilt die naturschutzrechtliche Agrarklausel ohnehin. Allerdings kann durch „nähere Bestimmungen über die Zulässigkeit" eine vollständige oder zumindest teilweise Vorwegnahme der Ausgleichsanforderungen angestrebt werden. Für planfeststellungsersetzende Bebauungspläne ist § 15 Abs. 3 BNatSchG ebenso anzuwenden. Auch bei einfachen Bebauungsplänen nach § 30 Abs. 3 BauGB kommt den im Plan getroffenen Festsetzungen maßgebliche Bedeutung zu. Ansonsten richtet sich die Ausgleichsverpflichtung ergänzend nach den §§ 34 und 35 BauGB.

Bei Änderungen, Ergänzungen sowie auch bei der Aufhebung von Bauleitplänen ist die planerische Eingriffsregelung und damit auch § 1a Abs. 3 S. 5 BauGB, allerdings nur für die geänderten oder ergänzten Bestimmungen, durch die Eingriffe in Natur und Landschaft zu erwarten sind, anzuwenden, unabhängig davon, wann der betreffende Bauleitplan aufgestellt wurde und ob dabei die eingriffsrechtlichen Regelungen anzuwenden waren.

§ 1a Abs. 3 S. 5 BauGB gilt allerdings nicht für vorgezogene Ausgleichsmaßnahmen nach § 44 Abs. 5 S. 3 BNatSchG, soweit diese zur Bewältigung artenschutzrechtlicher Anforderungen auf land- oder forstwirtschaftlichen Flächen durchgeführt werden müssen.[38]

Da es sich bei der Integration des § 15 Abs. 3 BNatSchG in die planerische Eingriffsregelung um eine für die Bauleitplanung neue Regelung handelt, ist die Überleitungsvorschrift in § 233 Abs. 1 BauGB zu beachten. Hiernach dürfen Bauleitplanverfahren, die zum Zeitpunkt des Inkrafttretens der Vorschrift bereits förmlich eingeleitet waren, nach den bis dorthin geltenden Vorschriften fortgeführt und abgeschlossen werden. Das bedeutet, dass in diesen Fällen § 15 Abs. 3 BNatSchG nicht entsprechend gilt.

bb) Ausgestaltung spezifischer Anforderungen

§ 1a Abs. 3 S. 5 BauGB integriert über die entsprechende Geltung des § 15 Abs. 3 BNatSchG die in dieser Bestimmung mitgeführten spezifischen Anforderungen in die Bauleitplanung. Insoweit angesprochen sind ein in § 15 Abs. 3 S. 1 BNatSchG enthaltenes Rücksichtnahmegebot in Bezug auf agrarstrukturelle Belange als auch eine in § 15 Abs. 3 S. 2 BNatSchG normierte Prüfpflicht im Hinblick auf alternative Möglichkeiten zur Kompensation. Bei bei-

---

37 Deshalb hat der EuGH (Urt. vom 18.04.2013 – C - 463.11, NVwZ-RR 2013, 503) die mittlerweile gestrichene Heilungsvorschrift in § 214 Abs. 2a Nr. 1 BauGB für nicht mit dem europäischen Recht vereinbar angesehen.

38 Vgl. *Fischer-Hüftle/A. Schumacher* (Fn. 8), § 15 Rn. 2; *Lütkes*, in: ders./Ewer (Hrsg.), Bundesnaturschutzgesetz, München, 2011, § 15 Rn. 49.

den Anforderungen handelt es sich um verfahrensrechtliche Anforderungen,[39] die an einer gegebenenfalls bestehenden Kompensationspflicht nichts ändern. Insbesondere können sie nicht für einen Kompensationsverzicht oder eine Reduzierung der Ausgleichspflicht mit dem Hinweis auf das Ziel der Schonung von land- oder forstwirtschaftlich genutzten Flächen herangezogen werden.[40]

(i) Rücksichtnahmegebot gemäß § 15 Abs. 3 S. 1 BNatSchG

Die in § 15 Abs. 3 S. 1 BNatSchG ausgestaltete Berücksichtigungspflicht verlangt von der Gemeinde, bei einer Inanspruchnahme von land- oder forstwirtschaftlich genutzten Flächen auf agrarstrukturelle Belange Rücksicht zu nehmen und trägt damit dem verfassungsrechtlich gewährleisteten Verhältnismäßigkeitsgrundsatz Rechnung.[41] Zwar werden in § 15 Abs. 3 S. 1 BNatSchG lediglich „agrarstrukturelle" Belange ausdrücklich angesprochen, doch dürfte dies auch die „forstwirtschaftlichen" Belange mit umfassen.[42] Dabei geht es primär um die Frage nach der Qualität der für die Durchführung von Ausgleichs- und Ersatzmaßnahmen für eine Inanspruchnahme vorgesehenen land- oder forstwirtschaftlichen Flächen für die land- oder forstwirtschaftliche Produktion und eben nicht um die Frage, inwieweit eine Inanspruchnahme land- oder forstwirtschaftlicher Flächen für die Eingriffskompensation zu einer Existenzgefährdung betroffener Land- oder Forstwirte beitragen kann.

In Bezug auf die Existenzgefährdung von Betrieben kann auf eine neuere Entscheidung des BVerwG[43] Bezug genommen werden, bei der sich ein Landwirt gegen den Neubau einer Bundesstraße wendet. Das Gericht weist in diesem Zusammenhang darauf hin, dass ungeachtet der Frage, ob es – auch mit Blick auf die Möglichkeit von Ersatzzahlungen – überhaupt zulässig ist, zu Gunsten einer naturschutzrechtlichen Ersatzmaßnahme die Existenzgefährdung eines landwirtschaftlichen Betriebs in Kauf zu nehmen, der Grundsatz der Verhältnismäßigkeit (Übermaßverbot) es erfordert, darzulegen, dass trotz entsprechender Bemühungen um vorrangig heranzuziehende Flächen der öffentlichen Hand und mangels anderer geeigneter Flächen Privater, gerade die Inanspruchnahme der Flächen dieses Betriebs erforderlich und die Hinnahme seiner Existenzgefährdung im Hinblick auf das öffentliche Interesse an einer Kompensation mit dem Straßenneubau verbundenen Eingriffs in Natur und Landschaft verhältnismäßig ist. Insoweit sind bei der Inanspruchnahme insbesondere von landwirtschaftlichen Flächen stets zwei Aspekte zu berücksichtigen.

Mit der Rücksichtnahme auf agrarstrukturelle Belange wird aber der Blick von den Auswirkungen einer Planung auf die existenziellen Grundlagen des einzelnen landwirtschaftlichen Betriebs[44] stärker hin zu den Auswirkungen auf die landwirtschaftlichen Produktionsweisen, die Besitz- und Betriebsstrukturen mithin sogar auf die endogenen landwirtschaftlichen Verflechtungen im Kompensationsraum gelenkt.[45] So ist danach zu fragen, inwieweit sich die für die Durchführung von Ausgleichs- und Ersatzmaßnahmen aus der Nutzung zu nehmenden land- oder forstwirtschaftlich genutzten Flächen auf die Bewirtschaftung (Art und Größe) der Flächen im Ausgleichsraum auswirken. Ausgleichsraum ist nach § 15 Abs. 2 S. 3 BNatSchG regelmäßig der Naturraum, in dem der Eingriff stattfindet. Gleichwohl dürfte dies in Bezug auf agrarstrukturelle Belange als zu eng angesehen werden, denn gerade für die Berücksichti-

---

39 Ebenda.
40 Vgl. *Fischer-Hüftle/A. Schumacher* (Fn. 8), § 15 Rn. 109.
41 Vgl. BR-Drs. 278/09, 182; auch *Lütkes* (Fußn 38), § 15 Rn. 48.
42 Vgl. auch *Guckelberger*, in: Frenz/Müggenborg (Hrsg.), BKom BNatSchG, § 15 Rn. 64. A.A. Fischer-Hüftle/A.Schumacher (Fn. 8), § 15 Rn. 94.
43 Vgl. BVerwG, Beschl. v. 11.11.2008 – 9 A 52.07, NVwZ 2009, 182.
44 Vgl. *Guckelberger* (Fn. 42), § 15 Rn. 64; *Fischer-Hüftle/A. Schumacher* (Fn. 8), § 15 Rn. 96.
45 A. A. *Lütkes* (Fn. 38), § 15 Rn. 51, der insoweit auf den Eingriffsraum abstellt.

gung von land- oder forstwirtschaftsräumlichen Verflechtungen können sich auch andere Zuschnitte ergeben, da land- oder forstwirtschaftsbezogene Aspekte bei der Abgrenzung der Naturräume wohl nicht maßstabsbildend waren. Insoweit hat eine Orientierung am Ziel der Regelung stattzufinden, wonach insbesondere für die land- oder forstwirtschaftliche Nutzung besonders geeignete Böden geschont werden sollen.[46]

In Bezug auf die qualitative Komponente gilt die Berücksichtigungspflicht des § 15 Abs. 3 S. 1 BNatSchG in besonderem Maße für die für „die landwirtschaftliche Nutzung besonders geeigneten Böden" (Der Satz funktioniert doch sonst nicht). Im Umkehrschluss ergibt sich aus dieser Hervorhebung, dass wohl minderwertige oder für die landwirtschaftliche Nutzung weniger geeignete Böden (sog. „Grenzertragsböden") in erster Linie für die Durchführung von Ausgleichs- und Ersatzmaßnahmen herangezogen werden sollen. Adressat der Anforderung ist die planende Gemeinde. Um diese Aufgabe bewältigen zu können, sind fachspezifische Informationen über die Bodenqualitäten einzelner Flächen im Ausgleichsraum erforderlich. Diese können aus im Rahmen der Bodenschätzung erstellten Schätzungskarten[47] entnommen werden. Darin wird grundsätzlich zwischen Acker- und Grünland unterschieden. Insoweit sind Böden mit überdurchschnittlichen Acker- und Grünlandzahlen (60 und mehr bzw. 50 und mehr) für die landwirtschaftliche Bodennutzung besonders geeignet. Soweit die Schätzungskarten bei den Liegenschaftsämtern vorliegen, können deren Informationen aus den jeweiligen Karten abgegriffen werden. Ansonsten erteilen die in den einzelnen Bundesländern unterschiedlich organisierten Landwirtschaftskammern oder -ämter Auskünfte zu den Bodenqualitäten einzelner Flächen sowie insgesamt auch zu agrarverwaltungsbezogenen Fragestellungen.

Grundsätzlich sollen land- oder forstwirtschaftlich genutzte Flächen nur im notwendigen Umfang in Anspruch genommen werden. Der Umfang der Inanspruchnahme wiederum steht in Abhängigkeit von den Prüfergebnissen im Hinblick auf § 15 Abs. 3 S. 2 BNatSchG. Denn danach ist vorrangig zu prüfen, ob Kompensationsmaßnahmen nicht durch Entsiegelung, Maßnahmen zur Wiedervernetzung von Lebensräumen oder durch Bewirtschaftungs- und Pflegemaßnahmen erbracht werden können. Nur soweit sich dann noch ein Defizit herausstellt, sollte zusätzlich auf land- oder forstwirtschaftlich genutzte Flächen zurückgegriffen werden. Dabei ist allerdings eine zweistufige Prüfung vorzunehmen: Auf der ersten Stufe genießen die für die landwirtschaftliche Nutzung minderwertigen oder weniger geeigneten Flächen zunächst einen Vorrang bei der Durchführung von Ausgleichs- und Ersatzmaßnahmen und erst auf der zweiten Stufe besteht dann die Möglichkeit des Rückgriffs auf „für die landwirtschaftliche Bodennutzung geeignete" Flächen.

Nicht erforderlich ist es, dass die betreffenden Flächen land- oder forstwirtschaftlich genutzt sind. Vielmehr reicht es aus, dass sie hierfür geeignet sind. Allerdings ist in der Schonung landwirtschaftlicher Flächen an sich auch ein gewisser Widerspruch angelegt. Denn gerade landwirtschaftliche Flächen sind im Regelfall, jedenfalls unter ökologischen Gesichtspunkten auch diejenigen Flächen die aufwertungsbedürftig und –fähig sind.[48] Zwar steht vorliegend nicht die ökologische, sondern vielmehr die landwirtschaftliche Eignung der Bodenflächen im Vordergrund, doch vermag die in § 15 Abs. 3 BNatSchG angelegte Besserstellung, insbeson-

---

46 Vgl. auch *Lütkes* (Fn. 38), § 15 Rn. 51.
47 Die Schätzungskarten dienen als Grundlage für die Übernahme der Bodenschätzung in die Liegenschaftsbücher, welche dann neben der Acker- bzw. Grünlandzahl auch eine Ertragsmesszahl enthalten. Letztere ist Ausdruck der natürlichen Ertragsfähigkeit einer Fläche und damit wichtigste Grundlage für die Besteuerung von Grundstücken.
48 Vgl. BVerwG, Urt. v. 07.07.2010 – 7 VR 2.10 (7 A 3.10), BeckRS 2010, 51166.

dere der Landwirtschaft gegenüber anderen Bodennutzungen, nicht ohne Weiteres und aus sich heraus zu überzeugen.[49]

(ii) Ausgestaltung einer besonderen Prüfpflicht in § 15 Abs. 3 S. 2 BNatSchG

Das in § 15 Abs. 3 S. 1 BNatSchG enthaltene Rücksichtnahmegebot wird um eine ebenfalls an die Gemeinde gerichtete Prüfpflicht in S. 2 ergänzt. Es gilt vorrangig zu prüfen, ob der Ausgleich oder Ersatz auch durch Maßnahmen zur Entsiegelung, zur Wiedervernetzung von Lebensräumen oder durch Bewirtschaftungs- oder Pflegemaßnahmen, die der dauerhaften Aufwertung des Naturhaushalts oder des Landschaftsbilds dienen, erbracht werden kann, um möglichst zu vermeiden, dass Flächen aus der Nutzung genommen werden. Ziel und Zweck dieser Prüfung ist es, auf die einzelnen Kompensationsmaßnahmen bzw. ihren konzeptionellen Zusammenhang einzuwirken,[50] und zwar dergestalt, dass nach Möglichkeit, eine Inanspruchnahme von land- oder forstwirtschaftlich genutzten Flächen nicht mehr erforderlich wird, die Eingriffskompensation also ohne die Heranziehung weiterer land- oder forstwirtschaftlicher Flächen für die Durchführung der Ausgleichs- und Ersatzmaßnahmen[51] auf schon vorhandenen Kompensationsflächen stattfinden kann. Unter systematischen Gesichtspunkten müsste die Prüfpflicht daher vor dem Rücksichtnahmegebot rangieren, denn bevor auf agrarstrukturelle Belange bei der Inanspruchnahme von land- oder forstwirtschaftlich genutzten Flächen eingegangen werden kann, müssen zuvor die alternativen Möglichkeiten der Eingriffskompensation geprüft werden.

Welche Prüfpflichten der Gemeinde auferlegt sind, kann der Auflistung von Maßnahmen in § 15 Abs. 3 S. 2 BNatSchG entnommen werden. Zur Verfügung stehen:

- Maßnahmen zur Entsiegelung,
- Maßnahmen zur Wiedervernetzung von Lebensräumen,
- Bewirtschaftungs- und Pflegemaßnahmen.

Entsiegelungsmaßnahmen werden an erster Stelle genannt. Versiegelte Flächen können natürlich im Sinne der Kompensation entsiegelt werden,[52] eine solche Form der Kompensation kommt der Gleichartigkeit von Eingriff und Ausgleich weitgehend nahe, so dass auch die im Entwurf vorliegende BKompV in ihrer Anlage 4 diese Kompensationsmöglichkeit ebenfalls vorsieht, doch ist ihre praktische Relevanz deutlich eingeschränkt, einerseits in Bezug auf den vorzunehmenden technischen und sonstigen Aufwand,[53] andererseits im Hinblick auf die hierfür aufzuwendenden Kosten (merkwürdige Kommasetzung im Satz). Hinzu kommt das Problem der oftmals nicht ausreichenden Verfügbarkeit solcher Flächen für die Gemeinde.

Neben Entsiegelungsmaßnahmen kommen auch Bewirtschaftungs- und Pflegemaßnahmen, die von der Land- oder Forstwirtschaft erbracht werden, für die Durchführung des Eingriffsausgleichs in Betracht. Sie stehen aber unter dem Vorbehalt, dass sie der dauerhaften Aufwertung des Naturhaushalts oder des Landschaftsbildes dienen. Allerdings ist unklar, ob diese Voraussetzung nach dem Wortlaut der Vorschrift nur dieser Kompensationsalternative zugeordnet werden kann, oder ob die anderen Kompensationsalternativen ebenfalls an dieser Voraussetzung zu messen sind. Im Ergebnis ist wohl Letzterem zu folgen, denn die Aufwertung ist das die einzelnen Kompensationsalternativen gemeinsam kennzeichnende Merkmal.[54] Da die Maßnahmen jedenfalls einer dauerhaften Aufwertung des Naturhaushalts oder des Land-

---

49 Zu Recht: GK-BNatSchG, *Koch*, § 15 Rn. 25.
50 Ebenso: *Guckelberger* (Fn. 42), § 15 Rn. 62.
51 Vgl. § 1a Abs. 3 S. 1 BauGB.
52 Im Einzelnen: *Schink* (Fn. 22), 861 (871).
53 Z. B. für eine gegebenenfalls erforderliche Altlastenbeseitigung.
54 Vgl. *Guckelberger* (Fn. 42), § 15 Rn. 67.

schaftsbilds dienen sollen, kommen wohl in erster Linie Pflegemaßnahmen (sog. „produktintegrierte Maßnahmen") in Betracht.[55] Denn eine Umstellung der Bewirtschaftung, z. B. auf eine ökologische Landwirtschaft, ist in der Regel nur unter engeren Voraussetzungen möglich. Nicht ausreichend ist vor diesem Hintergrund die bloße Einhaltung einer guten fachlichen Praxis.[56] Ebenfalls zu berücksichtigen ist, dass die Land- und Forstwirte für die von ihnen erbrachten Leistungen vergütet werden müssen.

Schließlich kommen noch Maßnahmen zur Wiedervernetzung von Lebensräumen in Frage. Die Entscheidung darüber, welche Maßnahmen zur Wiedervernetzung von Lebensräumen herangezogen werden sollen, setzt aber nicht voraus, dass die zu vernetzenden Lebensräume schon bestehen. Sie können auch im Rahmen der Kompensation neu geschaffen werden, müssen aber nach ihrem Umfang auch geeignet sein, einen Lebensraum darzustellen. Gleichwohl sollten die zu treffenden Entscheidungen über die im jeweiligen Fall heranzuziehenden Kompensationsalternativen unter naturschutzfachlichen Gesichtspunkten getroffen werden. Dies erfordert eine enge Abstimmung zwischen der planenden Gemeinde und den für Naturschutz zuständigen Behörden. Beispiele, die hier in Frage kommen und dieses Erfordernis verdeutlichen, sind Fischtreppen, Grünbrücken oder Durchlässe, insbesondere unter Straßen- und Schienenwegen.[57] Sie dienen dazu Zerschneidungs- und Hinderniswirkungen, die mit solchen Infrastrukturanlagen regelmäßig einhergehen, zu mindern oder sogar ganz zu vermeiden.

Soweit ein Bauleitplan umweltprüfungspflichtig ist, wird zugleich auf die Darstellung von anderweitigen Planungsalternativen und deren Bewertung im Rahmen der Umweltprüfung nach Nr. 2d der Anlage 1 zu den § 2 Abs. 4, §§ 2a und 4c BauGB abgestellt. Im Umweltbericht sind dann die einzelnen Kompensationsalternativen zu beschreiben und zu bewerten.[58]

c.   Berücksichtigung in der bauleitplanerischen Abwägung

§ 1a Abs. 3 S. 5 BNatSchG steht als integrierter Bestandteil der planerischen Eingriffsregelung der bauleitplanerischen Abwägung offen.[59] Weder das Rücksichtnahmegebot zur Einbeziehung agrarstruktureller Belange bei den zu treffenden Entscheidungen über die Inanspruchnahme land- oder forstwirtschaftlich genutzter Flächen für die Durchführung von Ausgleichs- und Ersatzmaßnahmen nach § 15 Abs. 3 S. 1 BNatSchG noch die in § 15 Abs. 3 S. 2 BNatSchG enthaltenen Prüfpflichten verlangen, dass land- oder forstwirtschaftlich genutzte Flächen für die Kompensationsdurchführung nicht herangezogen werden dürfen. Allerdings muss sich die Gemeinde im Sinne einer erhöhten Berücksichtigungspflicht[60] mit der Frage auseinandersetzen, inwieweit unter agrarstrukturellen Gesichtspunkten nicht andere als land- oder forstwirtschaftlich genutzte Flächen unter Heranziehung von Kompensationsalternativen zur Bewältigung des Ausgleichserfordernisses herangezogen werden können.[61] Ist dies nicht oder nur teilweise möglich, können zwar auch land- oder forstwirtschaftliche Flächen in Anspruch genommen werden, allerdings ist Grenzertragsböden dann der Vorrang einzuräumen.

Land- und forstwirtschaftliche Belange haben im Rahmen der bauleitplanerischen Abwägung zwar keinen Vorrang vor anderen abwägungserheblichen Belangen. Sie werden aber durch die nunmehr über § 1a Abs. 3 S. 5 BauGB in die Bauleitplanung integrierten Rücksichtnah-

---

55 Kritisch, gerade zum Verhältnis von Dauerhaftigkeit einerseits und agronomischen Erfordernissen andererseits: *Fischer-Hüftle/A. Schumacher* (Fn. 8), § 15 Rn. 101.

56 Vgl. *Lütkes* (Fn. 38), § 15 Rn. 52; *Fischer-Hüftle/A. Schumacher* (Fn. 8), § 15 Rn. 100.

57 Vgl. auch *Fischer-Hüftle/A. Schumacher* (Fn. 8), § 15 Rn. 99.

58 Zum Anwendungsbereich von § 1a Abs. 3 S. 5 BauGB, vgl. oben II. 3.2.

59 Vgl. auch *Krautzberger/Wagner* (Fn. 23), § 1a Rn. 101a; *Reidt* (Fn. 35), Rn. 763; *Bunzel*, ZfBR 2013, 211 (213).

60 Vgl. *Lütkes* (Fn. 38), § 15 Rn. 51.

61 Vgl. *Guckelberger* (Fn. 42), § 15 Rn. 63.

me- und Prüfpflichten in ihrer Bedeutung jedenfalls in den bauleitplanerischen Fällen gestärkt, in denen land- oder forstwirtschaftlich genutzte Flächen für die Eingriffskompensation herangezogen werden sollen. Die Gemeinde soll sich bei einer Herausnahme dieser Flächen aus der Nutzung zum Zwecke der Eingriffskompensation darüber im Klaren werden, dass eine Reduzierung der land- oder forstwirtschaftlichen Flächen die Folge ist und diese nicht mehr für die land- oder forstwirtschaftliche Produktion zur Verfügung stehen. Im Rahmen des Umweltberichts hat sie darzulegen, welche Kompensationsalternativen zur Verfügung stehen und wie sie diese bewertet und welche Entscheidung sie letztendlich, aus welchen Gründen heraus, trifft. Das Ergebnis der Umweltprüfung ist dann in die Abwägung einzustellen. Je stärker dabei in agrarstrukturelle Belange eingegriffen wird, desto gewichtiger müssen die dafür sprechenden Belange sein.

Die agrarstrukturellen Belange werden regelmäßig durch die in den einzelnen Bundesländern unterschiedlich organisierten Landwirtschaftskammern oder -behörden im Rahmen von bei umweltprüfungspflichtigen Bauleitplänen zweistufigen Verfahrensbeteiligungen zum Ausdruck gebracht. Auch die Stellungnahmen diese Aufgabe wahrnehmender Träger öffentlicher Belange und Behörden nehmen am Bedeutungszuwachs land- oder forstwirtschaftlicher Belange teil. Neben den für Naturschutz zuständigen Behörden, unter deren Mitwirkung über mögliche Kompensationsalternativen nach Art und Umfang zu entscheiden ist, spielen für die Inanspruchnahme von Flächen für die Durchführung der Ausgleichs- und Ersatzmaßnahmen nunmehr auch die land- und forstwirtschaftlichen Belangen Rechnung tragenden Träger öffentlicher Belange und Behörden unter Anführung der agrarstrukturellen Belange eine Rolle und erfordern eine Mitwirkung an den zu treffenden Entscheidungen über die Flächeninanspruchnahme für die Durchführung von Ausgleichs- und Ersatzmaßnahmen. Die Abwägungsarbeit wird komplexer.

Demgegenüber könnte eine mögliche Bündelung[62] von naturschutzrechtlichen Ausgleichsmaßnahmen im Sinne der Eingriffsregelung mit europarechtlich erforderlichen Kompensationsmaßnahmen des Gebiets- und Artenschutzes sich durchaus erleichternd für die Planungspraxis darstellen. Festlegungen von Entwicklungs- und Wiederherstellungsmaßnahmen auf Flächen des naturschutzrechtlichen Gebietsschutzes[63] sowie Maßnahmen zur Kohärenzsicherung beim Gebietsschutz stehen ebenso wie vorgezogene Ausgleichsmaßnahmen des Artenschutzes einer Anerkennung als Ausgleichs- und Ersatzmaßnahmen nicht entgegen. Dieser Betrachtungsweise entspricht im Übrigen auch, dass bei einem Eingriff auf der Grundlage eines nach öffentlichem Recht vorgesehenen Fachplans, etwa einem planfeststellungsbedürftigen Fachplanungsvorhaben, Angaben des Eingriffsverursachers zu den zur Sicherung des Zusammenhangs des Netzes „Natura 2000" notwendigen Kohärenzsicherungsmaßnahmen[64] und zu vorgezogenen artenschutzrechtlichen Ausgleichsmaßnahmen[65] zu machen sind. Außerdem fordern sowohl das Rücksichtnahmegebot in § 15 Abs. 3 S. 1 BNatSchG als auch die in § 15 Abs. 3 S. 2 BNatSchG normierte Prüfpflicht möglicher Kompensationsalternativen eine Auseinandersetzung mit der Frage nach der „erforderlichen" Inanspruchnahme von land- oder forstwirtschaftlichen Flächen für Ausgleichs- und Ersatzmaßnahmen und verlangen insoweit ebenfalls eine auf konzeptioneller Grundlage ruhende Betrachtungsweise. Dadurch wird deutlich, dass die unterschiedlichen Formen des Ausgleichs keineswegs isoliert betrachtet werden dürfen, sondern in einem konzeptionellen Zusammenhang stehen und einander ergänzen sollen.

---

62 Ebenso: *Gassner*, NuR 2013, 324, 326; *Reidt* (Fn. 35), Rn. 760.
63 Vgl. § 20 Abs. 2 BNatSchG.
64 Vgl. § 34 Abs. 5 BNatSchG.
65 Vgl. § 44 Abs. 5 BNatSchG.

III.   Ergänzung der Bodenschutz- und Umwidmungssperrklausel

Die Innenentwicklungsnovelle 2013 hat nicht nur die Neuregelung des § 1a Abs. 3 S. 5 BauGB und die damit verbundene Integration der naturschutzrechtlichen Agrarklausel in die Bauleitplanung mit dem Ziel der Reduzierung der Inanspruchnahme von land- oder forstwirtschaftlich genutzten Flächen für die Durchführung von Ausgleichs- und Ersatzmaßnahmen hervorgebracht, sondern auch die Umwidmungssperrklausel in § 1a Abs. 2 S. 2 und 4 BauGB als Konkretisierung der Bodenschutzklausel in § 1a Abs. 2 S. 1 BauGB verschärft, um die Innenentwicklung zu stärken und auch insoweit zu einer Reduzierung der Flächeninanspruchnahme beizutragen. § 1a Abs. 3 S. 5 BauGB ist im Kontext dieser übergeordneten Zielsetzungen zu betrachten und offenbart ein rechtlich verankertes dreistufiges System bei der Inanspruchnahme für Grund und Boden für die städtebauliche und infrastrukturelle Entwicklung in den Städten und Gemeinden.

1.   Reduzierung der Flächenneuinanspruchnahme

Der schon mit der Innenentwicklungsnovelle 2007 eingeschlagene Weg zur Stärkung der Innenentwicklung[66] findet in der Innenentwicklungsnovelle 2013 seine Fortsetzung. Das hiermit verfolgte Ziel besteht in der weiteren Reduzierung der Flächenneuinanspruchnahme.[67] Erstmals wird mit § 1 Abs. 5 S. 3 BauGB ein Vorrang der Innenentwicklung vor der Außenentwicklung entsprechend normiert. § 1 Abs. 5 S. 3 lautet: „Hierzu soll die städtebauliche Entwicklung vorrangig durch Maßnahmen der Innenentwicklung erfolgen." Das einleitende Wort „hierzu" bezieht sich auf die in § 1 Abs. 5 S. 1 und 2 enthaltenen Zielsetzungen der Bauleitplanung und sieht deren Erreichbarkeit durch eine vorrangige Innenentwicklung als gegeben. Innenentwicklung wird damit selbst zu einem Ziel der Bauleitplanung und stellt gleichzeitig die einzuschlagende Strategie dar, um die Ziele der Bauleitplanung zu erreichen. Eine seine Umsetzung stärkende instrumentelle Flankierung erhält der Vorrang der Innenentwicklung durch eine in einem Zusammenhang stehende Regelungsabfolge, die mit der Bodenschutzklausel in § 1a Abs. 2 S. 1 BauGB ihren Anfang nimmt, sich über die im Rahmen der Innenentwicklungsnovelle 2013 erweiterte Umwidmungssperrklausel in § 1a Abs. 2 S. 2 und 4 BauGB sowie die ebenfalls durch die Innenentwicklungsnovelle 2013 in die planerische Eingriffsregelung integrierte naturschutzrechtliche Agrarklausel[68] ihren Fortgang nimmt und schließlich in das die Bauleitplanung tragende Abwägungsgebot in § 1 Abs. 7 BauGB einmündet.

a)   Bodenschutzklausel (§ 1a Abs. 2 S. 1 BauGB)

§ 1a Abs. 2 S. 1 Hs. 1 BauGB enthält die Bodenschutzklausel, nach der mit Grund und Boden sparsam und schonend umgegangen werden soll. Um diese Zielsetzung erreichen zu können, listet § 1a Abs. 2 S. 1 Hs. 2 BauGB die zu ergreifenden Maßnahmen auf. So sind zur Verringerung der zusätzlichen Inanspruchnahme von Flächen für bauliche Nutzungen die Möglichkeiten der Entwicklung der Gemeinde insbesondere durch Wiedernutzbarmachung von Flächen, Nachverdichtung und andere Maßnahmen der Innenentwicklung zu nutzen sowie Bodenversiegelungen auf das notwendige Maß zu begrenzen. Die Vorschrift richtet sich an die planende Gemeinde. Ein sparsamer Umgang mit Grund und Boden kann aufgrund fehlender quantitativer und qualitativer Maßstäbe in zweierlei Richtung Auswirkungen entfalten:

---

66   Zur Verwendung des Begriffs im Städtebaurecht, vgl. *Mitschang* (Fn. 28), § 1a Rn. 47a.
67   Vgl. BT-Drs. 17/11468, 11.
68   Vgl. hierzu die isolierte Betrachtung oben II. 3.2.

– Es darf nur so viel Grund und Boden in Anspruch genommen werden, wie tatsächlich zur Verwirklichung der städtebaulichen Entwicklungsabsichten der Gemeinde erforderlich ist.

– Vor der Inanspruchnahme von noch naturhaften Flächen (meistens im Außenbereich) muss von der Gemeinde geprüft werden, inwieweit nicht andere Flächen, die schon verbraucht sind,[69] für die Realisierung der kommunalen Entwicklungsabsichten vorrangig herangezogen werden können.[70]

§ 1a Abs. 2 S. 1 Hs. 1 BauGB enthält noch eine weitere Anforderung, nach der bei der Bauleitplanung mit Grund und Boden auch „schonend" umzugehen ist. Auch hier sind zwei Ausprägungen zu berücksichtigen:

– Bodenversiegelungen sollen, soweit wie möglich, vermieden werden (quantitativer Bodenschutz).

– Bei der Nutzung des Bodens sollen die natürlichen Funktionen möglichst wenig beeinträchtigt werden (qualitativer Bodenschutz).[71]

Beide Anforderungen verfolgen das Ziel der Vermeidung von Bodenversiegelungen.[72] Die Verpflichtung, Bodenversiegelungen auf das notwendige Maß zu begrenzen, greift dies auf und verlangt von der planenden Gemeinde zu klären, in welchem Umfang Boden zur Erreichung der städtebaulichen Zielsetzung versiegelt werden muss. Dabei sind vor allem die Möglichkeiten der Flächen sparenden Ausgestaltung der planerischen Zielsetzungen zu prüfen und insoweit das tatsächliche Anfallen eines Bedarfs an Bodenversiegelungen zu klären.[73]

Bei alledem enthält § 1a Abs. 2 S. 1 BauGB kein „Versiegelungsverbot" und auch keine „Baulandsperre",[74] auch wenn es sich um die erstmalige Inanspruchnahme von noch naturhaften Außenbereichsflächen handelt.[75] Aus dieser Bestimmung folgt aber, dass bestehende Innenentwicklungspotenziale vorrangig in Betracht zu ziehen sind, bevor jedenfalls ein Rückgriff auf noch naturhafte Außenbereichsflächen stattfindet.[76]

b)   Umwidmungssperrklausel (§ 1a Abs. 2 S. 2 und 4 BauGB)

Nach der Umwidmungssperrklausel in § 1a Abs. 2 S. 2 BauGB sollen landwirtschaftlich, als Wald oder für Wohnzwecke genutzte Flächen[77] nur im notwendigen Umfang umgenutzt werden. Zweck der Umwidmungssperrklausel ist es, solche Flächen in dem Umfang zu erhalten, wie sie für eine Inanspruchnahme zu Gunsten anderer Nutzungen nicht notwendig sind.[78] Sie ergänzt die Bodenschutzklausel, hat aber mit Blick auf ihre Ausrichtung eine eigenständige Bedeutung.[79] § 1a Abs. 2 S. 4 Hs. 1 BauGB konkretisiert die Umwidmungssperrklausel seit dem Inkrafttreten der Innenentwicklungsnovelle 2013 am 20.09.2013 um spezifische Begründungs- und Ermittlungspflichten. So ist zunächst die Notwendigkeit der Umwandlung land-

69 Vgl. hierzu: Bayerischer VGH, U. v. 27.04.2010 – 1 N 08.2703, juris.
70 Vgl. § 1a Abs. 2 S. 1 Hs. 2 BauGB.
71 Vgl. *Mitschang* (Fn.28), § 1a Rn. 69 f.
72 Vgl. *Mitschang* (Fn. 28), § 1a Rn. 71.
73 Vgl. auch: *W. Schrödter* (Fn. 31), § 1a Rn. 15.
74 Vgl. etwa: *Reidt* (Fn. 35), Rn. 783.
75 Vgl. BVerwG, Beschl. v. 12.06.2008 – 4 BN 8.08 BauR 2008, S. 1416.
76 So deutlich: Bayerischer VGH, Urt. v. 27.04.2010 – 1 N 08.2703, juris.; Beschl. v. 13.10.2011 – 1 NE 11.1729, juris. sowie instruktiv in Bezug auf die Dimensionierung von Baugebieten: Urt. v. 07.08.2012 – 1 N 11.1728, juris. Rn. 19 ff.
77 Zu den Begriffen „Landwirtschaft", „Wald" und „für Wohnzwecke genutzte Flächen", vgl. *Mitschang* (Fn. 28), § 1a Rn. 110 ff.
78 Vgl. OVG Schleswig, Urt. v. 31.05.2006 – 1 KN 6/04, NuR 2006, S. 467 (469).
79 Ebenso: *Krautzberger/Wagner* (Fn. 23), § 1a Rn. 62.

wirtschaftlich oder als Wald genutzter Flächen zu begründen (Begründungspflicht). Dazu sollen nach § 1a Abs. 2 S. 4 Hs. 2 BauGB Ermittlungen zu den Möglichkeiten der Innenentwicklung zugrunde gelegt werden, zu denen insbesondere Brachflächen, Gebäudeleerstand, Baulücken und andere Nachverdichtungsmöglichkeiten[80] zählen können (Ermittlungspflicht).[81] Beide Anforderungen, sowohl die der Begründung zugrunde gelegte Ermittlungspflicht als auch die Begründung selbst, dienen dazu, wenn vom Ziel der vorrangigen Innenentwicklung abgewichen wird, das Erfordernis zur Inanspruchnahme von landwirtschaftlichen oder als Wald genutzten Flächen zu rechtfertigen. Die Bestimmung verfolgt eine besondere Schonung von Flächen, die tatsächlich landwirtschaftlich oder als Wald genutzt werden. Von ihr nicht erfasst werden daher solche Flächen, die auch landwirtschaftlich oder als Wald genutzt werden können. Gerade diese sollen ja in erster Linie, insbesondere soweit sie im bereits bebauten Siedlungsbereich liegen, für eine bauliche oder sonstige Nutzung in Anspruch genommen werden. Ein Verbot, Flächen des Außenbereichs in Anspruch zu nehmen, wird allerdings durch § 1a Abs. 2 S. 2 und 4 BauGB nicht begründet.

§ 1a Abs. 4 S. 2 Hs. 1 BauGB normiert für die Inanspruchnahme landwirtschaftlich oder als Wald genutzter Flächen eine spezifische Begründungspflicht, deren zeitlicher Ansatzpunkt am Anfang der planerischen Befassung mit den städtebaulichen Entwicklungsabsichten steht. Die Dokumentation findet in der Begründung zum Bauleitplan statt.[82] Damit wird das Ziel verfolgt, vor dem Hintergrund dieser ausdrücklich geforderten Auseinandersetzung mit dem Ziel einer vorrangigen Innenentwicklung, einen Beitrag zur Reduzierung des Flächenverbrauchs leisten zu können, ohne materiell-rechtlich Änderungen vornehmen zu müssen.[83]

2. Berücksichtigung in der Abwägung

Weder aus der Bodenschutzklausel noch aus der Umwidmungssperrklausel lässt sich ein Verbot für die Inanspruchnahme noch naturhafter Flächen für die bauliche und infrastrukturelle Entwicklung entnehmen.[84] Die sich aus ihnen ergebenden Anforderungen können in der bauleitplanerischen Abwägung überwunden werden. Dies stellt § 1a Abs. 2 S. 3 BauGB klar, in dem bestimmt wird, dass die Grundsätze der Bodenschutzklausel und der Umwidmungssperrklausel in der bauleitplanerischen Abwägung nach § 1 Abs. 7 BauGB zu berücksichtigen sind. Weder mit der Einführung von § 1 Abs. 5 S. 3 BauGB noch mit der Regelungsergänzung in § 1a Abs. 2 S. 4 BauGB ist eine Gewichtungsvorgabe für die Abwägung verbunden.[85] Durch die im Rahmen der Innenentwicklungsnovelle 2013 neu ausgestalteten Begründungs- und Ermittlungspflichten in § 1a Abs. 2 S. 4 BauGB sowie in § 1a Abs. 3 S. 5 BauGB soll die Gemeinde vielmehr in die Lage versetzt werden können, gerechte Abwägungsentscheidungen zu treffen.[86]

Gleichwohl dürfen Belange des Bodenschutzes in der Abwägung nicht übergangen werden. Sie sind, soweit deren Betroffenheit vorliegt, einzustellen und entsprechend ihrer Bedeutung

80 Differenziert: *Mitschang* (Fn. 28), § 1a Rn. 113 ff.
81 Es handelt sich hierbei um eine nicht abgeschlossene Auflistung von Möglichkeiten, so dass je nach örtlicher Situation und städtebaulichen Entwicklungsvorstellungen weitere Möglichkeiten ergänzt werden können (z. B. Zwischennutzungen). Vgl. hierzu auch: Schwarz, UPR 2013, 408 ff.
82 Vgl. BT-Drs. 17/11468, 12.
83 Skeptisch im Hinblick auf den Erfolg: *Krautzberger*, UPR 2012, 381 (382); *Krautzberger/Stüer*, DVBl 2013, 805 (808); *Uechtritz*, BauR 2013, 1354 (1355).
84 Vgl. *Battis* (Fn. 31), § 1a Rn. 14.
85 Vgl. *Battis/Mitschang/Reidt*, NVwZ 2013, 961 (962); *Krautzberger/Stüer* (Fn. 83), 805, (808); *Uechtritz* (Fn. 83), 1354 (1355); *Szekalla*, DVBl 2013, 287 (293).
86 Vgl. auch *Krautzberger/Wagner* (Fn. 23), § 1a Rn. 62c.

zu berücksichtigen.[87] Grundsätzlich kommt keinem öffentlichen oder privaten Belang ein abstrakter Vorrang vor anderen Belangen zu.[88] Sie sind grundsätzlich gleichrangig. Das schließt nicht aus, dass auch die Belange des Bodenschutzes bei einer entsprechenden faktischen Bedeutung im konkreten Planungsfall – wie alle anderen Belange auch – ein höheres Gewicht erhalten können. Das bedeutet aber ebenso umgekehrt, dass sie im Interesse gewichtiger entgegenstehender anderer Belange teilweise wie auch ganz zurückgestellt werden können.[89] Ihre Zurücksetzung im Rahmen der Abwägung erfordert jedenfalls eine besondere Rechtfertigung, die dem Gewicht dieser vom Gesetzgeber hervorgehobenen Belange Rechnung trägt.[90]

Insoweit muss auch bei der Inanspruchnahme landwirtschaftlich, als Wald oder für Wohnzwecke genutzter Flächen für eine andere Nutzungsart in der Begründung zum Bauleitplan sorgfältig dargelegt werden, aus welchen Gründen anderen Belangen ein höheres Gewicht eingeräumt wird als der Umwidmungssperrklausel. § 1a Abs. 2 S. 4 Hs. 1 BauGB ordnet eine spezifische Begründungspflicht an. Sie wird ausdrücklich hervorgehoben, ohne dass damit eine Veränderung im Abwägungsvorgang einhergeht.[91] Die Begründungspflicht stellt eine formale, verfahrensrechtliche Anforderung dar. Ob und in welchem Umfang und ggf. mit welchen Einschränkungen dann eine Inanspruchnahme landwirtschaftlich oder als Wald genutzter Flächen stattfindet, entscheidet sich nach den Maßstäben der Abwägung und den insoweit anderen abwägungsrelevanten Belangen angesichts der konkreten Situation und den von der Gemeinde verfolgten Entwicklungsvorstellungen.

IV. Bodenschutzklausel, Umwidmungssperrklausel und naturschutzrechtliche Agrarklausel – ein gestuftes System zur Reduzierung der Flächenneuinanspruchnahme

Unter systematischen Gesichtspunkten sind die bauleitplanerische Zielsetzung des Vorrangs der Innenentwicklung in § 1 Abs. 5 S. 3 BauGB, die Bodenschutzklausel nach § 1a Abs. 2 S. 1 BauGB, die Umwidmungssperrklausel nach § 1a Abs. 2 S. 2 BauGB einschließlich der Neuregelung in § 1a Abs. 2 S. 4 BauGB, die Integration der naturschutzrechtlichen Agrarklausel in die planerische Eingriffsregelung gemäß § 1a Abs. 5 S. 3 BauGB sowie deren Berücksichtigung in der bauleitplanerischen Abwägung in einem inhaltlichen Zusammenhang zu betrachten:

1. § 1a Abs. 2 S. 1 BauGB enthält die Bodenschutzklausel, nach der sparsam und schonend mit Grund und Boden umgegangen werden soll, um der Zielsetzung der Reduzierung der Flächeninanspruchnahme vor dem Hintergrund der Nachhaltigkeitsstrategie Rechnung tragen zu können. Erreicht werden soll dieses Ziel durch eine stärker am Leitbild der Innenentwicklung orientierte städtebauliche Entwicklung und der damit verbundenen Schonung des noch naturhaften Außenbereichs vor einer weiteren Inanspruchnahme für insbesondere bauliche Zwecke.
2. Die Umwidmungssperrklausel in § 1a Abs. 2 S. 2 BauGB ergänzt die Bodenschutzklausel dergestalt, dass der planenden Gemeinde verdeutlicht wird, im Zusammenhang

---

87 Vgl. BVerwG, Beschl. v. 12.06.2008 – 4 BN 8.08 –, BauR 2008, 1416 ff.; Bayerischer VGH, Urt. v. 28.06.2011 – 15 N 08.3388, juris. Rn. 36; Urt. v. 27.04.2010 – 1 N 08.2703 –, juris.; VGH Baden-Württemberg, Urt. v. 17.06.2010 – 5 S 884.09, BauR 2010, 1636; OVG Rheinland-Pfalz, Urt. v. 23.01.2013 – 8 C 10946.12, juris. Rn. 31 f.
88 So: BVerwG, Beschl. v. 12.06.2008 – 4 BN 8.08, BauR 2008, 1416 ff.
89 Z. B. durch Berücksichtigung des Trennungsgrundsatzes. Siehe *Reidt* (Fn. 35), Rn. 785.
90 Deutlich: Bayerischer VGH, Urt. v. 07.08.2012 – 1 N 11.1728, juris. Rn. 19 ff.; OVG Rheinland-Pfalz, Urt. v. 06.10.2011 – 1 C 11322.10, juris. Rn. 62.
91 Zu Recht: *Krautzberger/Wagner* (Fn. 23), § 1a Rn. 62g.

mit den von ihr angestellten Überlegungen über die Inanspruchnahme von Flächen für eine bauliche oder sonstige Nutzung, landwirtschaftlich, als Wald oder für Wohnzwecke genutzte Flächen zu schonen, indem sie nur im notwendigen Umfang umgenutzt werden und ihnen vor diesem Hintergrund eine besondere Bedeutung beizumessen ist. Die Inanspruchnahme von Flächen soll also nicht – wie bisher oftmals – im Außenbereich, sondern vielmehr anhand einer verstärkten Innenentwicklung stattfinden.

3. Der mit der Innenentwicklungsnovelle 2013 neu ausgestaltete § 1a Abs. 2 S. 4 BauGB ergänzt und konkretisiert die Umwidmungssperrklausel. Auch diese Bestimmung stellt darauf ab, dass landwirtschaftlich oder als Wald genutzte Flächen nach Möglichkeit nicht in Anspruch genommen werden und unterstützt insoweit ebenfalls die Bodenschutzklausel in § 1a Abs. 2 S. 1 BauGB. Umgesetzt wird dies durch einen verfahrensrechtlichen Ansatz, der zunächst vorsieht, dass jede Inanspruchnahme von landwirtschaftlich oder als Wald genutzten Flächen einer spezifischen Begründungspflicht unterzogen wird, und zwar auf der Grundlage von Ermittlungen zu den Möglichkeiten der Innenentwicklung, zu denen insbesondere Brachflächen, Gebäudeleerstand, Baulücken und andere Nachverdichtungsmöglichkeiten zählen können.[92]

4. Ergänzend hierzu verlangt nun § 1a Abs. 3 S. 5 BauGB in den Fällen, in denen land- oder forstwirtschaftlich genutzte Flächen für die Durchführung von Ausgleichs- und Ersatzmaßnahmen in Anspruch genommen werden sollen, eine entsprechende Anwendung von § 15 Abs. 3 BNatSchG und integriert diese Bestimmung einschließlich der in ihr enthaltenen Rücksichtnahme- und Prüfpflichten in die planerische Eingriffsregelung.

5. Alle genannten Anforderungen sind schließlich im Rahmen der bauleitplanerischen Abwägung nach § 1 Abs. 7 BauGB zu berücksichtigen und können sich je nach dem ihnen in der konkreten Situation beizumessenden Gewicht gegenüber anderen ebenfalls abwägungserheblichen Belangen gegebenenfalls durchsetzen.

Nimmt man dies zusammen, so werden der planenden Gemeinde fortan umfangreiche Begründungs-, Berücksichtigungs-, Prüf- und Ermittlungspflichten im Sinne eines dreistufigen Programms zur Reduzierung der Flächenneuinanspruchnahme auferlegt.[93] Gemäß § 1a Abs. 2 S. 1 BauGB hat sie vor dem Hintergrund der Bodenschutzklausel darzulegen, dass sie sparsam und schonend mit Grund und Boden umgegangen ist (Stufe 1).[94] Gelingt es ihr nicht den notwendigen Flächenbedarf auf Flächenpotenzialen im bebauten Bereich zu decken, muss sie zur Umsetzung ihrer städtebaulichen Entwicklungsabsichten noch naturhafte Außenbereichsflächen in Anspruch nehmen. Soweit es sich dabei um landwirtschaftlich, als Wald oder für Wohnzwecke genutzte Flächen handelt, hat sie außerdem und unter Verwendung spezifischer Ermittlungen zu begründen, welche Notwendigkeiten eine Umwandlung dieser Flächen erforderlich machen. Dies ergibt sich aus § 1a Abs. 2 S. 2 und 4 BauGB (Stufe 2).[95] Muss die Gemeinde dann zur Bewältigung der planerischen Eingriffsanforderungen für die Durchführung von Ausgleichs- und Ersatzmaßnahmen auf land- oder forstwirtschaftlich genutzte Flächen zurückgreifen, hat sie zuvor das Prüfprogramm des § 15 Abs. 3 BNatSchG zu absolvieren und die entsprechenden Entscheidungen in der Begründung zum Bauleitplan transparent und nachvollziehbar darzulegen (Stufe 3).[96]

Anders gewendet heißt dies, dass eine am Leitbild der Innenentwicklung ausgerichtete Bauleitplanung die Inanspruchnahme noch naturhafter Flächen des Außenbereichs nicht nur obso-

---

92 Siehe hierzu auch: *Uechtritz* (Fn. 83), 1354, (1355).
93 Vgl. hierzu die nachstehende schematische Abbildung.
94 Vgl. oben III. 1.1.
95 Vgl. dazu oben III. 1.2.
96 Vgl. oben II. 3.2.

let werden lässt, sondern gleichzeitig auch noch landwirtschaftlich oder als Wald genutzte Flächen von einer Inanspruchnahme für Ausgleichs- und Ersatzmaßnahmen verschont und ihrer bestimmungsgemäßen Nutzung weiter überlässt.[97]

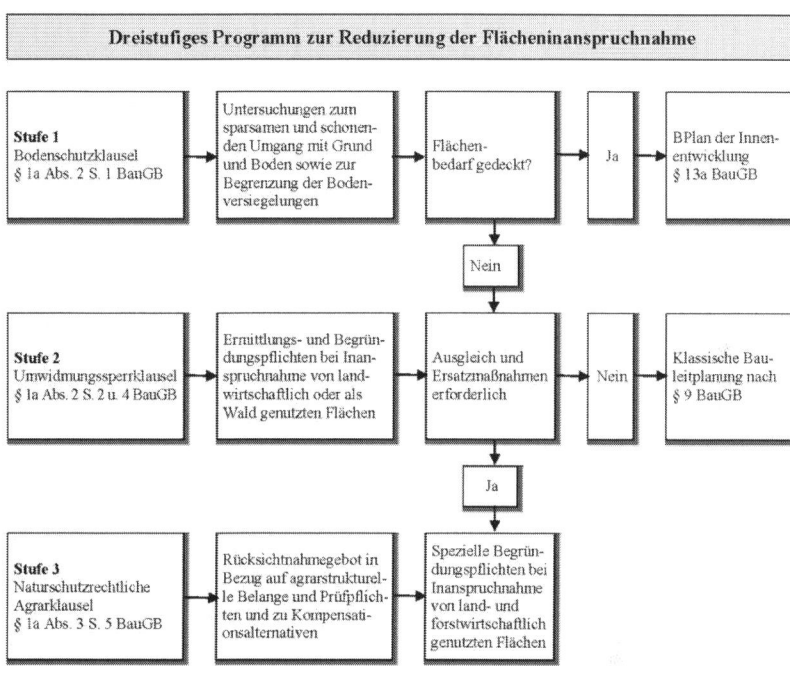

©Eigene Darstellung

---

97 Vgl. auch *Krautzberger/Wagner* (Fn. 23), § 1a Rn. 16c.

Univ.-Prof. Dr. Wolfgang Köck, Helmholtz-Zentrum für Umweltforschung – UFZ/
Universität Leipzig

Zur Entwicklung des Rechts der Abwehr invasiver gebietsfremder Arten
Unter besonderer Berücksichtigung der EU-Verordnung über invasive gebietsfremde Arten

I.   Einführung

Am 22. Oktober 2014 haben das Europäische Parlament und der Rat die Verordnung über die Prävention und das Management der Einbringung und Ausbreitung invasiver gebietsfremder Arten (IGA; Invasive Alien Species – IAS; im Folgenden: EU-IAS-Verordnung) verabschiedet.[1] Die Europäische Kommission hatte einen entsprechenden Entwurf am 9. September 2013 vorgelegt.[2] Im Laufe des Frühjahrs konnte auf der Grundlage verschiedener Änderungsvorschläge, die der Umweltausschuss des Europäischen Parlaments (EP) erarbeitet hatte,[3] eine Einigung mit dem EP erzielt werden.[4] Nach der Zustimmung des Ministerrates,[5] bei der sich Deutschland der Stimme enthalten hat, steht nun auf europäischer Ebene ein Basisrechtsakt über die Prävention der Einbringung und Verbreitung invasiver gebietsfremder Arten, verbunden mit weiteren Verpflichtungen zur sofortigen Tilgung sich neu etablierender IAS von EU-weiter Bedeutung, zur Verfügung.

Ihren Ausgangspunkt hatte die EU-IAS-Verordnung in der Biodiversitätsstrategie der EU für das Jahr 2020, die am 3. Mai 2011 beschlossen worden ist.[6] Im Rahmen dieser Strategie, die wiederum auf den Verpflichtungen des Übereinkommens über die biologische Vielfalt (Convention on Biological Diversity - CBD) beruht,[7] hatte sich die Kommission das Ziel gesetzt, bis 2020 invasive gebietsfremde Arten und ihre Einschleppungspfade zu identifizieren und zu priorisieren, prioritäre Arten zu bekämpfen oder zu tilgen und die Einschleppungspfade so zu steuern, dass die Einführung und Etablierung neuer Arten verhindert wird.[8] Damit entspricht die EU-Strategie mit Blick auf die IAS-Problematik den sog. „Aichi-Zielen" der 10. CBD-Vertragsstaatenkonferenz, auf die sich die CBD-Vertragsstaaten im Oktober 2010 im japanischen Nagoya geeinigt hatten.[9] Als Maßnahmen zur Erreichung dieser Ziele wurde in der EU-Strategie neben der Verschärfung der Pflanzen- und Tiergesundheitsvorschriften der EU insbesondere die Einführung eines neuen Legislativinstruments zur Bekämpfung von IAS genannt,[10] das nun rechtlich umgesetzt worden ist.

Im Folgenden werden die Grundzüge der neuen EU-IAS-Verordnung erläutert und bewertet und in diesem Zusammenhang auch die Auswirkungen auf das bestehende nationale IAS-Recht beleuchtet (siehe unten IV.). Zuvor aber soll zunächst in Begriff und Problematik invasiver gebietsfremder Arten eingeführt (siehe unten II.) sowie ein kurzer Abriss des IAS-Rechts auf nationaler Ebene gegeben werden (siehe unten III.).

---

1   Verordnung (EU) Nr. 1143/2014 v. 22.10.2014, ABl. EU L 317/35 v. 4.11.2014.
2   COM (2013) 620 final. Siehe dazu auch *Zink*, Der Verordnungsentwurf der EU-Kommission zur Regulierung invasiver gebietsfremder Arten, NuR 2013, 861-869.
3   Siehe den Bericht des Umweltausschusses v. 4. Februar 2014, Plenarsitzungsdokument A7-0088/2014.
4   Siehe die Pressemitteilung des EP v. 16.4.2014.
5   Siehe die Pressemitteilungen der Kommission und des Rates v. 29. September 2014.
6   Siehe die Mitteilung der Kommission v. 3.5.2011: Lebensversicherung und Naturkapital: Eine Biodiversitätsstrategie der EU für das Jahr 2020, KOM (2011) 244 endg.
7   Siehe Art. 6 lit. a) des Übereinkommens über die biologische Vielfalt v. 5. Juni 1992.
8   Siehe das Einzelziel 5 des Anhangs zur EU-Biodiversitätsstrategie 2011, a.a.O., S. 18.
9   Ziel 9 der „Aichi-Ziele" lautet: „Bis 2020 sind die invasiven gebietsfremden Arten und ihre Einschleppungswege identifiziert und nach Priorität geordnet. Als prioritär eingestufte Arten sind unter Kontrolle oder beseitigt und Maßnahmen zur Überwachung der Einfallswege ergriffen, um eine Einschleppung und Ansiedlung zu verhindern." Vgl. http://www.cbd.int/sp/targets/
10   EU-Biodiversitätsstrategie 2011, a.a.O., ebenda.

II.   Invasive gebietsfremde Arten: Begriff und Problematik

1.   Zum Begriff der invasiven gebietsfremden Arten

Als gebietsfremde Arten werden Tiere und Pflanzen bezeichnet, denen es durch das Wirken des Menschen gelungen ist, ihre natürlichen Ausbreitungsbarrieren zu überwinden und sich auf neuem Terrain auszubreiten.[11] Gesprochen wird in diesem Zusammenhang u. a. auch von „biologischen Invasionen", von „invasiven Arten" oder von „invasiven gebietsfremden Arten".[12] Teilweise werden mit diesen Begriffen spezifischere Verständnisse verknüpft. Insbesondere die Verwendung des Adjektivs „invasiv" ist im Kontext natur- und biodiversitätsschutzpolitischer Diskussionen eindeutig negativ besetzt und bezeichnet eine aggressive Ausbreitung zu Lasten anderer (einheimischer) Arten, die zum Handeln auffordert.[13] Das Bundesamt für Naturschutz (BfN) schreibt: „Gebietsfremde Arten, die sich nach ihrer beabsichtigten oder unbeabsichtigten Einbringung durch den Menschen in Gebieten, in denen sie natürlicherweise nicht vorkommen, etablieren, können zur Veränderungen der Funktionsabläufe in Ökosystemen führen oder ursprüngliche Lebensgemeinschaften beeinträchtigen. Dadurch entsteht Handlungsbedarf für den Naturschutz, um die biologische Vielfalt und ihre natürliche Dynamik zu erhalten."[14] Es ist also nicht die bloße „Gebietsfremdheit" einer Art, sondern die darüber hinausgehende Eigenschaft der „Invasivität", auf die im Interesse des Naturschutzes, aber auch im Interesse sonstiger Schutzgüter, zu achten ist.

Der Bundesgesetzgeber hat dieses Problemverständnis in seinem Gesetz zur Neuregelung des Rechts des Naturschutzes und der Landschaftspflege vom 29. Juli 2009 aufgegriffen und eine Legaldefinition des Begriffs „invasive Art" geschaffen: Gem. § 7 Abs. 1 Nr. 9 BNatSchG ist eine invasive Art im Sinne des BNatSchG „eine Art, deren Vorkommen außerhalb ihres natürlichen Verbreitungsgebiets für die dort natürlich vorkommenden Ökosysteme, Biotope oder Arten ein erhebliches Gefährdungspotenzial darstellt". Die Legaldefinition ist für die Anwendung der naturschutzrechtlichen IAS-Bestimmungen des § 40 BNatSchG sehr hilfreich, weil dadurch die bisherige Dichotomie von „heimisch" und „gebietsfremd", die einer

---

11   Siehe *Kowarik*, Biologische Invasionen: Neophyten und Neozoen in Mitteleuropa, 2. Aufl. 2010, 13; *Conference of the Parties to the Convention on Biological Diversity (COP)* 2002, Use of Terms: Revised Text, UNEP/CBD/COP/6/18/Add.1/Rev.1. Innerhalb der nichteinheimischen Arten werden Archäobiota und Neobiota unterschieden. Von letzteren wird gesprochen, wenn sich die Art nach 1492, der Entdeckung Amerikas durch Kolumbus, etabliert hat.

12   Siehe z. B. *Richardson et al.*, Naturalization and invasion of alien plants: concepts and definitions, in: Diversity and Distributions 6 (2000), 93ff.; *Klotz*, Biologische Invasionen – Gefahr im Verzug? in: E. Beck (Hrsg.), Die Vielfalt des Lebens, Weinheim 2013, S. 191 ff.

13   Hingewiesen sei an dieser Stelle auf die Arbeitsdefinition der Internationalen Naturschutzbehörde IUCN (International Union for Conservation of Nature and Natural Resources): „Invasive species means an alien species which becomes established in natural or semi-natural ecosystems or habitat, is an agent of change, and threatens native biological diversity"; siehe *Shine/Williams/Gündling*, A Guide to Designing Legal and Institutional Frameworks on Alien Invasive Species, IUCN: Environmental Policy and Law Paper No. 40 (2000), 2. Die Definition für den Begriff „invasive alien species" (IAS), die von der Vertragsstaatenkonferenz der CBD vorgeschlagen worden ist, lautet ähnlich: IAS ist „an alien species whose introduction and/or spread threaten biological diversity" (*Conference of the Parties (COP)*, Decision VI/23 on Alien species that threaten ecosystems, habitats and species, Anhang: Guiding principles for the Prevention, Introduction and Mitigation of Impacts of Alien Species that threaten Ecosystems, Habitats or Species, UNEP/CBD/COP/6/23, 2002. In der „European Strategy on invasive alien species" die vom European Council im Rahmen der Umsetzung des Berner Übereinkommens über die Erhaltung der europäischen wildlebenden Pflanzen und Tiere und ihrer natürlichen Lebensräume erarbeitet worden ist, wird ebenfalls diese Definition zugrunde gelegt (*Council of Europe* (2002): European Strategy on Invasive Alien Species, T-PVS (2002) 8 revised, 8).

14   *Klingenstein/Kornacker/Martens/Schippmann*, Gebietsfremde Arten. Positionspapier des Bundesamtes für Naturschutz, BfN-Skripten 128, 2005, S. 6 (im Folgenden: Klingenstein et al.,Positionspapier BfN 2005).

effektiven Anwendung der IAS-Bestimmungen im nationalen Naturschutzrecht im Wege stand,[15] überwunden worden ist.

Auch die neue EU-IAS-Verordnung enthält eine Begriffsbestimmung. Gem. Art. 3 Nr. 2 ist eine invasive gebietsfremde Art „eine gebietsfremde Art, deren Einbringung oder Ausbreitung die Biodiversität und die damit verbundenen Ökosystemdienstleistungen gefährdet oder nachteilig beeinflusst" (Art. 3 Nr. 2).[16]

2. Zur Problematik von IAS in Deutschland und der EU

Weltweit betrachtet gelten die absichtliche Einfuhr und das unbeabsichtigte Einschleppen gebietsfremder Arten nach der Zerstörung von Lebensräumen als eine der wichtigsten Gefährdungsursachen für die Biodiversität.[17] Für Mitteleuropa ist die Situation allerdings weniger dramatisch. Wegen der langen europäischen Landnutzungsgeschichte und der Lage als geographischer Durchgangsraum sind die ökologischen Nischen im Wesentlichen besetzt, so dass die Anfälligkeit der europäischen Naturräume – verglichen etwa mit der Vulnerabilität isolierter Inseln – als deutlich geringer angesehen wird.[18] Der gänzliche Verlust einer indigenen Art durch gebietsfremde Arten ist in Mitteleuropa demgemäß bislang nicht beobachtet worden, wohl aber Verluste auf lokaler Ebene,[19] oder auf genetischer Ebene.[20]

Wissenschaftliche Untersuchungen im Bereich der Botanik haben gezeigt, dass in Deutschland etwa 1.000 gebietsfremde Pflanzenarten unbeständig vorkommen (also sich nur für eine gewisse Zeit halten, dann wieder verschwinden und infolge sekundärer Einbringungen an anderer Stelle wieder auftauchen), dass sich ca. 400 gebietsfremde Arten dauerhaft etabliert haben und dass von diesen 400 Arten etwa 30 Pflanzenarten einen „invasiven" Charakter haben, also eine Gefahr für die Natur in ihrem neuen Siedlungsgebiet darstellen.[21] Bei den Tierarten ist der Etablierungserfolg deutlich geringer: etwa 1.100 gebietsfremde Tierarten kommen in Deutschland vor, davon gelten 264 Arten als etabliert. Ca. 5% von ihnen wird ein invasiver Charakter zugemessen.[22] Angesichts der prognostizierten Klimaerwärmung wird allerdings künftig eine verstärkte Ausbreitung gebietsfremder Arten und damit ein deutlich erhöhtes Risiko für die biologische Vielfalt durch invasive Arten erwartet.[23]

Die Europäische Kommission schreibt in ihrer Mitteilung „Hin zu einer EU-Strategie für den Umgang mit invasiven Arten" v. 3.12. 2008, dass in der EU 10.822 nichtheimische Arten identifiziert worden sind und dass schätzungsweise ca. 10-15% davon negative Auswirkungen auf die Wirtschaft (insbesondere Land-, Forstwirtschaft und Fischerei, aber auch Beeinträchtigungen von Infrastrukturen: Dämme, Kanäle, Wasserrohrleitungen), die Gesundheit (z.B. Allergien durch gebietsfremde Pflanzen) und die Natur haben.[24] Beobachtete ökologische

---

15 Dazu näher *Köck*, in: Schlacke (Hrsg.), GK-BNatSchG, 2012, zu § 40, Rn. 23.
16 Dem Kommissionsentwurf vom 9.9. 2013 lag noch ein weitergehendes Begriffsverständnis zugrunde. Der Kommission ging es in ihrem Entwurf nicht nur um Biodiversität und Ökosystemdienstleistungen, sondern der Begriff der invasiven gebietsfremden Art sollte auch „nachteilige Auswirkungen auf die menschliche Gesundheit oder die Wirtschaft" erfassen; vgl. Kommissionsentwurf, COM (2013) 620 final, S. 17 f.
17 Vgl. *Kowarik*, Biologische Invasionen (Fn. 11), S. 375 („wesentlicher Gefährdungsfaktor der biologischen Vielfalt"); *Klingenstein et al.*, Positionspapier BfN 2005, S. 14. Siehe auch *Klotz*, Biologische Invasionen, a.a.O., S. 191, (198).
18 Vgl. Bundesamt für Naturschutz, Daten zur Natur 2008, S. 39.
19 Dazu näher *Kowarik*, Biologische Invasionen (Fn. 11), S. 375.
20 Vgl. *Klotz*, Biologische Invasionen, a.a.O., S. 191, (198 f).
21 Vgl. *Klingenstein et al.*, Positionspapier BfN 2005, S. 12.
22 Vgl. *Klingenstein et al.*, Positionspapier BfN 2005, S. 15 f.
23 Vgl. Bundesamt für Naturschutz, Daten zur Natur 2008, S. 39. Siehe dazu näher auch *Möckel/Köck*, Naturschutzrecht im Zeichen des Klimawandels, NuR 2009, 318 ff.
24 Europäische Kommission, Hin zu einer EU-Strategie für den Umgang mit invasiven gebietsfremden Arten, Kom (2008) 789 endgültig, S. 3 (im Folgenden: EU-Kommission 2008). Siehe auch die Erwägung Nr. 1 zur

Auswirkungen sind die Verdrängung heimischer Arten, die Veränderung von Ökosystemstrukturen, aber auch genetische Veränderungen innerhalb einer Art durch Einkreuzungsprozesse (Verlust innerartlicher Vielfalt).[25] Die Schadens- und Bekämpfungskosten in Europa werden auf 9,6 bis 12,7 Mrd. € pro Jahr geschätzt, wobei die Kommission diesen Betrag als „zweifellos zu niedrig eingeschätzt" bewertet, weil hier nur die wirtschaftlich gut erfassbaren Kosten, nicht aber die ökologischen Schäden berücksichtigt sind.

Die Europäische Kommission berichtet in der genannten Mitteilung über sechs unterschiedliche Einschleppungswege: die Freisetzung, das Entweichen, den Schadorganismus als unerwünschten Begleiter von Pflanzenimporten, den „blinden Passagier" als sonstigen Transportbegleiter, den Korridor als Vehikel für Einwanderungen (z.B. Kanäle als Verbindungen von bisher durch Barrieren getrennte Naturräume) und die selbständige Einwanderung.[26] Bis auf die selbständige Einwanderung haben alle diese Einbringungen ihre Ursache im Ausbau und der Intensivierung des internationalen Handels und Verkehrs.

Für Deutschland lässt sich die Aussage treffen, dass etwa die Hälfte der gebietsfremden Pflanzen als Nutzpflanze oder als Zierpflanze eingeführt worden und durch Aussaat bzw. Anpflanzung in der Land- und Forstwirtschaft (aber auch durch Straßenbegleitgrünpflanzung, durch Pflanzungen zum Küstenschutz und zur Landgewinnung oder durch Anpflanzungen von Jägern)[27] in die Natur gelangt sind.[28] Importierte Zierpflanzen, die bestimmungsgemäß in Gärten und Parks ausgebracht werden, können häufig durch unsachgemäßen Umgang (z.B. unsachgemäße Entledigung von Gartenabfällen) in die freie Natur entweichen.[29] Ebenso wichtig wie der bewusste Import von gebietsfremden Arten in Deutschland ist die unbeabsichtigte Einbringung: die Verschleppung von Samen und Insektenstadien durch Handelsgüter ist ein wichtiger Faktor,[30] aber beispielsweise auch die Verbreitung von Organismen über Transportmittel (Schiffsverkehr: Ballastwasser von Schiffen;[31] LKW-Verkehr; Flugverkehr).[32]

III. Die Entwicklung des IAS-Rechts in Deutschland, unter besonderer Berücksichtigung der Reformen im BNatSchG 2009

Das nationale Recht zur Abwehr und zur Kontrolle invasiver gebietsfremder Arten erschöpft sich nicht nur in naturschutzrechtlichen Regelungen,[33] auf die gleich näher einzugehen ist. Von größter praktischer Bedeutung ist in Deutschland etwa die Pflanzenschutzkontrolle bei der Einfuhr von Pflanzen, die auf dem internationalen Pflanzenschutzabkommen (IPPC) beruht, und der Abwehr von Schadorganismen dient.[34] Die Regeln zur Kontrolle von Pflanzenschädlingen beim grenzüberschreitenden Handel zeigen, dass bestehende Kontrollinstrumente

---

EU-IAS-Verordnung: „rund 12.000 gebietsfremde Arten (…), von denen schätzungsweise 10-15% als invasiv angesehen werden."

25 EU-Kommission 2008, S. 4.

26 EU-Kommission 2008, S. 7.

27 Vgl. *Kowarik*, Biologische Invasionen (Fn. 11), S. 81 ff.; *ders.*, Neophyten in Deutschland: quantitativer Überblick, Einführungs- und Verbreitungswege, ökologische Folgen und offene Fragen, UBA-Texte 55/99, S. 17,(27).

28 Vgl. *Klingenstein et al.*, Positionspapier BfN 2005, S. 13; EU-Kommission 2008, S. 6.

29 Vgl. *Kowarik*, Biologische Invasionen (Fn. 11), S. 83 f.

30 Vgl. *Klingenstein et al.*, Positionspapier BfN 2005, S. 13.

31 Vgl. *Gollasch*, Bedeutung von Ballastwasser und Schiffsaufwuchs für die unbeabsichtigte Einschleppung on nichtheimischen Organismen, in: Kowarik/Starfinger (Hrsg.), Biologische Invasionen. Herausforderungen zum Handeln? NEOBIOTA 1, S. 289 ff.

32 Vgl. *Kowarik*, Biologische Invasionen (Fn. 11), S. 78 ff.

33 Siehe dazu umfassend die Bestandsaufnahmen von *Holljesiefken*, Die rechtliche Regulierung invasiver gebietsfremder Arten in Deutschland, 2007, und *Ortner*, Der Schutz der Biodiversität vor den Gefährdungen durch gebietsfremde invasive Arten – Regelungsbestand und Reformüberlegungen, 2009.

34 Vgl. *Holljesiefken*, a.a.O., S. 242 ff.; *Ortner*, a.a.O., S. 123 ff.

des internationalen Wirtschaftsrechts verfügbar sind und genutzt werden können, um nicht nur wirtschaftlichen und sozialen, sondern auch ökologischen Risiken zu begegnen.[35]

Im Rahmen dieses Artikels kann ein Gesamtüberblick über die Entwicklung des nationalen IAS-Rechts allerdings nicht geleistet werden. Daher müssen sich die folgenden Ausführungen auf die Betrachtung der IAS-Regeln des BNatSchG beschränken.

Eine zentrale Regelung des deutschen IAS-Rechts ist § 40 BNatSchG mit den dazu gehörigen Begriffsbestimmungen in § 7 Abs. 2 Nrn. 7-9 BNatSchG. Die Norm knüpft an die Rahmenregelung des § 41 Abs. 2 BNatSchG 2002 an und gestaltet diese im Anschluss an die Föderalismusreform zu einer unmittelbar geltenden Regelung um. Dabei hat sich der Gesetzgeber nicht allein darauf beschränkt, bestehende Rahmenregelungen in Vollregelungen umzuwandeln, sondern die bisherigen Regelungen deutlich weiter entwickelt. Neue Akzente sind insbesondere mit Blick auf Beobachtung (Abs. 2) und Bekämpfung (Abs. 3) gesetzt worden. Zudem ist der Problematik der gebietsfremden Herkünfte eine ausdrückliche Regelung gewidmet (Abs. 4 S. 2 und Abs. 4 Nr. 4)[36] und der Begriff der invasiven Art erstmals gesetzlich definiert worden (§ 7 Abs. 2 Nr. 9 BNatSchG). Diese Definition war insbesondere deshalb notwendig geworden, weil der bereits seit 2002 legaldefinierte Begriff der „gebietsfremden Arten" die Bemühungen um die Abwehr invasiver Arten erheblich behindert hatte.[37] Nunmehr ist gesetzgeberisch klargestellt, dass invasive Arten auch solche Arten sein können, die gemäß § 7 Abs. 2 Nrn. 7 und 8 BNatSchG als „heimisch" gelten, bzw. nicht mehr im Rechtssinne „gebietsfremd" sind.[38]

Herzstück der Regelung des § 40 BNatSchG bleibt die Genehmigungspflicht (Abs. 4), die bereits seit Jahrzehnten besteht, allerdings nach wie vor vielfache – und nicht in jeglicher Hinsicht überzeugende – Ausnahmen anerkennt (§ 40 Abs. 4 S. 4 BNatSchG).[39] Gem. § 40 Abs. 4 S. 1 BNatSchG bedarf das Ausbringen von Pflanzen gebietsfremder Arten in die freie Natur der Genehmigung. Die Genehmigung ist zu versagen, wenn eine Gefährdung von Ökosystemen, Biotopen oder Arten nicht auszuschließen ist (Abs. 4 S. 3). Lange Zeit war diese Vorschrift kaum adäquat anwendbar, weil das dafür notwendige Risikowissen nicht verfügbar gewesen ist. Durch die Beweislastregelung des § 40 Abs. 4 S. 3 BNatSchG hatte der Gesetzgeber zwar sichergestellt, dass Wissensdefizite nicht zu Lasten des Naturschutzes gehen müssen („nicht auszuschließen ist"),[40] aber „ins Blaue hinein" darf die Genehmigung nicht verweigert werden.[41] Mittlerweile ist es um die Anwendbarkeit des § 40 BNatSchG deutlich besser bestellt, weil durch die naturschutzfachliche Erarbeitung sog. „schwarzer Listen"[42] elementare Wissensgrundlagen geschaffen worden sind, um die Aufträge des § 40 Abs. 3 und das Verbot mit Erlaubnisvorbehalt des § 40 Abs. 4 BNatSchG vollziehen zu können. In Deutschland ist allerdings bedauerlicherweise davon abgesehen worden, die Listen normativ zu fassen und als Rechtsverordnung zu verabschieden, so dass der Rückgriff auf das in diesen Listen vergegenständlichte Risikowissen im Einzelfall zu erfolgen und keine rechtliche Geltung hat.

---

35 Vgl. näher *Schrader/Unger*, Pflanzenquarantäne und invasive gebietsfremde Arten, in: Kowarik/Starfinger (Hrsg.), Biologische Invasionen. Herausforderungen zum Handeln? NEOBIOTA 1, 2002, S. 273 ff.

36 Dazu näher *Schumacher/Werk*, Die Ausbringung gebietsfremder Pflanzen nach § 40 Abs. 4 BNatSchG, NuR 2010, 848 ff.

37 Siehe dazu schon *Köck*, Invasive gebietsfremde Arten, in: Wolff/Köck (Hrsg.), 10 Jahre Übereinkommen über die biologische Vielfalt, 2004, S. 107, (118 f).

38 Vgl. *Köck*, in: Schlacke (Hrsg.), GK-BNatSchG, 2012, zu § 40, Rn. 23.

39 Dazu näher *Köck*, in: Schlacke (Hrsg.), GK-BNatSchG, zu § 40, Rn. 46 ff. mit Hinweisen auf die invasionsbiologische Fachliteratur.

40 Dazu näher *Köck*, in: Schlacke (Hrsg.), GK-BNatSchG, zu § 40, Rn. 33.

41 *Köck*, in: Schlacke (Hrsg.), GK-BNatSchG, zu § 40, Rn. 42.

42 Dazu näher *Essl/Klingenstein/Nehring/Otto/Rabitsch/Stöhr*, Schwarze Listen invasiver Arten – ein Instrument zur Risikobewertung für die Naturschutzpraxis, NuL 2008, 418 ff.

Ein wirksames Instrument des naturschutzrechtlichen IAS-Rechts sind auch die Besitz- und Vermarktungsverbote des § 44 Abs. 2 BNatSchG auf der Grundlage der Rechtsverordnungs-ermächtigung des § 54 Abs. 4 BNatSchG. Von dieser Ermächtigung ist bislang allerdings kaum Gebrauch gemacht worden. Auch hier erzeugen erst die nunmehr verfügbaren „schwarzen Listen" die notwendige Wissensgrundlage, um von dem Verbotsinstrument Gebrauch machen zu können.

All dieses wird nun überlagert durch die neue europäische Verordnung über invasive gebietsfremde Arten.

IV.   Grundzüge der EU- IAS-Verordnung und Auswirkungen auf das deutsche IAS-Recht

1.   Überblick

Der bisherige europäische Rechtsrahmen zur Abwehr und zur Kontrolle von IAS war fragmentarisch und in seiner Effektivität sehr begrenzt. Beispielhaft kann insoweit auf Art.22 lit. b) FFH-RL verwiesen werden. Gemäß dieser Vorschrift haben die Mitgliedstaaten dafür zu sorgen, „dass die absichtliche Ansiedlung in der Natur einer in ihrem Hoheitsgebiet nicht heimischen Art so geregelt wird, dass weder die natürlichen Lebensräume in ihrem natürlichen Verbreitungsgebiet noch die einheimischen wild lebenden Tier- und Pflanzenarten geschädigt werden; falls sie es für notwendig erachten, verbieten sie eine solche Ansiedlung." Begriffsbestimmungen dessen, was „nicht heimisch" bzw. „einheimisch" ist, fehlen in der FFH-RL.[43] Auch offizielle fachliche Anleitungen zur Anwendung dieser Verpflichtungen existieren nicht. Vor diesem Hintergrund überrascht es nicht, dass jedenfalls Verbotsmaßnahmen vollkommen in das Ermessen der Mitgliedstaaten gestellt waren („ … falls sie es für notwendig erachten").

Mit der EU-IAS-Verordnung steht nun erstmals ein umfassender Basisrechtsakt zum Umgang mit IAS zur Verfügung, der ein Verbot von Einfuhr, Haltung, Vermehrung, Erwerb, Verwendung, Tausch und Freisetzung bestimmter IAS (Listenprinzip) statuiert (Art. 7), darüber hinaus auch weitere Verpflichtungen zur Identifizierung der Eintragspfade (Art. 13), zur Einrichtung von Überwachungssystemen (Art.14 ff.) und zur Tilgung sich neu etablierender IAS von EU-weiter Bedeutung vorsieht (Art. 17 ff.) und die nötigen Voraussetzungen zur praktischen Anwendung des Abwehr- und Kontrollprogramms regelt (Begriffsklärungen und Listenerarbeitung – Art. 3 ff.).

2.   Das Listenprinzip – Zuständigkeiten, verfahrensrechtliche und materiellrechtliche Anforderungen an die Listenerstellung

Das wichtigste Instrument, das die neue Verordnung hervorbringen wird, ist eine rechtsverbindliche „Liste invasiver gebietsfremder Arten von unionsweiter Bedeutung" (im Folgenden: IAS-Liste), auf sich die Verbote und die weitergehenden Verpflichtungen beziehen (Art. 4). Unter „unionsweiter Bedeutung" versteht die Verordnung nicht, dass die identifizierten Arten in der gesamten EU „invasiv" sein müssen, sondern lediglich, dass „deren nachteilige Auswirkungen für so erheblich eingeschätzt wurden, dass sie ein konzertiertes Vorgehen auf Unionsebene (…) erfordern" (Art. 3 Nr. 3). An anderer Stelle heißt es mit Blick auf den Raumbezug, dass jedenfalls mehr als zwei Mitgliedstaaten potenziell betroffen sein müssen (Art. 4 Abs. 3 lit. b). Nach den ursprünglichen Vorstellungen der Kommission sollte die Liste

---

43   Siehe dazu auch *Hofmann*, Invasive gebietsfremde Arten als rechtliches Mehrebenenproblem, in: Jb UTR 2008, S. 295,(302).

nicht mehr als 50 Arten enthalten;[44] Die Beschränkung wurde mit Prioritätensetzung begründet: man wolle sich zunächst auf die „oberen 3% der etwa 1.500 invasiven Arten in Europa" beschränken, um damit diejenigen IAS zu erfassen, die die größten Probleme bereiten.[45] Diese Beschränkung ist heftig kritisiert worden[46] und konnte insbesondere das Europäische Parlament und den Rat nicht überzeugen.[47] Die nunmehr beschlossene IAS-VO sieht eine Listenbeschränkung auf 50 Arten zu Recht nicht mehr vor, sondern macht die „Listenfähigkeit" schlicht von dem Vorliegen der materiellen Voraussetzungen für die Aufnahme in die Liste abhängig (dazu näher unten b).

a)   *Entscheidungszuständigkeiten und Verfahrensanforderungen*

Zuständig für die Erarbeitung der IAS-Liste ist die Kommission, die ihre Entscheidung in der Rechtsform von Durchführungsrechtsakten zu treffen hat (Art. 4 Abs. 1). In formeller Hinsicht ist der Kommissions-Entwurf eines jeden Entscheidungsvorschlags einem Regelungsausschuss vorzulegen, und die Entscheidung in einem sog. „Prüfverfahren" mit Zustimmung des Regelungsausschusses der Mitgliedstaaten (einfache Mehrheit) zu treffen (Art. 4 Abs.1 S. 2 iVm. Art. 27 sowie der VO (EU) Nr. 182/2011[48]). Darüber hinaus ist ein sog. „Wissenschaftliches Forum" beratend zu beteiligen, das aus Vertretern der Wissenschaft besteht, die von den Mitgliedstaaten ernannt werden (Art. 28 iVm Art. 27 Abs.1). Die Beteiligung des Wissenschaftlichen Forums ist ein wichtiges Rationalisierungsinstrument, um darauf hinzuwirken, dass Entscheidungen im sog. „Prüfverfahren" tatsächlich auf der Grundlage sachverständiger Empfehlungen getroffen werden. Institutionen der Zivilgesellschaft, insbesondere Umweltverbände, und auch die Öffentlichkeit sind in das Entscheidungsverfahren nicht einbezogen. Allerdings wird die Risikobewertung, die gem. Art. 5 EU-IAS-Verordnung durchzuführen ist (dazu näher unten c), auf Wissensbeiträge der Zivilgesellschaft angewiesen sein („Citizen Science"), weil auch die sozialen und wirtschaftlichen Vorteile der bekannten Verwendung einer invasiven gebietsfremden Art mit zu berücksichtigen sind (Art. 5 I lit. h). Diesbezüglich wird das verfügbare Wissen möglicherweise eher bei Institutionen der Zivilgesellschaft, als bei staatlichen Behörden sein, so dass es verwundert, dass eine Konsultation der Öffentlichkeit nicht vorgesehen ist.

Die Entwürfe der Durchführungsrechtsakte sollen gem. Art. 4 Abs. 1 S. 3 12 Monate nach Inkrafttreten der IAS-VO dem Regelungsausschuss vorgelegt werden. Das ist ein sehr ehrgeiziger Zeitplan. Allerdings geht die Verordnung davon aus, dass es kontinuierliche Durchführungsrechtsakte geben wird. Insofern ist die Frist auch dann gewahrt, wenn die erste Listenfassung noch sehr wenige Arten enthält. Da der Anhang B der Verordnung (EG) Nr. 338/97 über den Schutz von Exemplaren wildlebender Tier- und Pflanzenarten durch Überwachung des Handels[49] bereits 7 invasive gebietsfremde Arten aufweist, sind die Anfänge für die neue Unionsliste bereits gemacht.[50] Auch gibt es bereits einschlägige fachlich fundierte europäische Datenbanken, wie z.B. das European Alien Species Information Network (EASIN)[51] oder die „100 of the Worst"-Liste des Projektverbundes „Delivering Alien Invasive Species In

---

44 Vgl. Art. 4 Abs. 4 des Kommissionsentwurfs v. 9.9. 2013, COM (2013) 620 final.
45 Siehe die Erwägungen Nr. 10 des Kommissionsentwurfs v. 9.9.2013.
46 Vgl. BUND; siehe auch *Zink*, NuR 2013, 861, (864).
47 Siehe den Bericht des Umweltausschusses des EP vom 4.2. 2014, Plenarsitzungsdokument A7-0088/2014.
48 V. 16.2.2011 zur Festlegung der allgemeinen Regeln und Grundsätze, nach denen die Mitgliedstaaten die Wahrnehmung der Durchführungsbefugnisse durch die Kommission kontrollieren.
49 ABl. (EG) L 61 v. 3.3. 1997, S. 1.
50 Siehe dazu auch Erwägungen Nr. 14 der EU-IAS-Verordnung.
51 http://easin.jrc.ec.europa.eu/

Europe" (DAISIE),[52] eines mit EU-Mitteln finanzierten EU-Forschungsprojekts,[53] auf dessen Wissensbestände die Kommission für ihre Aufgabe zurückgreifen kann.

Die Verordnung geht offensichtlich davon aus, dass die Mitgliedstaaten aktiv an der Listenerarbeitung mitwirken; denn ihnen ist in Art. 4 Abs. 4 ein Antragsrecht auf Aufnahme von IAS in die IAS-Liste eingeräumt worden. Wie oben in Abschnitt III. schon erwähnt, existieren in Deutschland entsprechende naturschutzfachliche Listen, so dass die Ermittlungs- und Bewertungsarbeit nicht bei null beginnen muss. Allerdings sind die deutschen Listen primär mit Blick auf das IAS-Risiko in Deutschland erarbeitet worden, und zudem unter Ausblendung von Nutzenerwägungen, so dass zu prüfen ist, ob die deutschen Listen den materiellen Voraussetzungen der EU-IAS-VO entsprechen (dazu sogleich unter b).

b) *Materielle Voraussetzungen*

Art. 4 Abs. 3 und Art. 5 der Verordnung regeln die materiellen Voraussetzungen für die Aufnahme von Arten in die Liste von unionsweiter Bedeutung.

Gem. Art. 4 Abs. 3 müssen die Arten

- nach vorliegenden wissenschaftlichen Erkenntnissen gebietsfremd für das Gebiet der Union sein, wobei die Regionen in äußerster Randlage hierbei nicht zu berücksichtigen sind (lit. a). Gebietsfremd ist eine Art, Unterart oder niedrigere Taxa, „die aus ihrem natürlichen Verbreitungsgebiet heraus eingebracht" worden ist (Art. 3 Nr. 1), wobei unter Einbringung „die als Folge menschlichen Einwirkens erfolgende Verbringung einer Art aus ihrem natürlichen Verbreitungsgebiet heraus" verstanden wird (Art. 3 Nr. 7).[54] Soweit sich Tiere oder Pflanzen infolge des Klimawandels ohne jede menschliche Einwirkung auf neuem Terrain ausbreiten, liegt keine „Einbringung" im Sinne der Verordnung vor.[55] Kritisch ist diesbezüglich vom BUND eingewendet worden, dass ein wesentlicher Faktor der Ausbreitung von gebietsfremden Arten damit unberücksichtigt bleibt.[56] Mir scheint diese Eingrenzung demgegenüber sachgerecht, weil lediglich die vollständig natürliche Einwanderung (ohne jegliche Einbringungshandlung des Menschen) ausgeschlossen ist;

- nach vorliegenden wissenschaftlichen Erkenntnissen in der Lage sein, unter den vorherrschenden Bedingungen und unter absehbaren Bedingungen des Klimawandels in einer biogeographischen Region, die sich über mehr als zwei Mitgliedstaaten erstreckt, eine lebensfähige Population zu etablieren und sich in der Umwelt auszubreiten (lit. b);

- nach vorliegenden wissenschaftlichen Erkenntnissen wahrscheinlich erhebliche nachteilige Auswirkungen auf die Biodiversität oder die damit verbundenen Ökosystemdienstleistungen haben. Nicht notwendig ist demgegenüber, dass die Arten auch jenseits der Auswirkungen auf Ökosystemdienstleistungen noch weitergehende Auswirkungen auf die Wirtschaft bzw. die menschliche Gesundheit haben (lit. c);

Zudem muss durch die Risikobewertung, die gemäß Art. 5 Abs. 1 durchzuführen ist (dazu sogleich unter c), nachgewiesen sein, dass zur Verhütung der Einbringung, Etablierung oder

---

52 http://www.europe-aliens.org/.
53 Vgl. *Hulme, P.E., Nentwig, W., Pyšek, P., Vilà, M.,* (Eds.) Handbook of alien species in Europe. DAISIE Invading Nature - Springer Series in Invasion Ecology *3,* Springer: Dordrecht 2009.
54 Die Legaldefinition der EU-IAS-Verordnung unterscheidet sich deutlich von der Legaldefinition der „gebietsfremden Art" im nationalen Naturschutzrecht: § 7 Abs. 2 Nr. 8 BNatSchG.
55 Siehe dazu auch die Erwägungen Nr. 7 der EU-IAS-Verordnung.
56 Vgl. *Mayr,* Verordnungsentwurf der Kommission zu invasiven Arten enttäuscht, NuL 45 (10/11), 2013, 294. Siehe auch *Zink,* NuR 2013, 861, (863).

Ausbreitung der identifizierten Arten „konzertierte Maßnahmen auf Unionsebene erforderlich sind" (lit. d). Darüber hinaus fordert Art. 4 Abs. 3 eine Erfolgsprognose dahingehend, dass es „wahrscheinlich" sein muss, „dass durch die Aufnahme in die Unionsliste die nachteiligen Auswirkungen tatsächlich vermindert, minimiert oder abgeschwächt werden (lit. e). Die genannten Voraussetzungen müssen kumulativ vorliegen, damit eine Art listenfähig sein kann.

Fraglich ist, ob das Kriterium der „nach vorliegenden wissenschaftlichen Erkenntnissen wahrscheinlichen erheblichen nachteiligen Auswirkungen auf Biodiversität und Ökosystemdienstleistungen" in Art. 4 Abs. 3 lit. c) die Anwendbarkeit des Vorsorgeprinzips ausschließt. Zunächst einmal macht die Verordnung deutlich, dass es ihr im Ausgangspunkt auf „wissenschaftliche Erkenntnisse" ankommt und bloße Vermutungen nicht geeignet sind, diese Erkenntnisse zu ersetzen. Darin liegt aber noch kein Widerspruch zur Anwendung des Vorsorgeprinzips, weil auch das Vorsorgeprinzip nicht davon befreit, zunächst alles was aufklärbar ist, aufzuklären.[57] Wissenschaftliche Erkenntnisse sind allerdings nicht nur Erkenntnisse im Sinne eines gesicherten Standes der Wissenschaft, sondern alle wissenschaftlich erzeugten Wissensbeiträge, die ein Besorgnispotenzial begründen können, indem sie tatsächliche Anhaltspunkte für eine Bewertung der möglichen Auswirkungen auf die Schutzgüter der VO zur Verfügung stellen. Die Auswirkungen auf die Schutzgüter müssen nicht gesichert sein, sondern „wahrscheinlich" im Sinne eines Möglichkeitsraumes auf der Basis wissenschaftlich erzeugter Belege. Absolute Evidenz ist nicht erforderlich;[58] dies ergibt sich auch daraus, dass Art. 4 Abs.2 eine zyklische Überprüfung der IAS-Liste verlangt, um zwischenzeitlichen Erkenntnisgewinnen Rechnung tragen zu können. Noch lediglich schwach belegte wissenschaftliche Erkenntnisse dürfen demgemäß nicht von vorn herein ignoriert werden, sondern sind in die „Wahrscheinlichkeitsbewertung" einzustellen. Für diese Interpretation spricht auch Art. 10 der IAS-Verordnung, weil die Regelung nahelegt, dass bei unsicherem Wissen nicht nur temporäre Dringlichkeitsmaßnahmen zulässig sind, sondern letztlich auch die Aufnahme in die Liste (Art. 10 Abs. 6). Die EU-IAS-Verordnung überlässt die Entscheidung über die Aufnahme einer Art in die sog. „IAS-Liste" auch im Übrigen nicht dem Expertenurteil, sondern geht davon aus, dass es trotz aller wissenschaftlich-fachlichen Beiträge letztlich auf eine politische Bewertung der entscheidungsbefugten Institutionen ankommt.

Eine davon zu unterscheidende Frage ist, ob die entscheidungsbefugten Institutionen, d.h. die Kommission, die die „Kandidatenliste" aufstellt, und der Regelungsausschuss der Mitgliedstaaten, der über die Liste beschließt, verpflichtet sind, alle Arten, die aufgrund der fachlichen Erkenntnisse und der politischen Bewertung dieser Erkenntnisse die materiellen Voraussetzungen erfüllen, auch tatsächlich auf die Liste zu nehmen, oder ob ein darüber hinausgehendes (Entschließungs-)Ermessen anzuerkennen ist. Für letzteres sprechen die Erwägungsgründe Nr. 12, für ersteres das differenzierte System der Rechtsfolgen, das genügend Raum gibt, um Sonderfällen gerecht zu werden (dazu näher unten 3.).

c) Insbesondere: die Risikobewertung

Die Verordnung gibt sich nicht damit zufrieden, dass die materiellen Voraussetzungen des Art. 4 erfüllt sind, sondern verlangt die Durchführung einer Risikobewertung für das gesamte derzeitige und potenzielle Verbreitungsgebiet einer invasiven gebietsfremden Art (Art. 5), stellt also eine zusätzliche formelle Anforderung. Damit reagiert die Verordnung auf Erfor-

---

57 Siehe die Mitteilung der Kommission über die Anwendbarkeit des Vorsorgeprinzips, KOM (2000) 1 endg. Siehe auch schon *Di Fabio*, Voraussetzungen und Grenzen des umweltrechtlichen Vorsorgeprinzips, FS f. Ritter, 1997, 807 ff.
58 Siehe dazu auch *Köck*, in: Schlacke (Hrsg.), GK-BNatSchG, zu § 40, Rn. 30.

dernisse des WTO-Rechts (insbesondere Art. 5 des SPS-Abkommens[59]).[60] Gem. Art. 5 Abs. 1 enthält die Risikobewertung

> „(a) eine Beschreibung der Art mit taxonomischer Identität, Geschichte und natürlichem und potenziellem Verbreitungsgebiet;
> (b) eine Beschreibung der Fortpflanzungs- und Ausbreitungsmuster der Art einschließlich einer Prüfung, ob die zur Fortpflanzung und Ausbreitung erforderlichen Umweltbedingungen gegeben sind;
> (c) eine Beschreibung der potenziellen Pfade für die Einbringung und die Ausbreitung – gleich ob diese absichtlich oder unabsichtlich erfolgen -, gegebenenfalls einschließlich der Waren, mit denen die Art allgemein eine Verbindung aufweist;
> (d) eine eingehende Prüfung des Risikos der Einbringung, der Etablierung und der Ausbreitung in den betreffenden biogeografischen Regionen unter den vorherrschenden Bedingungen und den absehbaren Bedingungen des Klimawandels;
> (e) eine Beschreibung der derzeitigen Verteilung der Art mit Angabe, ob die Art in der Union oder in benachbarten Ländern bereits vorkommt, und eine Vorausschätzung ihrer wahrscheinlichen künftigen Verteilung;
> (f) eine Beschreibung der nachteiligen Auswirkungen auf Biodiversität und die damit verbundenen Ökosystemdienstleistungen, einschließlich der Auswirkungen auf heimische Arten, geschützte Gebiete, gefährdete Lebensräume, sowie die menschliche Gesundheit, die Sicherheit und die Wirtschaft, einschließlich einer auf den verfügbaren wissenschaftlichen Erkenntnissen beruhenden Prüfung der möglichen künftigen Auswirkungen;
> (g) eine Vorausschätzung der potenziellen Schadenskosten;
> (h) eine Beschreibung der bekannten Verwendungen der Art und der daraus erwachsenden sozialen und wirtschaftlichen Vorteile."

Die zuletzt genannte Anforderung zeigt, dass der Risikobewertung nicht nur die Aufgabe zukommt, eine Abschätzung der Risiken für die Schutzgüter vorzunehmen, sondern dass auch der Nutzen der invasiven Art zu ermitteln ist.[61] Dabei spielt es keine Rolle, ob die entsprechende Art einen besonderen Nutzen für den Umweltschutz hat, wie etwa die Asiatische Körbchenmuschel (Corbicula Fluminea) für die Filterung von Fließgewässern, sondern gemäß der gesetzgeberischen Entscheidung ist jeder Nutzen zu erfassen. Dies entspricht auch den WTO-rechtlichen Anforderungen (Art. 5 Abs. 3 SPS-Abkommen).

Die Regelungen über die Risikobewertung sind noch sehr unbestimmt. Daher ist die Kommission dazu ermächtigt worden, delegierte Rechtsakte zu erlassen, um Konkretisierungen vorzunehmen (Art. 5 Abs. 3). Dies soll durch Konsultationen mit Sachverständigen vorbereitet werden (Art. 5 Abs. 3 S. 3).

Die Risikobewertung ist der Versuch einer umfassenden Rationalisierung. Es bleibt zu hoffen, dass die Kommission die Anforderungen an die Risikobewertung nicht so hoch schraubt, dass eine Paralyse durch Analyse zu befürchten ist. Ob bei der Bewertung mit Blick auf die Risiken (Art. 5 Abs. 1 lit. d) das Vorsorgeprinzip zur Anwendung gebracht werden kann, ist zweifelhaft; denn die Risikobewertung soll ja Vorsorgeentscheidungen nach Möglichkeit vermei-

---

59 Agreement on the Application of Sanitary and Phytosanitary Measures,1994.
60 Siehe dazu auch die Erwägungen 11 und 13 der EU-IAS-Verordnung, sowie *Holljesiefken*, a.a.O., S. 118 und ausführlich *Ortner*, a.a.O., S. 153 ff. Siehe auch *Zink*, NuR 2013, 861, (866).
61 Siehe zur Notwendigkeit, bei planmäßigen Einbringungen Risiko-Nutzen-Bilanzierungen vorzunehmen, schon: *Köck*, Invasive gebietsfremde Arten, in: Wolff/Köck (Hrsg.), 10 Jahre Übereinkommen über die biologische Vielfalt, 2004, S. 107, (121 f).

den. Lücken in der Risikobewertung dürfen aber unter Rückgriff auf das Vorsorgeprinzip bewältigt werden. Dies dürfte auch WTO-rechtlich zulässig sein.[62]

3. Rechtsfolgen: Verbote und Verpflichtungen; Sanktionen

Ist eine Art als invasive gebietsfremde Art von unionsweiter Bedeutung identifiziert und entsprechend des Beschlussverfahrens qua Durchführungsrechtsakt gelistet, knüpfen sich daran verschiedene Rechtsfolgen, die das Ziel haben, die Einbringung gelisteter Arten in den Raum der EU zu verhindern. Wichtigste Instrumente dafür sind Verbote, die Identifizierung prioritärer Eintragspfade, die Einrichtung von Überwachungs- und Kontrollsystemen sowie Anordnungen von sofortiger Beseitigung in einer frühen Phase der Invasion.

- Für alle Arten der IAS-Liste gilt, dass sie vorsätzlich weder eingebracht, gehalten, gezüchtet, befördert, in den Verkehr gebracht, verwendet oder getauscht, noch fortgepflanzt, aufgezogen, veredelt oder freigesetzt werden dürfen (Art. 7). Nur unter strengen Voraussetzungen dürfen Genehmigungen für die Zwecke der Forschung und der ex-situ-Erhaltung erteilt werden (Art. 8) und nur ausnahmsweise „können Mitgliedstaaten aus Gründen des zwingenden öffentlichen Interesses, einschließlich solcher sozialer oder wirtschaftlicher Art" für andere als Forschungstätigkeiten oder ex-situ-Erhaltungsmaßnahmen Genehmigungen erteilen. Allerdings bedarf es hierfür auch der Zustimmung der Kommission (Art. 9 Abs. 1). Bei der Interpretation dessen, was Gründe des zwingenden öffentlichen Interesses sind, wird man sich an den Erträgen des FFH-Rechts (Art. 6 Abs. 4 bzw. 16 Abs. 1 lit. c FFH-RL) orientieren können, das eine ähnliche Gesetzesformulierung kennt („zwingende Gründe des überwiegenden öffentlichen Interesses") und bereits Gegenstand gerichtlicher Befassung gewesen ist.[63] Für die Ausnahmezulassungen gem. Art. 9 Abs. 1 wird man sich im Übrigen an den Sicherheitsstandards zu orientieren haben, die Art. 8 für Forschungs- und ex-situ-Erhaltungsmaßnahmen vorschreibt.[64] Die notwendigen Kontrolleinrichtungen, um die vorsätzliche Einbringung von Arten der IAS-Liste zu verhindern, haben die Mitgliedstaaten bis zum 2. Januar 2016 aufzubauen (Art. 15).

- Art. 7 Abs. 2 bestimmt darüber hinaus, dass die Mitgliedstaaten alle notwendigen Schritte zu unternehmen haben, um auch die nicht vorsätzliche oder grob fahrlässige Einbringung oder Ausbreitung von gelisteten IAS zu verhindern (Art. 7 Abs. 2). Zu diesem Zweck haben die Mitgliedstaaten innerhalb von 18 Monaten nach der Entscheidung über die Liste eine umfassende Untersuchung der Pfade der nichtvorsätzlichen Einbringung und Ausbreitung invasiver gebietsfremder Arten von unionsweiter Bedeutung in ihrem Hoheitsgebiet und ihren Meeresgewässern vorzunehmen und sog. „prioritäre Pfade" zu identifizieren (Art. 13 Abs. 1). Für diese „prioritären Pfade" sind spätestens 3 Jahre nach der Verabschiedung der IAS-Liste auf mitgliedstaatlicher Ebene Aktionspläne mit Präventionsmaßnahmen aufzustellen (Art. 13 Abs. 2). Dabei ist die Öffentlichkeit zu beteiligen (Art. 26).

- Innerhalb von 18 Monaten nach der Annahme der IAS-Liste haben die Mitgliedstaaten ein Überwachungssystem einzurichten, „das durch Erhebungen, Monitoring oder andere Verfahren Daten über das Vorkommen invasiver ge-

---

62 Dazu näher *Böckenförde*, The Operationalization of the Precautionary Approach in International Environmental Law Treaties – Enhancement or Facade Ten Years After Rio? in: ZaöRV 2003, 313-331.
63 Siehe etwa EuGH, Urt. v. 16.2.2012, Rs. C-182/10 - Solvay.
64 Dafür sprechen die Erwägungsgründe Nr. 19.

bietsfremder Arten in der Umwelt erfasst und aufzeichnet, um die Ausbreitung invasiver gebietsfremder Arten in die Union oder innerhalb der Union zu verhindern." (Art. 14 Abs. 1). Nähere Anforderungen an das Überwachungssystem sind in Art. 14 Abs. 2 geregelt.

- Die durch das Überwachungs- und Kontrollsystem generierten Informationen nutzen die Mitgliedstaaten zur Früherkennung und zur sofortigen Beseitigung in einer frühen Phase der Invasion (Art. 16 und 17). Unter bestimmten Voraussetzungen kann von der Beseitigung abgesehen werden, z.B. wenn anhand einer auf verfügbare Daten gestützte Kosten-Nutzen-Analyse mit hinlänglicher Sicherheit nachgewiesen wird, dass die Beseitigungskosten in keinem angemessenen Verhältnis zum Nutzen stehen (Art. 18 Abs. 1 lit. b). Beseitigungsmaßnahmen müssen gewährleisten, dass Tieren vermeidbare Schmerzen, Qualen oder Leiden erspart bleiben (Art. 17 Abs.2).

- Für Zuwiderhandlungen gegen die Verbote und gegen andere Verpflichtungen der Verordnung verlangt die Verordnung, dass die Mitgliedstaaten, wirksame, verhältnismäßige und abschreckende Sanktionen zu verhängen haben, u.a. werden Geldbußen und Beschlagnahmungen genannt (Art. 30).

Die Verpflichtungen, die für die Mitgliedstaaten aus der Verabschiedung der Liste erwachsen, sind vielfältig und aufwendig. Es darf daher vermutet werden, dass im Regelungsausschuss, der über die Liste entscheidet, von den rechtlichen Möglichkeiten der Anwendung des Vorsorgeprinzips kaum Gebrauch gemacht werden wird. Zwar existieren in den meisten Mitgliedstaaten schon einzelne Elemente eines Überwachungs- und Kontrollsystems, insbesondere soweit es um den internationalen Handel mit Pflanzen geht (Stichwort: International Plant Protection Convention – IPPC), aber die Anstrengungen, die zu tun verbleiben, werden dennoch sehr hoch sein. Das zeigt schon der Blick auf die deutsche Biodiversitätsstrategie aus dem Jahre 2007, die dem IAS-Problem nur einige Zeilen gewidmet und noch keine besonderen Maßnahmen für ein Überwachungs- und Kontrollsystem vorgesehen hatte.[65] Etwas überraschend und auch rechtlich nicht unbedenklich ist, dass eine gebietsfremde Art schon dann auf die IAS-Liste kommen kann, wenn sie lediglich in drei Mitgliedstaaten etabliert ist (Art. 4 Abs. 3 lit. b), die Verbote des Art. 7 aber stets EU-weit gelten und kein Ausnahmetatbestand vorgesehen ist, der den Besitz bzw. die Vermarktung in einzelnen Mitgliedstaaten oder Regionen gestattet, soweit der Nachweis erbracht ist, dass die betreffende Art in diesem Mitgliedstaat keine invasiven Eigenschaften aufweist. Zwar eröffnet die Verordnung in Art. 9 Ausnahmezulassungsmöglichkeiten, geht dabei aber ersichtlich von der Invasivität aus und erfasst die hier beschriebene Konstellation nicht.

4.   Jenseits der Prävention

Die EU-IAS-Verordnung folgt dem hierarchischen Drei-Stufen-Ansatz der CBD: Prävention – Beseitigung – Kontrolle. Sie legt demgemäß das Schwergewicht auf die Prävention und die dafür notwendigen Überwachungs- und Kontrolleinrichtungen. Auch die Verpflichtungen zur Beseitigung, die sich in einem frühen Stadium der Invasion befinden, folgen dem Präventionsansatz. Die Verordnung erschöpft sich aber nicht in präventiven Maßnahmen, sondern trifft darüber hinaus auch Regelungen zum Management von IAS (Art. 19) und zur Wiederherstellung geschädigter Ökosysteme (Art. 20). Voraussetzung dafür ist, dass die Maßnahmen in einem angemessenen Verhältnis zu den Auswirkungen auf die Umwelt stehen und dass sie sich demgemäß auf eine Kosten-Nutzen-Analyse stützen können (Art. 19 Abs. 1 UAbs. 2 und Art. 20).

---

65 Vgl. BMU (Hrsg.) Nationale Strategie zur biologischen Vielfalt, 2007, S. 67.

5. Auswirkungen auf das nationale IAS-Recht

Für alle Arten, die auf der künftigen IAS-Liste stehen, gelten die oben unter 3. beschriebenen Verbote und Verpflichtungen unmittelbar (Art. 288 Abs. 2 AEUV).

Da sich das Europarecht kompetenzgemäß nur um die IAS von unionsweiter Bedeutung kümmert, wird das nationale IAS-Recht nicht überflüssig. Da Verbote und Beschränkungen im Bereich von IAS vielfach die Handelsfreiheit berühren, trifft das europäische IAS-Recht darüber hinaus auch an sich nicht erforderliche, aber durchaus hilfreiche, weil signalgebende Regelungen, die die Vereinbarkeit des nationalen Rechts mit europäischem Primärrecht sicherstellen sollen. Ausdrücklich regelt die EU-IAS-Verordnung, dass die Mitgliedstaaten eine nationale Liste invasiver gebietsfremder Arten von Bedeutung für die Mitgliedstaaten erstellen können und für diese Arten Maßnahmen treffen dürfen, wie sie in der europäischen Verordnung vorgesehen sind, sofern diese mit europäischem Primärrecht vereinbar und der Kommission notifiziert worden sind (Art. 12). Ähnliches gilt für IAS von regionaler Bedeutung, also IAS, die zwar noch keine unionsweite Bedeutung haben, aber auch nicht mehr nur in einem Mitgliedstaat problematisch sind (Art. 11). Die Notifizierung soll den Mitgliedstaaten die Gewähr geben, dass ihre nationalen Maßnahmen auf Europarechtsverträglichkeit (und damit mittelbar auch auf WTO-Rechtsverträglichkeit) geprüft sind. Deutschland sollte diese Regelung zum Anlass nehmen, seine „schwarzen Listen" zu „legalisieren", also eine normativ verankerte rechtsverbindliche nationale IAS-Liste zu erarbeiten und sich dabei an den Standards der EU-Liste orientieren.

Zu Recht ist darauf hingewiesen worden, dass die Überwachungs- und Kontrollpflichten, die Deutschland aufgrund der Regelungen der IAS-Verordnung zu erfüllen hat (Art. 14, 15), sinnvollerweise auch dazu genutzt werden sollten, das Überwachungs- und Kontrollsystem nicht nur für Arten der europäischen IAS-Liste einzurichten und zu betreiben, sondern diese Systeme zugleich auch für IAS von nationaler Bedeutung einzusetzen.[66]

 Gleiches gilt mit Blick auf den Aktionsplan für die prioritären Eintragspfade, der europarechtlich nur für Arten der IAS-Liste vorgeschrieben ist (Art. 13), sinnvollerweise aber auch die national bedeutsamen Arten erfassen sollte.[67]

V.   Fazit und Ausblick

Mit der EU-IAS-Verordnung ist ein zentrales Element der im Jahre 2011 verabschiedeten EU-Strategie zum Schutz der Biodiversität umgesetzt worden, die für die Mitgliedstaaten zahlreiche Verpflichtungen nach sich zieht.

Das Herzstück der Verordnung bilden neben begrifflichen Klärungen verfahrens- und materiellrechtliche Vorgaben für die Erarbeitung einer IAS-Liste von unionsweiter Bedeutung. Zuständig für die Erarbeitung der (Kandidaten-)Liste ist die Kommission, die u.a. eine umfassende Risikobewertung (Risiko/Nutzen-Bewertung) vorzunehmen hat. Über die Liste entscheidet im Wege der Durchführungsgesetzgebung in einem sog. „Prüfverfahren" ein Regelungsausschuss der Mitgliedstaaten (unter Beteiligung eines noch einzurichtenden Wissenschaftlichen Forums). Der Zeitplan für die Listenerarbeitung ist sehr ambitioniert, gerade auch angesichts komplexer Voraussetzungen der „Listenfähigkeit".

Für die Arten, die künftig auf der IAS-Liste stehen werden, gelten umfassende Besitz- und Vermarktungsverbote für den gesamten EU-Raum. Die Mitgliedstaaten sind verpflichtet, für diese Arten Überwachungs- und Kontrollsysteme einzurichten, sowie Aktionspläne für priori-

---

66 Vgl. *Zink*, NuR 2013, 861, (868 f).
67 *Zink*, NuR 2013, 861, (868).

täre Einbringungspfade aufzustellen und Bestände zu beseitigen, die sich noch in einem frühen Stadium der Invasion befinden. Auch für bereits weit verbreitete invasive gebietsfremde Arten von unionsweiter Bedeutung sind Management- und sogar Wiederherstellungspflichten festgelegt worden. Insofern wird die Verordnung auf mitgliedstaatlicher Ebene erhebliche Vollzugsaufwendungen nach sich ziehen und wegen der Kosten-Nutzen-Orientierung auch ein kleines Beschäftigungsprogramm für Ökonomen nach sich ziehen.

Das nationale IAS-Recht ist von der europäischen Verordnung nur randständig berührt, da die EU sich kompetenzgemäß nicht um IAS zu kümmern hat, denen ausschließlich eine nationale Bedeutung zukommt. Deutschland sollte aber die Verpflichtungen aus der EU-IAS-Verordnung auch dazu nutzen, um das nationale IAS-Recht effektiver zu machen und zu modernisieren. Die normative (rechtlich verfasste) Verankerung einer IAS-Liste, als auch die Einrichtung von Überwachungs- und Kontrollsystemen, sowie die Erarbeitung von Aktionsplänen sind Instrumente, die auch für das nationale IAS-Recht nützlich sein werden.

Da Deutschland in der Form sog. „Schwarzer Listen" invasiver gebietsfremder Arten über Wissensbeiträge zur Identifizierung von IAS verfügt, sollte dieses Wissen genutzt werden, um abzugleichen, ob die dort gelisteten Arten nicht nur von nationaler oder regionaler Bedeutung, sondern darüber hinaus auch von unionsweiter Bedeutung sein können. Da die Mitgliedstaaten das Recht haben, Anträge für die Aufnahme in die Unionsliste zu stellen, ist ein effektiver Weg gewiesen, das IAS-Problem europäisch zu bewältigen.

Univ.-Professor Dr. Kurt Faßbender, Universität Leipzig

Schlusswort

Meine sehr geehrten Damen und Herren,

wir haben gestern und heute zu unserem weit gefassten Generalthema „Aktuelle Entwicklungen im Naturschutzrecht" insgesamt acht Vorträge gehört, die wir anschließend jeweils intensiv und teilweise auch kontrovers diskutiert haben. Es wäre vermessen, zu versuchen, die Ergebnisse dieser Beiträge und Diskussionen in einem fünfminütigen Schlusswort halbwegs adäquat zusammenzufassen. Man kann aber zumindest festhalten, dass sich eine Grundaussage wie ein roter Faden durch eine Reihe von Beiträgen zog. Es ist die Einschätzung, dass die Dinge im Naturschutzrecht immer komplizierter geworden seien. Dies hat Herrn Berkemann sogar dazu bewogen, am Ende seines Vortrags eine kleine Geschichte zum Thema „Der Teufel liegt im Detail" zu erzählen. Aus diesem Grund ist es gut und wichtig, dass die verschiedenen Aspekte des Generalthemas in den Vorträgen in instruktiver und differenzierter Weise aufbereitet wurden.

Daher möchte ich mich am Ende herzlich bei unseren Referenten, aber auch bei allen anderen Teilnehmern des Symposions bedanken, die sich – teilweise vom Anfang bis zum Ende unserer Veranstaltung – an den Diskussionen beteiligt haben. Bedanken möchte ich mich ferner bei den an der Vorbereitung und Durchführung des Symposions beteiligten Institutionen, also der Leipziger Vereinigung für Umwelt- und Planungsrecht, dem Sächsischen Staatsministerium für Umwelt und Landwirtschaft, der Sächsischen Landesstiftung Natur und Umwelt (LaNU) und natürlich der Stadt Leipzig. Schließlich danke ich den Mitarbeiterinnen und Mitarbeitern des UFZ und meines Lehrstuhls, die uns bei der Vorbereitung und Durchführung dieser Tagung unterstützt haben. Besonders erwähnen möchte ich dabei *Tanja Krause*, *Anne-Christin Gläß* und *Richard Wilhelm*.

Ich wünsche allen auswärtigen Referenten und Teilnehmern eine gute Heimreise und würde mich freuen, wenn ich im nächsten Jahr möglichst viele von Ihnen zu unserem nächsten 20. Umweltrechtlichen Symposion begrüßen könnte, das am 16. und 17. April 2015 stattfinden wird. Zum Schluss darf ich Sie noch bitten, einen kleinen praktischen Beitrag zur Abfallvermeidung zu leisten, indem Sie Ihre Namensschilder im Eingangsbereich abgeben, damit diese nicht zu Abfall werden, sondern in den nächsten Jahren wieder verwendet werden können. Schönsten Dank und auf Wiedersehen!